国家社会科学基金一般项目"投资者情绪视角下住房财富变动对居民消费的影响研究"（编号：21BJL085）
教育部人文社会科学研究青年基金项目"地位寻求视角下农民工住房投资对家庭消费的影响及政策研究"（编号：19YJC790176）
宁波大学哲学社会科学著作出版经费资助

地位寻求视角下农民工住房资产对家庭消费的影响研究

余新平　著

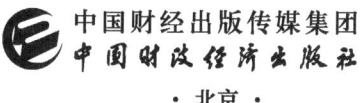

中国财经出版传媒集团
中国财政经济出版社
·北京·

图书在版编目（CIP）数据

地位寻求视角下农民工住房资产对家庭消费的影响研究 / 余新平著. -- 北京：中国财政经济出版社，2025.8. -- ISBN 978-7-5223-4154-5

Ⅰ. F126.1

中国国家版本馆CIP数据核字第20250V802J号

责任编辑：牛婧丽　　　　　责任校对：张　凡
封面设计：孙俪铭　　　　　责任印制：张　健

地位寻求视角下农民工住房资产对家庭消费的影响研究
DIWEI XUNQIU SHIJIAOXIA NONGMINGONG ZHUFANG ZICHAN
DUI JIATING XIAOFEI DE YINGXIANG YANJIU

中国财政经济出版社 出版

URL：http://www.cfeph.cn

E-mail：cfeph@cfeph.cn

（版权所有　翻印必究）

社址：北京市海淀区阜成路甲28号　邮政编码：100142

营销中心电话：010-88191522

天猫网店：中国财政经济出版社旗舰店

网址：https://zgczjjcbs.tmall.com

涿州汇美亿浓印刷有限公司印刷　各地新华书店经销

成品尺寸：170mm×240mm　16开　16.75印张　274 000字

2025年8月第1版　2025年8月河北第1次印刷

定价：78.00元

ISBN 978-7-5223-4154-5

（图书出现印装问题，本社负责调换，电话：010-88190548）

本社质量投诉电话：010-88190744

打击盗版举报热线：010-88191661　QQ：2242791300

前　言

党的二十大报告指出，"着力扩大内需，增强消费对经济发展的基础性作用"。中共中央、国务院印发的《扩大内需战略规划纲要（2022—2035 年）》明确提出"全面促进消费，加快消费提质升级"。然而，近年来，我国居民消费增速放缓制约了消费对经济发展的基础性作用。当前，在外部环境复杂性、严峻性和不确定性不断上升的背景下，坚定实施扩大内需战略、以提振消费为重点扩内需，是加快构建以国内大循环为主体、国内国际双循环相互促进的新发展格局的必然选择，也是促进我国长远发展和长治久安的战略决策。

作为流动人口大国，农民工及其家庭消费需求、消费能力和消费模式因收入提高和生活方式转变而发生根本性变化，成为挖掘我国消费潜力的重点。然而，长期以来，农民工消费增长乏力而住房投资势头十分强劲。一方面，在中国农村地区长期以来存在着"建房热"现象；另一方面，伴随着城镇化进程的快速发展，农民工购买城镇住房的比例也在逐渐上升。在此背景下，农民工住房投资的特征及变动趋势如何？农民工住房资产是否存在着地位寻求动机？住房资产是否导致了农民工家庭消费的低迷？相关政策该如何应对？等等。鲜有学者对这些问题进行系统的解释。本研究在借鉴既有理论和研究成果的基础上，构建地位寻求视角下农民工住房资产对家庭消费影响的概念框架和理论模型，进而利用中国家庭追踪调查（CFPS）数据进行实证检验，并依此提出相关政策建议。

本研究认为，一方面，在中国的农村地区，由于受到传统"男尊女卑"思想的影响，"仅女儿"农民工家庭试图通过住房资产替代"儿子"来提升自身家庭的社会地位（可称为"替代效应"）。另一方面，由于我国男女性别比例的长期失衡，"有儿子"农民工家庭为了提升儿子在婚姻市场上的竞争力，会增加对住房资产的投资（可称为"竞争效应"）。因此，住房资产"替代效应"和"竞争效应"的存在使农民工住房资产的地位寻求动机非常明显，农民工住房资产已然成为家庭户主主观经济地位的重要影响因素。由于农民工住房已经成为一种地位性商品，农民工家庭之间住房资产的攀比不仅在一定程度上抑制了家庭消费的增长，而且还呈现出向上攀比的地位寻求特征。

本研究的主要结论具体如下：

第一，农民工住房资产与主观经济地位。在农民工全样本家庭、"仅儿子"家庭、"有儿有女"家庭以及"仅女儿"家庭，虽然就影响系数而言，农民工住房价值对户主主观经济地位提升的影响与农民工住房面积对户主主观经济地位提升的影响存在着一定差异，但实证结果一致显示，农民工住房价值或住房面积均显著提升了户主的主观经济地位。这一结果表明，住房资产已经成为评价农民工社会地位的重要依据，从而在一定程度上证实了农民工住房资产的地位寻求动机。

第二，农民工住房资产的地位寻求动机。农民工住房资产"替代效应"和"竞争效应"的存在使得农民工住房已然成为一种地位性商品。而且，"仅女儿"家庭住房资产的"替代效应"要大于"有儿子"家庭住房资产的"竞争效应"，从而使"仅女儿"农民工家庭住房资产的地位寻求动机更大，"仅儿子"农民工家庭次之,"有儿有女"农民工家庭最小。此外,在高性别比例地区,由于"有儿子"农民工家庭面临更强的住房资产"竞争效应",从而使"仅儿子"家庭的住房资产地位寻求动机最大,"有儿有女"家庭次之,"仅女儿"家庭最小。而在低性别比例地区,虽然"有儿子"农民工家庭住房资产的"竞争效应"依然存在,但"仅女儿"家庭住房资产的"替代效应"更为明显,从而使"仅女儿"家庭的住房地位寻求动机最大,"仅儿子"家庭次之,"有儿有女"家庭最小。

第三,农民工住房资产攀比与家庭消费。一方面,农民工家庭所在村庄参照组平均住房资产对农民工家庭消费总支出存在着显著的抑制作用,这一结果不仅进一步证实了农民工住房资产地位寻求动机的存在,同时也表明农民工住房资产攀比对家庭消费存在着显著的挤出效应。即伴随着周围农民工家庭住房价值的增加或住房面积的扩大,农民工会提高对住房价值增加或住房面积扩大的要求,从而抑制了农民工家庭自身的消费需求。另一方面,按户主主观经济地位分组的估计结果显示,高地位农民工家庭平均住房价值对中地位或低地位农民工家庭消费总支出的影响与高地位农民工家庭平均住房面积对中地位或低地位农民工家庭消费总支出的影响并不一致,其原因可能在于农民工家庭户主对于自身经济地位的主观认知导致样本选择存在着一定的偏差。然而,以农民工家庭收入分组的估计结果表明,低收入农民工家庭对住房资产的期望会随着高收入农民工家庭住房资产的扩大而提高,并因此降低了农民工家庭自身的消费水平。即农民工家庭存在着向上攀比的地位寻求动机。

目 录

第1章 绪 论 …………………………………………（ 1 ）

  1.1 研究的背景和意义 ……………………………………（ 3 ）
  1.2 研究的思路与内容 ……………………………………（ 5 ）
  1.3 研究的方法与数据 ……………………………………（ 7 ）
  1.4 研究的创新与不足 ……………………………………（ 9 ）

第2章 理论基础与文献综述 ……………………………（ 11 ）

  2.1 基本概念界定 …………………………………………（ 13 ）
  2.2 地位寻求理论及研究现状 ……………………………（ 18 ）
  2.3 家庭资产选择理论及研究进展 ………………………（ 21 ）
  2.4 家庭资产与消费关系的理论及经验研究 ……………（ 28 ）
  2.5 农民工住房资产与家庭消费的研究进展 ……………（ 34 ）
  2.6 文献评述 ………………………………………………（ 42 ）

第3章 农民工住房资产与家庭消费状况分析 …………（ 45 ）

  3.1 中国家庭追踪调查基本概况 …………………………（ 47 ）
  3.2 中国农民工住房资产状况 ……………………………（ 52 ）
  3.3 农民工家庭消费支出概况 ……………………………（ 56 ）

第 4 章 农民工住房资产与主观经济地位 ……………（69）

    4.1 模型、变量与数据 ……………………………（71）

    4.2 基准回归结果 ………………………………（75）

    4.3 稳健性检验 …………………………………（84）

    4.4 本章小结及讨论 ……………………………（86）

第 5 章 农民工住房资产的地位寻求动机 ……………（89）

    5.1 理论基础 ……………………………………（91）

    5.2 模型、变量与数据 ……………………………（92）

    5.3 估计结果 ……………………………………（96）

    5.4 本章小结及讨论 ……………………………（114）

第 6 章 农民工住房资产攀比与家庭消费 ……………（117）

    6.1 理论基础 ……………………………………（119）

    6.2 模型、变量与数据 ……………………………（120）

    6.3 估计结果 ……………………………………（126）

    6.4 本章小结及讨论 ……………………………（155）

第 7 章 研究结论与政策建议 …………………………（157）

    7.1 研究结论 ……………………………………（159）

    7.2 政策建议 ……………………………………（162）

主要参考文献 ……………………………………………（164）

附录 A ……………………………………………………（196）

附录 B ……………………………………………………（202）

附录 C ……………………………………………………（226）

第 1 章

绪 论

本章主要阐述本研究的选题背景、意义、思路、内容、方法、数据以及本研究的创新和不足之处。

1.1 研究的背景和意义

1.1.1 研究背景

消费既是经济增长的动力，又是经济增长的目的。党的二十大报告指出，"着力扩大内需，增强消费对经济发展的基础性作用"。中共中央、国务院印发的《扩大内需战略规划纲要（2022—2035年）》明确提出："全面促进消费，加快消费提质升级。"然而，近年来，我国居民消费增速放缓制约了消费对经济发展的基础性作用（臧旭恒和张欣，2018；陈昌盛等，2021；盛夏等，2022；易行健等，2023）。当前，在外部环境复杂性、严峻性和不确定性不断上升的背景下，坚定实施扩大内需战略，以提振消费为重点扩内需，激发有潜能的消费，是加快构建以国内大循环为主体、国内国际双循环相互促进的新发展格局的必然选择，也是促进我国长远发展和长治久安的战略决策。

中国作为流动人口大国，2024年农民工总量达到29 973万人。① 农民工及其家庭消费需求、消费能力和消费模式因收入提高和生活方式转变发生根本性变化，成为挖掘我国消费潜力的重点（蔡昉等，2020；孙伟增和张思思，2022；蔡昉，2023；迟福林，2025）。然而，与城镇居民相比，农民工消费水平低16%—20%（Chen et al.，2015；胡霞和丁浩，2016）。如何推动农民工家庭消费是拉动内需、实现经济发展方式转变的重要着力点（晁钢令和万广圣，2016）。

与此同时，农民工住房投资势头十分强劲。一方面，在中国农村地

---

① 国家统计局. 2024年农民工监测调查报告，https：//www.stats.gov.cn/sj/zxfb/202504/t20250430_1959523.html。

区,长期以来存在着"建房热"现象(Sargeson,2002;方丽和田传浩,2016)。另一方面,伴随着城镇化进程的快速发展和房地产"去库存"政策的实施,农民工购买城镇住房的比例也在逐渐上升(国家卫生和计划生育委员会流动人口司,2015)。在此背景下,农民工住房投资的特征及变动趋势如何?农民工住房资产是否存在着地位寻求动机?住房资产是否导致了农民工家庭消费的低迷?相关政策该如何应对?等等。已有研究还并未对这些问题进行系统的解释。事实上,住房既是消费品又属于投资品,且在一定程度上还代表着家庭的社会地位(杭斌,2014)。近年来,中国性别比例严重失调,住房作为经济实力的信号在婚姻市场上越来越重要(Wei & Zhang,2012;方丽和田传浩,2016;Wei et al.,2017)。鉴于此,本研究在借鉴既有理论和研究成果的基础上,从地位寻求视角并利用全国样本地区的微观调查数据,就农民工住房资产对家庭消费的影响及政策研究展开探索。

1.1.2 研究意义

(1)理论价值

农民工是指具有农村户口身份但主要在城镇或非农领域务工的劳动者,是中国传统户籍制度下的一种特殊身份标识。在社会学中,农民工通常被用来代表流动人口(谢宇等,2013)。而且,中国的农民工家庭是一种特殊的家庭,其最基本的特征就是家庭成员的长期分居,但家庭关系仍然继续维持(李强,1996;晁钢令和万广圣,2016)。一方面,西方国家因其流动人口市民化时期较为短暂,已有的经典消费理论、地位寻求理论并未在流动人口上得到深入发展;另一方面,国内已有关于家庭资产,尤其是住房资产与居民消费关系的研究还未曾具体到农民工这一流动群体身上。因此,本研究立足中国新型城镇化发展的现实背景,构建分析地位寻求视角下农民工住房资产对家庭消费影响的概念框架和理论模型,以期能对家庭消费金融相关理论和文献有所补充。

(2)应用价值

住房是社会分割和融合的中间机制(郑思齐等,2011)。伴随着农民工住房资产,尤其是城镇住房资产占家庭总资产比重的逐渐上升,住房资产对农民工消费的影响日趋增强。一方面,本研究立足中国总需求结构失衡的现实背景,从"地位寻求"视角探讨农民工住房资产对家庭消费的影响,揭示农民工住房资产积累对消费潜力的释放机制,为激发农民工这一庞大群体的消费活力提供政策切入点,从而为有效促进农民工消费、扩大内需,进而增强消费对经济发展的基础性作用提供一定的理论依据和政策参考;另一方面,本研究也可以为促进农民工社会融合,实现农民工美好生活愿望,提高新型城镇化质量提供对策建议与研究借鉴。

1.2 研究的思路与内容

1.2.1 研究思路

本研究遵循"提出问题—分析问题—解决问题"的研究逻辑,围绕"地位寻求视角下农民工住房资产对家庭消费的影响"这一研究主题,从生命周期理论、持久收入假说以及地位寻求理论出发,借鉴既有研究成果,构建地位寻求视角下农民工住房资产对家庭消费影响的概念框架和理论模型;同时,本研究结合农民工住房资产与家庭消费的现状特征,设计、选择和界定计量地位寻求视角下农民工住房资产对家庭消费影响的指标及其体系,进而利用微观调查数据进行实证检验,并在此基础上提出相关政策建议。

本研究的技术路线见图1.1。

1.2.2 研究内容

根据上述研究思路,本研究的研究内容具体如下:

第一章为绪论。本章主要阐述本研究的选题背景、意义、思路、内容、方法、数据以及本研究的创新和不足之处。

第二章为理论基础与文献评述。本章首先对"农民工"、"住房资产"以及"农民工消费"等基本概念进行了界定;随后分别对地位寻求理论、

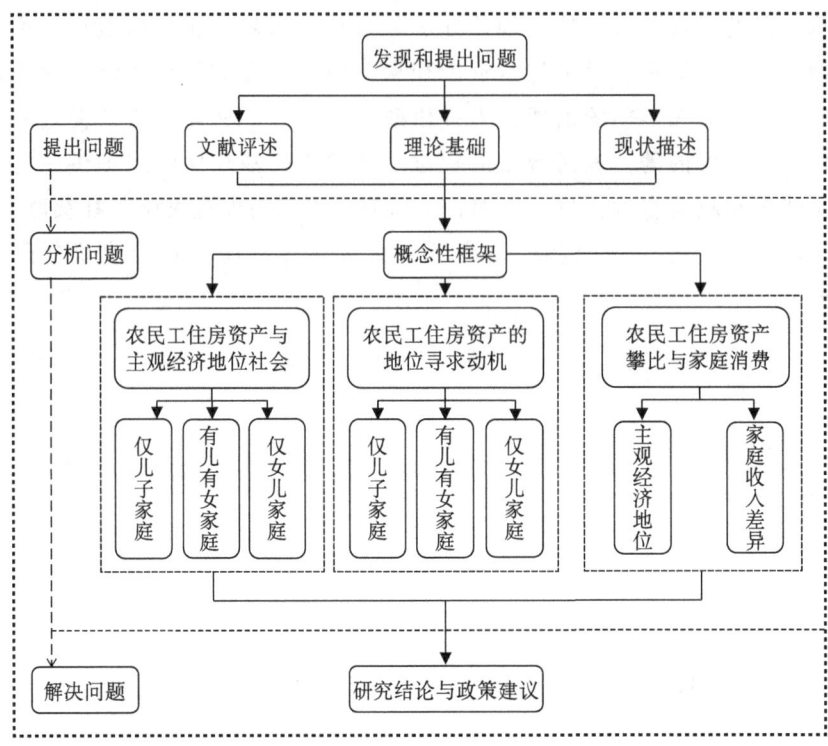

图 1.1 技术路线

家庭资产选择理论以及居民消费理论的发展脉络进行了梳理，同时就"地位寻求与居民消费、家庭资产选择影响因素、家庭资产对居民消费的影响以及农民工住房资产与消费"等相关研究进行文献评述，并在此基础上形成本研究的逻辑起点。

第三章为农民工住房资产与家庭消费状况分析。本章首先对中国家庭追踪调查（CFPS）数据的基本概况进行介绍，随后基于其 2014 年、2016 年、2018 年、2020 年以及 2022 年的五期家庭微观调查数据，对农民工家庭住房资产与家庭消费状况进行描述性统计分析。

第四章为农民工住房资产与主观经济地位。本章首先构建实证检验农民工住房资产与主观经济地位的模型和变量，随后采用中国家庭追踪调查 2014—2022 年的家庭微观调查数据，依次基于农民工全样本家庭、"仅儿子"家庭、"有儿有女"家庭和"仅女儿"家庭就农民工住房资产对主观经济地位的影响进行估计。

第五章为农民工住房资产的地位寻求动机。本章在对社会地位寻求与农民工住房资产进行理论分析的基础上,构建农民工住房资产地位寻求动机的实证模型;同时,采用中国家庭追踪调查2014—2022年的家庭微观调查数据,依次基于农民工全样本家庭、"仅儿子"家庭、"有儿有女"家庭和"仅女儿"家庭进行回归估计,并在将农民工样本家庭按"性别比例差异"划分后进行实证检验。

第六章为农民工住房资产攀比与家庭消费。本章在对农民工住房资产攀比与家庭消费之间的关系进行理论分析的基础上,构建农民工住房资产攀比对家庭消费影响的实证模型和变量指标;同时,采用中国家庭追踪调查2014—2022年的家庭微观调查数据,将农民工家庭消费总支出细分为食品、衣着、居住、耐用品、医疗保健、交通通信以及文教娱乐支出,并依次进行回归估计,随后将农民工样本家庭分别按"户主主观经济地位"和"家庭收入差异"划分后进行进一步实证检验。

第七章为研究结论与政策建议。本章对本研究的主要研究结论进行了归纳和总结,并在此基础上提出了有针对性的政策建议。

1.3 研究的方法与数据

1.3.1 研究的方法

本研究的研究方法主要包括:

(1) 理论研究方法

借鉴既有研究成果并联系客观现实,在对"农民工"、"住房资产"、"家庭消费"和"地位寻求"等基本概念进行界定的基础上,基于地位寻求理论(Duesenberry,1949;Layard,1980;Ireland,1994)、生命周期理论(Ando & Modigliani,1963)和持久收入假说(Friedman,1957;Hall,1978),借鉴Long和Shimomura(2004)、Pahm(2005)以及杭斌和修磊(2015)、刘雯和杨晓维(2015)等的研究,就地位寻求视角下农民工住房资产及其对家庭消费的影响进行数理分析。

（2）实证分析方法

本研究实证分析主要包括"农民工住房资产与主观经济地位"、"农民工住房资产的地位寻求动机"以及"农民工住房资产攀比与家庭消费"三个方面。首先，在农民工住房资产与主观经济地位方面，采用中国家庭追踪调查2014—2022年的家庭微观调查数据并利用混合效应模型，在基于农民工全样本家庭、"仅儿子"家庭、"有儿有女"家庭和"仅女儿"家庭就农民工住房资产对主观经济地位的影响进行估计。其次，关于农民工住房资产的地位寻求动机，采用中国家庭追踪调查2014—2022年的家庭微观调查数据，主要基于农民工全样本家庭、"仅儿子"家庭、"有儿有女"家庭和"仅女儿"家庭进行回归估计，随后分别将农民工全样本家庭按"性别比例"划分后进行进一步实证检验。最后，在农民工住房资产攀比与家庭消费方面，采用中国家庭追踪调查2014—2022年的家庭微观调查数据，并利用混合效应模型进行回归估计，随后分别将农民工全样本家庭按"户主主观经济地位"和"家庭收入差异"划分后进行进一步实证检验。

（3）比较分析方法

比较分析方法既包括横向和纵向的比较，也包括理论与实践的比较。一方面，本研究对农民工住房资产与家庭消费的现状特征进行了纵向对比分析；另一方面，本研究横向比较分析了"仅儿子"农民工家庭、"有儿有女"农民工家庭和"仅女儿"农民工家庭住房资产地位寻求动机的差异，并依次根据农民工家庭户主主观社会等级和农民工家庭收入进行分组，比较估计了农民工住房资产攀比对家庭消费影响的差异。

1.3.2 研究的数据

本研究利用到的数据来源于微观和宏观两个方面，但以微观调查数据为主：

（1）微观数据

近年来，以中国家庭追踪调查（CFPS）、中国家庭金融调查（CHFS）、中国综合社会调查（CGSS）为代表的国内权威家庭微观调查数据获得了广泛的应用,同时,以城乡流动人口为对象的中国乡城人口流动调查(RUMiC)也推动了基于中国流动人口的相关研究。然而,由于本研究主要探讨地位寻求视角下农民工住房资产对家庭消费的影响,鉴于相关指标和数据的可获得性,本研究主要采用中国家庭追踪调查2014年、2016年、2018年、2020年以及2022年的五期家庭微观调查数据。

(2) 宏观数据

一方面,由于本研究利用中国家庭追踪调查2014年、2016年、2018年、2020年以及2022年的数据,因而需要采用《中国统计年鉴》中各省份的"消费物价指数"来消除农民工家庭资产、消费以及收入等相关变量因价格变动产生的影响;另一方面,在本研究关于"农民工住房资产的地位寻求动机"以及"农民工住房资产攀比与家庭消费"实证模型中所涉及的"人均GDP"的原始数据也来源于《中国统计年鉴》。此外,本研究关于"金融发展"这一指标的数据采用北京大学数字金融研究中心与蚂蚁科技集团研究院联合编制的北京大学数字普惠金融指数。

1.4 研究的创新与不足

1.4.1 研究的创新

(1) 研究视角

在中国进入新发展阶段,以提振消费为重点全方位扩大内需背景下,本研究以农民工这一消费潜力群体为对象,从"地位寻求"这一社会心理学视角来探讨农民工住房资产对家庭消费的影响,并依此提出促进农民工家庭消费的对策和建议,相对于已有研究视角,具有一定的创新性。

(2) 理论贡献

基于生命周期理论和持久收入假说,将"地位寻求"动机纳入"住房—

消费"的分析框架,揭示农民工消费行为的非经济驱动因素,为理解中国家庭"重资产、轻消费"现象提供新的解释,突破传统住房"财富效应"的单一解释框架,以期能对家庭消费金融相关理论和文献有所补充。

(3) 应用创新

本研究针对农民工住房资产与主观经济地位、农民工住房资产的地位寻求动机以及农民工住房资产攀比对家庭消费影响的研究形成的研究成果,将对释放农民工家庭消费潜力、有效扩大内需以及实现农民工美好生活愿望具有创新的实践指导意义和思维发展价值。

1.4.2 研究的不足

由于受到研究目标、数据资料匮乏的限制,本研究存在着一些不足之处,主要体现在以下两个方面:

第一,中国家庭追踪调查数据库与宏观统计数据仅匹配到省一级。为了保护受访者个人信息安全,中国家庭追踪调查数据对区县数据进行了模糊化处理,这使得本研究在进行宏观统计数据与农民工家庭微观调查数据的匹配处理过程中只能基于省一级的数据(例如按性别比例进行的样本分组依据的是省一级的性别比例数据),无法进一步精确到区县一级。

第二,未能进行农民工农村住房资产与城镇住房资产的相关比较研究。近年来,伴随着城镇化进程的快速发展,农民工购买城镇住房的比例也在逐渐上升。由于中国家庭追踪调查数据无法对农民工城镇住房资产与农村住房资产进行有效的区分,本研究关于农民工城镇住房资产与农村住房资产地位寻求动机及其对家庭消费的影响差异研究未能展开。

此外,受研究目标和数据资料的限制,本研究对农民工住房资产地位寻求动机形成原因的论证还有待进一步加强。

第 2 章

理论基础与文献综述

本章首先对"农民工"、"住房资产"以及"农民工消费"等基本概念进行了界定；其次，分别对地位寻求理论、家庭资产选择理论以及居民消费理论的发展脉络进行了梳理；最后，就"地位寻求与居民消费"、"家庭资产选择的影响因素"、"家庭资产对居民消费的影响"以及"农民工住房资产与家庭消费"等相关研究进行文献评述。[①]

2.1
基本概念界定

概念的界定往往是理论或经验研究的起点。研究"地位寻求视角下农民工住房资产对家庭消费影响"的前提是要对相关概念进行准确的界定。本节主要从"农民工"、"农民工住房资产"以及"农民工消费"三个方面来予以阐述。

2.1.1 农民工、农民工家庭

改革开放以来，随着人口流动限制的放松以及追求更高收入的就业机会，大批农村劳动力离开农村进入城市务工（周其仁，1997），这批流动人口最早被称为"农民工"。此后，一些文献对由农村进入城市的非农就业人口的称谓日益多样化，有"进城务工人员"、"乡城流动人口"、"新市民"、"新产业工人"等。陈映芳（2005）认为，作为一个堪与"农民"、"城市居民"并存的身份类别，"农民工"在20世纪80年代以来的中国社会中，是由制度与文化共同建构的第三种身份。郑功成和黄黎若莲（2006）指出，农民工是指具有农村户口身份但在城镇或非农领域务工的劳动者，是中国传统户籍制度下的一种特殊身份标识。历年《农民工监测调查报告》对"农民工"的解释是"户籍仍在农村，年内在本地从事非农产业或外出从业6个月及以上的劳动者"。从诸多关于农民工的定义来看，

---

① 本章关于"家庭"、"资产"和"消费"等概念，以及"2.3.1节家庭资产选择理论的发展与模型扩展"和"2.4.1节消费理论的演进与发展"等部分内容参考了作者前期著作（余新平，2018）。

农民工的概念和范畴有广义和狭义之分：广义的农民工范围比较宽泛，大致包括两类人，第一类指在户籍所在乡镇地域以内从业的农民工（本地农民工），第二类指在户籍所在乡镇地域以外从业的农民工（外出农民工）；狭义的农民工一般指年末居住在城镇地域内的农民工（进城农民工）。本研究中农民工主要指广义上的农民工，即包括本地农民工和外出农民工。

家庭（Family）是所有社会中最核心的单元，个人的生存、种族繁衍、文化的传承以及社会的建立和秩序都需要以家庭为依据。人类漫长的历史发展已经表明，家庭是文化的产物，任何国家以及任何历史时期的家庭，都具有时代与民族文化的特色（丁文和徐泰玲，2001）。费孝通（1998）在谈到中西方家庭的区别时指出，家庭在西方国家是一种界限分明的团体，但在中国却含糊不清。一般而言，家庭指在婚姻、血缘或收养关系基础上产生的，亲属之间所构成的社会生活单位。家庭有广义和狭义之分，广义的家庭泛指在人类进化不同阶段中的各种家庭利益集团（即"家族"）；狭义的家庭则指由一夫一妻制构成的社会单元。本研究主要考虑的是狭义的家庭概念。

西方研究中经常使用"家户"（Household）来表示家庭的概念，一个家户即指地理上的一个居住单元，家庭结构通常是已婚夫妇与未成年子女组成的核心家庭模式，但在中国，同一地理单元上的家庭结构则存在着很高的异质性（谢宇等，2014）。[①] 相比于地理上的聚集，经济联系与血缘关系是中国传统文化中更为重要的家庭概念（Thornton & Lin，1994）。事实上，中国的农民工家庭是一种特殊的家庭，其最基本的特征就是家庭成员的长期分居，但家庭关系仍然继续维持（李强，1996；晁钢令和万广圣，2016）。因此，本研究借鉴中国家庭追踪调查[②]的定义，对农民工家庭的界

[①] 例如，一方面，子女们长大成家后可能依然与兄弟姐妹的家庭共同居住，几代人也可能长期居住在一起；另一方面，居住在同一地理单元的家庭成员间联系的紧密程度也各有不同，一些可能会分为若干个小家庭，彼此之间经济独立，另一些则是一个经济共同体。此外，在中国农村地区，成年人外出打工的情况非常普遍，他们虽然是家庭经济的重要支柱力量，但长期没有在家中居住。

[②] 中国家庭追踪调查（CFPS）由北京大学中国社会科学调查中心组织实施。该项目从2010年起正式实施基线调查，每两年访问一次。调查内容包括村/居基本情况、家庭经济、人口流动、家庭关系、居住与设施、工作与收入、婚姻、教育、健康、认知能力、态度观念以及社会交往等众多主题。

定标准确定为"同灶吃饭"① 的 "有血缘/婚姻/领养关系的直系亲属" 以及 "在家连续住满三个月的有血缘/婚姻/领养关系的非直系亲属"。

2.1.2 农民工住房、农民工住房资产

通常，人们对资产的理解主要基于企业会计核算层面和经济学意义层面。从企业会计层面来看，资产指过去的交易、事项形成并且由企业拥有（或控制）的资源，该资源预期将会为企业带来一定的经济利益。因此，资产的基本特征主要包括：第一，资产是经济主体在过去发生的经济活动中所获得的；第二，资产能够为经济主体带来可预期的经济利益；第三，资产在法律上表明了经济主体所具备的财产权利。基于此定义，并按照企业会计的历史成本原则，资产是以实际发生的成本计价的存量概念，价值是确定的。从经济学视角来看，在现代市场经济中，经济主体根据自身偏好和客观需要，同时考虑风险和收益的权衡，选择持有一定的资产及其组合。这表明：一方面，经济学中的资产具有很强的动态变换性；另一方面，资产必须具有交易和转让的可接受性，在价值上以市场价格为标准，在内容上具有不确定性。因此，企业财务会计中的资产概念和经济学意义上的资产概念并不一致。

本研究所指的资产即经济学意义上的资产。与资产相近的另一个概念是财产，它是从法律视角的产权出发，对经济主体拥有完全产权自由资产的称谓。而资产则是从拥有和控制能力出发，可能是经济主体的自有资产，也可能是非经济主体所有但由其实际控制的资产（即以负债形式借入的资产）。财产在数值上等于资产与负债的差额，因此一般要小于资产的数量。然而，在现实的经济生活中，自有资产与负债形成的资产一般融合在一起，经济主体要对其所有的资产进行统筹管理，从而使"资产"这一概念在经济行为的分析中更加具有实际意义。因此，借鉴已有的研究，本研究对家庭资产的定义如下：家庭实际合法拥有或控制的，可以用货币计量的，用于家庭生活消费、生产经营活动以及投融资活动，进而能为家庭带来相应经济收益的存量经济资源（如财产、债权和其他权利）。②

---

① 所谓"同灶吃饭"，实际上是经济共同体的一个通俗形象的说法。曾经，人们常用"分灶"来表示分家。这种界定方式不仅符合中国的传统，而且还可以将地理上不居住在一起但经济上紧密联系的个体纳入一个家庭，从而降低居民家庭的误差。

② 关于"资产"和"财产"这两个概念的定义和比较，本研究参考了刘楹（2007）的研究。

家庭资产的分类方法较为丰富：一方面，依据家庭资产的形态可将其划分为金融资产和实物资产；另一方面，按家庭资产的流动性可将其划分为固定资产与流动资产；等等。一些学者在研究中也进行了不同分类，如臧旭恒（2001）将居民家庭资产划分为金融资产和实物资产，其中，城镇居民家庭金融资产是指手持现金、银行存款、有价证券以及储蓄性保险，实物资产则主要包括耐用消费品（如家用电器、家具等）和住宅；农村居民家庭金融资产主要指储蓄存款和手持现金，实物资产则包括生产性固定资产、住宅以及非住宅房屋。张大勇和曹红（2012）首先将家庭资产划分为住房与非住房两种类型资产，进而又将非住房资产划分为金融资产、社保账户资产和其他实物资产。杨耀武等（2013）将家庭资产划分为金融资产、房屋资产和其他实物资产三种类型。李涛和陈斌开（2014）将城镇居民家庭资产划分为固定资产和流动资产两大类，其中固定资产包括家庭非生产性住房资产与生产性固定资产，流动资产包括金融资产和其他实物资产。臧旭恒和张欣（2018）将家庭资产划分为高流动性资产和低流动性资产，分别以金融资产和住房资产进行衡量。张吉鹏等（2021）将家庭资产划分为住房资产、金融资产和生产性资产。赵乃宝等（2023）在研究中为家庭构建的资产组合包含无风险金融资产、风险金融资产和住房资产三类典型资产。借鉴既有研究成果，本研究将农民工家庭资产主要划分为住房资产、金融资产以及生产性固定资产三类。农民工家庭资产结构如图2.1所示。

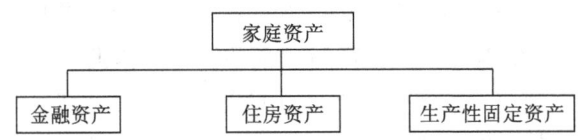

图2.1　农民工家庭资产结构关系

2.1.3　消费、农民工消费

在宏观经济学中，消费（Consumption）是指在某时期一个人或一个国家用于消费品的总支出。从严格意义上来讲，"消费"应该仅指某一时期中那些完全分享过了的消费品。然而在现实生活中，消费支出包括消费所有已经购买的商品，而这些商品当中可能有一些商品的使用时间要远远超出所考察的时期，如家具、衣物和汽车等。消费又可以分为个人消费与生产消费。前者指人们将生产出来的物质资料和精神产品用于满足个人生活需要的行为和过程,是"生产过程以外执行生活职能";后者则为物质资料生产过程中生产资料和生活劳动的使用和消耗。

根据《中国统计年鉴 2024》的定义,居民消费支出是指居民用于满足家庭日常生活消费需要的全部支出,既包括现金消费支出,也包括实物消费支出。而且,除了直接以货币形式购买获得的商品及服务的消费支出外,还包括以其他方式得到的商品和服务的消费支出(如虚拟消费支出)。关于居民消费支出的分类,国家统计局也进行了划分,主要包括食品烟酒支出、衣着支出、居住支出、生活用品及服务支出、交通通信支出、教育文化娱乐支出、医疗保健支出以及其他用品及服务支出八大类。

农民工的消费行为在众多方面不同于城镇居民和农村居民,农民工群体已经成为我国城镇居民和农村居民以外的"第三元"(李凯等,2012)。农民工在城乡流动中受到乡村和城市的双重影响,使这一群体在价值观念、生活方式等方面具有"两栖性"特点(王宁,2005),从而不仅导致其消费习惯不同于普通的家庭,更重要的是其消费的结构和重心也会发生很大变化。鉴于既有研究关于居民消费支出的分类大都借鉴国家统计局的划分方式,本研究基于中国家庭微观调查数据对农民工家庭消费支出的分类与国家统计局的权威分类相似(见图 2.2)。①

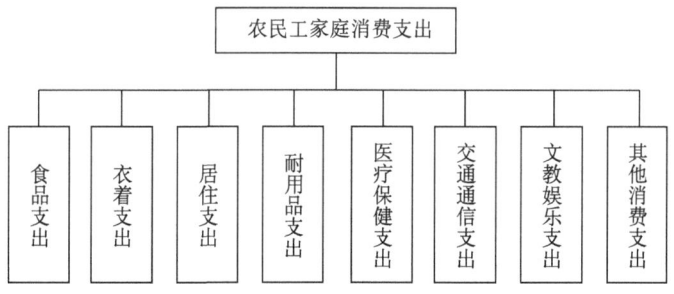

图 2.2 农民工消费支出结构关系

---

① 为简便起见,本研究将"家庭设备及日用品支出"简称为"耐用品支出"。

2.2 地位寻求理论及研究现状

2.2.1 地位寻求理论

基于社会因素分析经济行为由来已久（Smith，1776；Marshall，1890；Veblem，1899；Duesenberry，1949）。作为经济学与社会学的交叉领域，地位经济学将社会、文化等因素引入经济模型，分析地位关注对微观个体经济行为的影响，不仅丰富了对个体经济行为的认识，也使模型更具现实性。Weber（1922）最早将社会地位视作权力的重要来源，并将其定义为关于积极或消极特权的有效性要求。Weiss 和 Freshman（1998）从经济学角度将地位定义为个体在群体中的位置或排序。Ball 等（2001）基于经济利益，将地位定义为与某些资源权利期望有关的社会公认排名。个体可能由于技能或者成就被归为某个社会阶层，且不同的社会群体对于阶层有不同的认识。而一旦确定在某个社会中，高地位者将被赋予某种特权，就会影响社会资源的配置。

地位寻求理论主要有三类模型，即地位攀比模型、地位分布模型和地位表征模型。[①] 前两类模型将表征地位偏好的地位品（可能是收入、财富或消费品）引入效用函数，此时个体效用不仅取决于自身行为，也与其在参照组中所处位置有关。而地位表征模型则直接将由地位偏好产生的额外收益放入效用函数，并解释其存在的原因。

地位攀比模型由 Duesenberry（1949）提出。Duesenberry（1949）和 Pollak（1976）依据相互依存的偏好，指出个体行为不仅与自身有关，而且也受到他人的影响。Gali（1994）将他人的影响引入效用函数 $U=u(c,C)$（c 表示个体消费支出，C 表示参照组平均消费支出），但并未给出个体消费支出 c 与参照组平均消费支出 C 的具体关系。此后，一些学者给出了效

[①] 本节关于地位寻求理论三类模型的具体介绍参考了杨晓维和刘雯（2016）的研究。

用函数中 c 和 C 的表达式,并形成了两个代表性版本。其一为"追赶邻居"(Catching up with the Joneses),效用函数为 $u_t = u(x_t, x_t - \lambda \bar{x}_{t-1})$(差额形式,$t$ 表示时间,x_t 表示个体支出或财富水平,$\bar{x}_{t-1}$ 表示相应的参照组平均水平,λ 表示参照组平均支出对个体效用的影响,下同)或 $u_t = u[x_t, x_t/(\bar{x}_{t-1})]^\lambda$(比值形式)。其二为"与邻居看齐"(Keeping up with the Joneses),效用函数为 $u_t = u(x_t, x_t - \lambda \bar{x}_t)$(差额形式)或 $u_t = u[x_t, x_t/(\bar{x}_t)^\lambda]$(比值形式)。

地位分布模型最早由 Layard(1980)提出,此后 Frank(1985)、Robson(1992)以及 Hopkins 和 Kornienko(2004)对其进行了调整。该模型假设地位依存于排序,并以分布函数的性质说明地位品的位置,即 $u_t = u[x_t, F(x_t)]$,x_t 表示第 t 期的地位品支出,$F(x)$ 表示 x_t 的累积分布函数。Frank(1985)对地位品和非地位品进行了区分,并将效用函数设定为 $U = U[x, y, F(x)]$(其中,x 和 y 分别表示地位品和非地位品消费,$F(x)$ 表示 x 的分布函数)。在此基础上,Robson(1992)将地位函数设定为 $S(\omega) = \frac{1}{2}F(\omega) + \frac{1}{2}F^+(\omega)$,其中,$S(\omega)$ 表示由财富决定的地位,ω 表示个体财富水平,$F(\omega)$ 和 $F^+(\omega)$ 分别表示财富水平严格低于 ω 和财富水平等于或低于 ω 的个体数目在总人群中所占的比例。此后,Hopkins 和 Kornienko(2004)对 Robson(1992)的地位函数进行了修改,修改后的地位函数为 $S[x, F(x)] = rF(x) + (1-r)F^-(x) + \alpha$,其中,$x$ 表示支出水平,$r \in [0, 1)$,$F(x)$ 表示支出水平等于或低于 x 的个体数目在总人群中的占比,$F^-(x)$ 表示支出水平严格低于 x 的个体数目在总人群中的占比,$\alpha \geq 0$ 且为常数,表示最低地位水平。

Ireland(1994)较早建立了地位表征模型,该模型的效用函数为 $U = (1-a)f(v, w) + af(\hat{v}, \hat{w})$。当 $a = 0$ 时,即为标准的效用函数;其中,v 表示可视性商品,w 表示不可视商品或未知性收入。另有一种效用函数形式为 $U = u(C_1) + \beta[u(C_2) + m]$,其中 C_1 和 C_2 分别表示代表性消费者在第 1 期和第 2 期的消费支出。

2.2.2 地位寻求与居民消费

亚当·斯密(1759)最早研究了地位寻求动机与消费之间的关系,他在《道德情操论》中以亚麻衫为例提出了服装具有最低社会面子属性。凡勃伦（1899）在《有闲阶级论》中专门讨论"炫耀性消费"是向外界传递财富和证明身份地位的手段，并以"高级学识"为题论述教育是证明有闲阶级身份和地位的重要内容。西美尔（1905）在《时尚的哲学》中认为服饰能够充分体现个体之间的差异，它的示范性功能较其他商品更加突出。Duesenberry（1949）指出消费者受"棘轮效应"和"示范效应"的影响，家庭消费取决于自己与周围人群收入的对比。Hirsch（1976）提出了"地位性"商品的概念，他认为经济可以分为物质经济和地位经济，地位经济是一个国家或一个家庭富裕以后所表现出的消费特征，其特点在于消费的目的而不是消费本身。Frank（1985）在将消费品分为地位性商品（如汽车、住房、服饰等）和非地位性商品（如储蓄、保险、教育等）两大类的基础上，对地位寻求进行了实证分析。然而，Frank（1985）将教育划分至非地位性商品引发了一些学者的质疑，例如，Jonathan（1990）将教育看作部分地位性商品，认为教育的意义在于与他人相比所获得的相对价值；Rason（1993）认为教育作为一种筛选机制，通过家长的社会经济地位对进入者的资格进行了过滤，因而教育是地位性商品。此外，福塞尔（1992）在《格调：社会等级与生活品味》一书中指出，外形外貌以及穿着打扮能够体现出消费者的品位和认同，通过对他人消费行为的模仿可以作为提升社会认同的有效途径。Corneo 和 Jeanne（1997）、Direr（2001）指出收入差距扩大会抑制贫民的地位寻求动机，减少储蓄；与此相反，Treeck 等（2012）和 Treeck（2014）研究发现，当受到信贷约束时，地位寻求只能通过增加储蓄来实现，因此较大的收入差距是中国居民高储蓄率的一个原因。

近年来，地位寻求理论被广泛用于中国城乡居民的消费行为研究中。朱信凯（2001）利用湖北江汉平原 9 个县市调查数据所作的实证结果表明，中国农户存在显著的地位寻求动机。Brown 等（2011）基于 2004 年和 2006 年贵州 26 个村庄调查数据的实证结果显示，农户的葬礼支出、人情支出以及新郎家的婚礼支出均与前一年的平均水平显著正相关，即表明农户存在地位寻求动机。Wei 和 Zhang（2012）分析了地位竞争对中国房价的影响，指出由于中国男女性别比例严重失调，住房作为经济实力的信号在婚姻市场上越来越重要，由此进一步推高了房价。杭斌（2014）以及刘雯和杨晓雯（2016）利用中国家庭金融调查数据进行的实证分析表明中国城镇家庭的住房具有明显的地位特征。杭斌和修磊（2015）基于中国家庭追踪调查数据就住房攀比与居民消费之间关系的研究指出,中国城镇家庭存在着向上攀比的地位寻求动机。杭斌(2015)研究发现中国城镇居民家庭在人情支出上存在显著的地位寻求特征。刘雯和杨晓维(2016)采用中国农户调查数据进行的实证研究显示,农户存在显著的地位寻求—储蓄动机,这种动机通过观察周围人群的住房面积得到体现。杭斌和曹建美(2017)研究指出,农户人情支出行为反映的是"随大流"的从众心理,而婚丧嫁娶支出则存在地位竞争。邱兆祥等(2018)认为,人们进行消费攀比的动机是追求社会地位,这一动机会对总体消费起到抑制作用。任国英等(2020)研究表明,城镇家庭的社会交往频繁程度越高,对社会地位寻求的动机也就越强,借贷购买耐用消费品的可能性也就越大。

此外,一些学者从地位寻求视角分析了收入差距对家庭消费的影响,但结论并不一致。例如,金烨等(2011)指出收入不平等扩大会加强人们的地位追求动机,其中的主要影响机制是收入差距增强了人们追求地位的欲望,进而增加储蓄,减少消费。蒋姣和赵昕东(2021)研究发现,在收入差距扩大对家庭消费的抑制影响中,追求社会地位呈现显著的中介作用,低收入群体存在着更高的地位寻求动机。与之相反,杭斌等(2016)从追求社会地位角度的研究发现,高社会地位家庭会带动低社会地位的家庭增强其炫耀性消费。周广肃等(2018)认为,收入差距的扩大会提高人们追求社会地位的动机,从而增加其可见性消费。

2.3 家庭资产选择理论及研究进展

2.3.1 家庭资产选择理论的发展与模型扩展

(1)围绕货币资产的机会成本观点

早期对于家庭资产的关注与研究是从货币资产开始的。在 Marshall 和 Pigou 的"现金余额说"创立之前,货币仅仅被认为是一种交易工具,而并非家庭的资产或财富。"现金余额说"则认为,货币不仅是一种交易媒介,更是一种资产的形式,一国的货币存量是由人们意欲借货币形式来保存购买力的数量决定的。明确的货币资产选择理论的基本原理,始见于1935年由Hicks发表的《关于简化货币理论的建议》。Hicks(1935)指出,一个人所希望持有的货币数量取决于三个因素:预期未来支付的日期、投资成本及投资的预期收益率。随后,凯恩斯(1936)在《就业、利息和货币通论》中系统、完整地阐述了货币需求理论,认为货币需求源于人们愿意以货币形式持有的收入或财富的"灵活偏好"心理动机。不仅如此,凯恩斯还把除货币以外的其他金融资产(债券)作为一个重要的分析变量纳入货币理论。

货币主义学派继承了凯恩斯主义货币需求理论的持有货币机会成本的观点。Friedman认为,货币和其他资产一样,具有给其持有者提供流量服务的职能;个人或企业拥有的财富就是他们持有的各种资产,同时也构成了人们持有货币的合理限制,而持有非货币资产的报酬则构成了持有货币的机会成本。此后,Brunner和Meltzer(1963,1964)提出了关于货币经济的"财富调整理论",认为决定人们货币需求的是包括各种资产的财富,而不是凯恩斯学派和早期货币数量论学派所认为的"收入"。Chetty(1969)则最早分析了居民对不同币种货币资产的需求问题,即"货币替代理论"。

(2)围绕证券资产的风险收益理论

20世纪中叶,随着金融市场的蓬勃发展,可供居民选择的金融资产种类日益丰富。居民不再主要考虑货币资产和非货币金融资产的选择问题,而是重点关注如何在非货币金融资产之间进行选择。由于金融市场上不同金融资产的收益、风险属性千差万别,在资产选择的决策上已不能简单地依靠机会成本比较,而是要全面权衡各类资产的风险和收益。因此,学者开始针对金融资产,特别是证券资产的风险和收益特征展开研究。

Markowitz(1952)关于"资产选择"(Portfolio Selection)的学术论文创立了一套完整的"均值—方差"分析框架,通过采用风险资产的期望收益和以方差(或标准差)表示的风险来研究资产的选择和组合问题,成为现代资产组合理论的起点。随后,Markowitz(1959)完善了这一方法,提出以"预期效用最大化"来替代"预期收益最大化",进而提出以"预期收益

(E) 一收益的方差（V）"为进行资产选择的基本规则。同时，Tobin（1958）根据投资资产之间的相互影响程度，将资产之间的相互关系分为正相关、负相关以及相互独立三种类型，并在此基础上提出了"两基金分离定理"。

与 Markowitz 的"均值—方差"在思想方法上一脉相承，Sharpe（1963）等构建了资产组合的"单指数模型"。该模型仍然建立在"证券之间存在关联性"这一假设基础之上，但并不像"均值—方差"模型那样直接考虑证券之间的相互关联性。随后，Sharpe（1964）、Lintner（1965）以及 Mossin（1966）等在"Arrow – Debreu – McKenzie"一般均衡框架下构建了资本资产定价模型（CAPM），并对风险进行了度量和定价，确认了资产的期望收益与风险的关系。与此同时，既有理论大多只是对当期的投资者行为进行了考察，而对长期投资者的资产组合行为却难以进行很好的解释。在此背景下，Samuelson（1969）和 Merton（1969）将资产组合问题从单期扩展至多期，并提出了一个投资于"无风险债券"与"风险股票"两种资产的跨期资本资产定价模型（ICAPM）。他们的研究表明：一方面，投资者在合理的条件下应该将资产按照一定的比例投资于所有的风险资产；另一方面，所有投资者对风险资产投资组合的行为应该是同质的；不同之处仅仅在于由于投资者风险厌恶程度的不同而将财富在风险资产和安全资产组合之间进行不同的资产配置。此后，Merton（1973）、Lucas（1978）以及 Breeden（1979）等提出的消费资本资产定价模型（CCAPM）将金融学的研究建立在一般均衡的基础上，成为金融学的一次重大飞跃，在现代资产定价理论中有着重大的影响。该模型采用资产收益率与总消费增长率的协方差对资产风险进行描述，表明资产预期收益率的系统风险可以利用消费增长率风险来进行解释。

（3）家庭资产选择理论模型的拓展

根据经典的资产组合选择理论，投资者应该参与所有已经存在的投资项目（尽管在每一个项目上的参与程度会有所不同）。然而在现实中，居民家庭资产的组合存在着明显的异质性，市场"有限参与"[①] 的现象十分

---

① "有限参与"指：尽管存在着较高的股权溢价，但实证研究却发现大多数居民家庭并没有参与股市；而且，对于那些已经参与股市的投资者而言，理论上的最优风险资产持有份额却远远高于实际的数据。Mankiw 和 Zeldes（1991）、Haliassos 和 Bertaut（1995）、Vissing – Jorgensen（2002）、李涛（2006）以及吴卫星和齐天翔（2007）等国内外学者对这一问题进行了研究。

普遍。随着金融市场上各种"异常"现象的累积,① 已有标准理论模型与实际现象的背离使得现代金融理论的理性分析范式陷入了极为尴尬的境地。因此,对传统模型和家庭资产现实选择之间的差异进行解释便成为家庭资产选择研究主要关注的领域。一些学者在已有资产选择理论研究框架的基础上对相关模型进行了扩展,主要体现在以下几个方面。

首先,伴随着行为经济学的兴起,行为金融学应运而生。通过对 Tversky 和 Kahnerman(1973)以及 Shiller(1981)等发展的行为金融学相关理论的吸收,行为资产定价模型(BAPM)对投资者决策行为资产定价理论进行了重新思考和模型化,逐渐替代资本资产定价模型(CAPM),成为现代金融理论对金融市场活动进行解释的新基石(陈彦斌和周业安,2004;张传勇,2014)。

其次,非流动性资产对家庭资产选择行为的影响。对于一个家庭而言,人力资本不仅是最大的财富来源,而且也是一项非常重要的非流动性资产。然而,对于大多数家庭而言,人力资本属于不可交易资本,且难以保险(Bodie et al.,1992)。家庭依靠人力资本取得劳动收入,但不能对人力资本进行交易,从而使得家庭未来收入的不确定性无法通过交易来消除或降低。因此,有必要在家庭资产选择模型中引入劳动收入这一变量(Bodie et al.,1992;Heaton & Lucas,2000;Viceira,2001)。

再次,住房资产作为家庭重要的资产形式,其流动性相对较低且难以多样化地分散风险。早期的资产选择模型将住房资产视为与其他金融资产相类似的另一种风险资产纳入资产需求模型(Bodie et al.,1992)。但是,住房资产投资不同于股票,它同时兼具着消费品和投资品的双重属性,存在着两个平行的市场,这使得考虑了住房资产的资产选择模型变得更加复杂(Cocco,2005;Benzoni et al.,2007;Cardak & Wilkins,2009)。

最后,考虑到富裕家庭通常持有一定的私营企业资产,一些学者也将其纳入了家庭资产选择模型(Carroll,2000;Heaton & Lucas,2000a,2000b;Faig & Shum,2002;Campbell,2006)。

---

① 消费资本资产定价模型(CCAPM)对"股票溢价之谜"(Mehra & Prescott,1985)和"无风险利率之谜"(Weil,1989)无法解释。

2.3.2 家庭资产选择的影响因素及国内研究进展

(1) 家庭资产选择的影响因素

在有关家庭资产选择影响因素的研究中,很多学者从参与成本的视角切入。例如,Guiso 和 Jappelli(2005)和 Brown 等(2008)认为,更好的金融认知程度以及更高的社会参与程度有效促进了家庭对股市的参与。然而,Andersen 和 Nielsen(2011)基于自然实验的研究却表明,大多投资者参与股市并未受到参与成本的约束。

一些学者的研究表明,年龄(Guiso & Jappelli, 2001; Bertaut & Starr-McCluer, 2002; Banks & Tanner, 2002; Iwaisako, 2003; Iwaisako et al., 2004; Campbell, 2006; Eichholtz & Lindenthal, 2014)、性别与婚姻(Barber & Odean, 2001; Agnew et al., 2003; Poterba & Samwick, 2003; Charness & Gneezy, 2012; Guiso & Zaccaria, 2023)、教育(Graham et al., 2009; Calvet & Sodini, 2014; Cole et al., 2014; Cooper & Zhu, 2016)等人口统计学变量,劳动收入风险(Guiso et al., 1996; Arrondel & Masson, 2002; Bertaut & Starr-McCluer, 2002; Vissing-Jorgensen, 2002; Angerer & Lam, 2009; Cardak & Wilkins, 2009; Carter, 2011)、健康(Rosen & Wu, 2004; Berkowitz & Qiu, 2006; Edwards, 2008; Cardak & Wilkins, 2009; Fan & Zhao, 2009; Hugonnier et al., 2013; Alzuabi et al., 2022)、商业或房产投资(Heaton & Lucas, 2000a, 2000b; Yamashita, 2003; Cocco, 2005; Yao & Zhang, 2005; Shum & Failg, 2006; Corradin et al., 2014; Chetty et al., 2017)等背景风险,信任(Guiso et al., 2008; Campbell et al., 2011; Lusardi et al., 2008; EI-Attar & Poschke, 2011; Jiang & Lim, 2013; Delis & Mylonidis, 2015)、社会资本(Hong et al., 2004; Guiso & Jappelli, 2005; Brown et al., 2008; Ioannides & Zabel, 2008; Georgarakos & Pasini, 2011; Heimer, 2014; Patacchini & Venanzoni, 2014; Pool et al., 2015)、宗教信仰(Arruñada, 2010; Renneboog & Spaenjers, 2012; Xu et al., 2022)和民族文化(Breuer & Salzmann, 2012)等社会文化变量以及主观心理特征(Puri & Robinson, 2007; Spaenjers & Spira, 2015; Nadeem, 2020)等非经济因素对家庭资产的选择决策非常重要。事实上,流动性约束对居民家庭资产选择也存在着不可忽视的影响(Paxson, 1990; Bertaut, 1998; Fratantoni, 1998; Campbell, 2003; Cocco, 2005)。

也有文献纳入了认知能力与认知偏误（Stango & Zinman，2009a，2009b；Christelie et al.，2010）、金融知识（Guiso & Jappelli，2009；Van Rooij et al.，2012；Gaudecker，2015；Anderson，2015；Chu et al.，2017）、过往负面经历（Malmendier & Nagel，2011；Knüpfer et al.，2017）以及经济与金融发展（Carrol，2002；Peress，2004；Waehter & Yogo，2009；Christelie et al.，2010）等变量。还有关于意外收益、政治参与及信息成本、公司丑闻、美貌以及性格差异与股市参与关系的研究（Briggs，2015；Bonaparte & Kumar，2013；Giannetti & Wang，2016；Gan et al.，2023；Jiang et al.，2024）。

（2）中国居民家庭资产选择的研究进展

国内学术界对家庭资产选择的研究起始于 20 世纪 90 年代。早期受限于微观调查数据的缺失，一些学者或利用宏观统计数据对城乡居民家庭金融资产总量、内部结构分布以及收益进行了描述性统计分析（谢平，1992；易纲，1996）；或是对居民家庭资产配置单一（主要集中于银行存款）的特征进行解释（龙志和和周浩民，2000；臧旭恒等，2001）；也有将投资者心理、情绪以及社会因素等变量纳入资产选择行为进行的理论分析（陈彦斌和周业安，2004；何大安，2004；陈彦斌，2005）。随着国内微观数据的日益丰富，一些学者基于不同的数据库从不同视角讨论了居民家庭资产选择的影响因素。

①北京奥尔多投资咨询中心调查数据[①]。李涛（2006a，2007）依次分析了社会互动对居民投资选择的影响及居民进行投资选择时的参与惯性。陈彦斌（2008）指出，提高教育水平和改善婚姻状态有利于提高家庭财富水平。何兴强等（2009）实证检验了背景风险对居民风险金融资产选择的影响。吴卫星等（2010）基于生命周期、财富效应及住房的视角分析了居民家庭投资结构变化的影响因素。王聪和田存志（2012）对中国居民家庭参与股票投资及其参与程度的影响因素进行了考察。吴卫星等（2015）探讨了家庭投资组合有效性的群体性差异。类似的研究还包括（李涛和郭杰，2009；吴卫星等，2011；肖争艳和刘凯，2012）。

---

① 北京奥尔多投资咨询中心分别于 2005 年、2006 年、2007 年以及 2009 年进行了名为"投资者行为与秩序"、"投资者行为调查"、"城市投资者行为调查"以及"投资者行为调查"的项目的入户调查。

②中国家庭金融调查数据①。朱光伟等（2014）就"关系"对股票市场参与、参与程度以及股市回报的影响进行了实证检验。尹志超等（2014）和尹志超等（2015）分别研究了金融知识、金融可得性对居民家庭金融市场参与及其资产配置的影响。郭士祺和梁平汉（2014）及 Liang 和 Guo（2015）分析了社会互动与网络信息渠道对家庭参与股市决策的影响。李凤等（2016）对家庭资产状况变动趋势及其影响因素进行了分析。高楠等（2019）研究了心理偏误对家庭风险市场投资的影响。张吉鹏等（2021）分析了处于生命周期不同阶段家庭的住房需求和房产配置情况，及其如何受到人力资本和禀赋差异的影响。梁斌和陈茹（2022）实证检验了子女性别如何塑造家庭金融资产选择及其作用机制。类似的研究还包括王聪等（2015）、陈永伟（2015）、段军山和崔蒙雪（2016）、卢亚娟和张菁晶（2018）、易行健等（2022）、赵乃宝等（2023）、Huang 和 Gooi（2023）的研究。

③中国家庭追踪调查数据。孟亦佳（2014）研究了认知能力对城市家庭金融市场参与和家庭资产选择的影响。李涛和张文韬（2015）实证检验了家庭股票投资背后人格特征因素的作用。张海洋和耿广杰（2017）首次研究了家庭生活满意度这一主观因素对其金融资产选择行为的影响。余新平（2018）对城乡居民家庭固定资产选择的影响因素进行了实证分析。江静琳等（2018）实证研究了农村成长经历对家庭股票市场参与的影响。崔颖和刘宏（2021）运用模糊断点回归法估计了户主受教育水平对家庭资产选择的因果影响。杨欣桐和易成栋（2022）分析了家庭生育选择与购房选择之间的关系。刘宏等（2024）探究了企业年金对城镇职工家庭金融资产配置决策的影响及其作用机制。类似的研究还包括萧端和吕俞璇（2018）、周广肃等（2018）、肖忠意等（2018）的研究。

④其他微观调查数据。史代敏和宋艳（2005）利用 2002 年四川省的调查数据对城镇居民家庭金融资产总量与构成比例的影响因素进行了实证检验。李涛（2006b）利用 2004 年广东省居民调查数据的实证研究表明，社会互动、信任有效推动了居民对股市的参与。雷晓燕和周月刚（2010）基于中国健康与养老追踪调查（CHARLS）数据，从健康状况与风险偏好

---

① 中国家庭金融调查（China Household Finance Survey，CHFS）是由西南财经大学中国家庭金融研究中心在全国范围内开展的中国家庭金融调查项目。该项目于 2011 年开展了首轮调查。

视角分别考察了城乡居民家庭持有各种资产的概率及其持有量。陈斌开和李涛（2011）利用2009年"中国城镇居民经济状况与心态调查"数据，详细考察了城镇居民家庭资产—负债的现状及成因。肖作平和张欣哲（2012）利用来自中国民营企业家的调查数据实证检验了制度和人力资本对家庭金融市场参与的影响。周钦等（2015）运用中国居民家庭收入调查（CHIPS）数据就医疗保险对城乡家庭资产选择的影响进行了研究。类似的研究还包括周铭山等（2011）、聂富强等（2012）、刘潇等（2014）、姚成胜等（2016）、吴卫星和谭浩（2017）、王亚柯和刘东亚（2023）的研究。

2.4 家庭资产与消费关系的理论及经验研究

2.4.1 消费理论的演进与发展

自凯恩斯开创宏观消费理论以来，消费理论的发展主要经历了三个重要阶段：确定性条件下的居民消费理论、不确定性条件下的居民消费理论和基于心理特征的行为消费理论。

（1）确定性条件下的居民消费理论

关于居民消费理论的研究最早可以追溯至凯恩斯（1936）的绝对收入假说。凯恩斯认为，居民消费主要由当前收入决定，而且，随着居民收入的增加，平均消费倾向（APC）和边际消费倾向（MPC）递减。由于绝对收入假说无法解释 Kuznets（1942）的储蓄率长期稳定性，以及凯恩斯主义对经济大萧条后收入与就业的预测出现了严重的偏差，Duesenberry（1948）提出了相对收入假说。他认为，消费者的消费水平不仅会受其自身过去的消费习惯影响，而且，还会受到周围其他人的消费水平影响。然而，即使消费确实存在"黏性"，也仍然难以对 Kuznets（1942）的储蓄率长期稳定性进行完美的解释。为解决这一问题，Friedman（1957）的持久收入假说和 Modigliani

(1954,1963)的生命周期理论应运而生。① 其中,持久收入假说认为,居民的当前消费,既不受当前的绝对收入影响,也不受与其他人对比的相对收入影响,而是受到个人的持久收入影响。生命周期理论则进一步认为,居民消费并非仅与当前的可支配收入相关,人们更倾向于在其拥有的总资源约束条件下追求一生消费的平滑,从而使整个生命周期内的消费达到最优配置。

(2) 不确定性条件下的居民消费理论

20世纪70年代,随着理性预期假说被广泛地应用于宏观经济学,一大批学者开始了对不确定性条件下居民消费问题的研究。受不确定性因素的影响,持久收入假说与生命周期理论所预测的许多消费特征与经验事实经常发生偏离。② 持久收入假说的失效激发了学者的研究兴趣,通过对持久收入假说进行理论拓展,一些学者试图寻找更加合适、科学的消费理论来对现实中的消费现象进行解释。其中,Hall(1978)提出的消费随机游走假说、Leland(1968)和Weil(1993)发展的预防性储蓄理论、Zeldes(1989)推崇的流动性约束理论以及Deaton(1991)和Carroll(2009)的缓冲存货假说等最具影响力。

Hall(1978)提出的随机游走假说(Random Walk Hypothesis)认为,当收入(或者产出)出乎意料地下降时,消费的下降仅仅等于持久性收入的下降,因此,无法准确预测消费是否会恢复。受到Hall(1978)研究的影响,预防性储蓄理论(Precautionary Saving Theory)指出,由于人们预期到未来收入的不确定性,因此,为了平滑自己一生的消费水平,人们在当前可能会倾向于增加预防性储蓄、减少消费,以此来抵御未来的收入不确定性风险给消费造成的负面冲击。

一般而言,流动性约束(Liquidity Constraints)的存在往往会增强家庭预防性储蓄动机,从而作出增加当前储蓄、减少消费的决策;而且,流动性约束的变动不仅对那些受到当期约束的居民家庭至关重要,而且对那些可能受到未来流动性约束限制的居民家庭也同样重要。诚然,预防性储蓄假说和流动性约束理论表明,消费者可以通过减少当前消费、增加储蓄来

---

① 一些学者将持久收入假说和生命周期理论直接统称为"生命周期持久收入假说"(Life Cycle Permanent Income Hypothesis, LCPIH),详见Hall(1978)和Carroll(1997)的研究。

② Carroll和Summers(1989)指出,持久收入假说的预测是不正确的。因为生活在收入增长较快国家的居民,其消费增长率较高;相反,生活在收入增长缓慢国家的居民,消费增长率较低。

提高其在低收入年份的消费水平,进而达到平滑其一生消费的目的。然而,缓冲存货假说(Buffer Stock Hypothesis)指出,消费者不仅可以通过增加储蓄来平滑其消费,而且,通过持有家庭资产也可以达到同样的效果。特别重要的是,当消费者相对缺乏耐心且面临流动性约束时,家庭资产将扮演着一种十分重要的"缓冲存货"角色,从而使消费者在面临收入的突然下降时,仍然能够维持当前的消费水平。

(3) 基于心理特征的行为消费理论

新古典消费决策理论主要是在持久收入假说和生命周期理论基础上形成并发展起来的。它的核心思想是理性的消费者(或代表性家庭)在跨期的消费决策中实现个人(或者代表性家庭)的终生效用最大化。进一步研究可以发现,主流消费理论所预言的消费者终生效用最大化需满足以下两个条件:一是代表性消费者完全理性;二是贴现率是一个固定常数。然而在现实中,消费者往往具有明显的非完全理性、不完全的自我控制力以及对财富消费的不完全替代性。[①] 因此,越来越多的经济学家开始以行为分析为基础,关注个人心理对自身消费的影响,并试图为现代宏观消费理论提供科学的微观基础。

自 20 世纪 80 年代以来,随着行为经济学的快速发展,行为消费理论也得到了长足的发展和壮大,并已成为现代宏观消费理论的重要组成部分。行为消费理论关于消费者的基本行为假设主要有五点:延迟(Procrastination)、有限自我控制(Limited Self-control)、心理账户(Mental Accounting)、估测偏见(Projection Bias)以及心理构建(Mental Construct)(方福前,2010)。根据威尔金森(2012)的划分,行为消费理论中具有代表性的理论模型主要有:双曲线贴现模型(Hyperbolic Discounting Model)、行为生命周期模型(Behavioral Life Cycle Model)、估测偏见(Projection Bias)消费模型、动态自控偏好(Dynamic Self-control Preference)消费模型、前景理论模型(Prospect Theory Model)、期待效用模型(Anticipatory Model)、心理账户模型(Mental Accounting Model)、多自我模型(Multiple-

---

① 事实上,对消费者来说,最简单的动态规划问题求解都是非常困难的,而且,即便消费者能够求解得到令自己长期效用最大化的各期消费决策,消费者也往往缺乏足够的控制力或耐心来有效执行这种最优消费决策。同时,对于不同的财富持有形式,消费者的边际消费倾向和消费偏好也有所差别,因而无法实现不同财富之间的完全替代性(方福前和俞剑,2014)。

self Model) 以及双自我模型 (Dual-self Model) 等。限于篇幅，本研究不再一一予以详细介绍。

2.4.2 家庭资产对居民消费影响的国内外研究进展

(1) 家庭资产对居民消费影响的国外研究进展

现代居民消费理论可追溯至凯恩斯（1936）的绝对收入假说，即居民消费是绝对收入的函数。Modigliani 和 Brumberg（1954）、Friedman（1957）基于家庭资产与居民消费关系研究，分别提出了生命周期理论和持久收入假说。此后，Hall（1978）构建了生命周期理论和持久收入假说的实证检验框架。伴随着消费变化率成为现代消费研究关注的核心变量，居民住房的财富效应受到广泛关注，并已形成了较为丰富的文献资料。

①资产财富效应的国际比较。一些学者利用美国的数据进行了研究（Modigliani, 1971; Engelhardt, 1996; Benjamin et al., 2004; Case et al., 2005, 2013; Bostic et al., 2009; Calomiris et al., 2012; Tobing, 2012; Cooper, 2013; Ashley & Li, 2014; Tsai, 2016; Aladangady, 2017; Berger et al., 2018; Guren et al., 2021）。也有基于其他国家数据的文献，例如，Calcagno 等（2009）运用意大利的数据、Fisher 等（2010）采用澳大利亚的数据、Mazambani 等（2011）利用津巴布韦的数据以及 Singh（2012）基于印度的数据分别进行了相关研究。Bhatia 和 Mitchel（2016）使用加拿大家庭调查数据的研究发现，每1美元自有住房的资产收益会使家庭总消费增加5.4美分。此外，Bhatt 和 Kishor（2014）对美国（1959—2011年）、英国（1987—2010年）、德国（1992—2009年）和加拿大（1970—2010年）四国总资产的财富效应进行了研究，发现资产财富效应在美国、英国以及加拿大三个国家呈现出上升的趋势；类似的研究还包括 Peltonen 等（2012）、Barrell 等（2015）、Kiohos 等（2017）的研究。

②资产财富效应理论机制的微观验证。根据周晓蓉等（2014）的归纳，资产价值变动对居民消费的传导主要基于四个理论假设：直接财富效应（Grant & Peltonen, 2008; Gan, 2010; Bhatia & Mitchel, 2016）、共同因素假设（Grant & Peltonen, 2008; Carroll et al., 2011）、抵押品效应（也即流动性约束效应）（Gan, 2010; Browning et al., 2013; Burrows, 2018; Cloyne et al., 2019）以及预防性储蓄动机效应（Gan, 2010; Painter et al., 2022）。由于宏观数据无法对财富效应的传导机制进行有效的检验，因此相关研究多基于微观数

据来实现，检验中考察的变量主要包括资产持有状况（Sinai & Souleles，2005；Grant & Peltonen，2008；Calcagno et al.，2009；Gan，2010；Arrondel，et al.，2019）、年龄（Henderson & Ioannides，1983；Ioannides & Rosenthl，1994；Sinai & Souleles，2005；Campbell & Cocco，2007；Calcagno et al.，2009；Attanasio et al.，2009；Gan，2010；Browning et al.，2013；Bampinas et al.，2017；Gröbel & Ihle，2018）、收入（Khalifa et al.，2011，2013；Liao et al.，2014）、负债（Roiste et al.，2021）等。

③财富效应对不同消费品的影响。在资产财富效应的早期实证研究中，关于消费变量的选取主要集中在消费总量上。随着研究的逐步深入以及数据的获取成为可能，将消费划分为耐用品消费和非耐用品消费成为文献中常见的细分方式。一些学者就耐用品消费进行了分析（Romer，1990；Bostic et al.，2009；Walden，2013），更多的学者则关注对非耐用品消费影响的研究（Gan，2010；Sun & Nijite，2012；Cooper，2013；Kim et al.，2012）。其中，Cooper（2013）基于美国 1984—2005 年数据进行的实证检验得到与 Sun 和 Nijite（2012）不同的结论：住房价格变动对食物消费总量存在着显著的正向影响，但股市资产价格变动对食物消费总量的影响不显著。此外，Fereidouni 和 Tajaddini（2017）研究了消费者信心对住房资产和金融资产与四类消费支出（包括总消费、服务类消费、耐用品消费和非耐用品消费）之间关系的影响。

（2）家庭资产对中国居民消费影响的研究现状

具体到中国，相关研究或基于宏观统计数据，或关注房价上涨对居民消费的影响，也有利用微观调查数据进行的研究。

①基于宏观统计数据的研究。骆祚炎（2007，2008，2010）分别利用城镇居民 1985—2005 年、1985—2006 年以及 1985—2008 年的年度统计数据，比较分析了中国城镇居民金融资产与住房资产的财富效应。邹红和黄慧丽（2010）的研究发现，房地产市场的财富效应远大于股票市场。Koivu（2012）运用 1998—2006 年季度数据的实证结果表明，房地产的"挤出效应"是阻碍中国资产财富效应发挥其作用的重要原因。张五六和赵昕东（2012）在对我国 1978—2009 年城镇居民家庭资产进行重新核算的基础上，运用 ARDL - UECM 模型进行计量分析的结果表明：住房资产在长期内对消费存在有限的促进作用，短期内对消费则存在较强的促进作用。宋

明月和臧旭恒（2016）采用2000—2012年中国28个省份城镇居民季度面板数据的估计结果显示，住房资产的直接财富效应虽然显著，但经过多期累积的财富效应仅为0.0013。杨耀武和杨澄宇（2019）基于2002—2016年季度数据的实证研究发现，房产财富的边际消费倾向（MPC）低于金融财富的边际消费倾向。

②房价上涨对居民消费的影响研究。在中国城镇商品房销售价格不断上涨背景下，相关文献主要探讨房价上涨对居民消费的影响。宋勃（2007）、王子龙等（2008）、赵杨等（2011）等基于全国时间序列数据的研究指出，住房资产的财富效应为正；而谭政勋（2010）和Koivu（2012）的研究则认为房价上涨对居民消费产生了挤出效应。王柏杰等（2011）、陈健等（2012）以及陈峰等（2013）采用省际面板数据的研究发现，住房资产的财富效应为负，但梁琪等（2011）、李剑（2015）以及宋明月和臧旭恒（2016）却得到了相反的结论。高春亮和周晓艳（2007）、况伟大（2011）、王子龙和许潇迪（2011）以及严金海和丰雷（2012）利用城市面板数据的实证检验结果显示住房资产的财富效应均为负，而Dong等（2017）的研究表明住房资产的财富效应显著为正；盛夏等（2022）研究发现，对房价大幅上涨的预期会引发"投机"购房动机，促使居民加杠杆并大量消耗流动性，从而挤出消费。此外，余华义等（2017）以及余华义等（2020）研究指出，伴随着房价的上涨，中国住房资产财富效应存在着区域差异性。

③采用微观调查数据的研究。黄静和屠梅曾（2009）利用中国健康与营养调查（CHNS）2000年、2004年以及2006年数据进行研究，结果显示，房地产财富对城镇居民消费存在显著的促进作用。解垩（2012）基于中国健康与养老追踪调查的数据发现，住房拥有者房产的消费弹性在0.07至0.09之间，且存在着城乡差异。张大永和曹红（2012）运用中国家庭金融调查数据的研究指出，房屋价值高低对城镇居民家庭消费均存在着显著正向影响。谢洁玉（2012）利用中国城镇住户调查（UHS）数据的研究显示，房价显著抑制了城镇居民消费，且该抑制效应存在着群体异质性。杜莉等（2013）研究发现，2008—2011年上海房价的上升总体上提高了居民的平均消费倾向。李涛和陈斌开（2014）运用2009年国家统计局中国城镇住户调查（UHS）数据的研究表明，城镇居民住房存在着微弱的"资产效应"，但"财富效应"不存在。卢建新（2015）利用中国家庭金融调查数据对农村居民资产与家庭消费的实证检验显示，住房对农村家庭消费

存在着显著正向影响,且对家庭耐用品消费的影响程度要大于非耐用品。毛中根等(2017)和张浩等(2017)分别基于中国家庭金融调查和中国家庭追踪调查数据的实证分析显示,住房升值对城镇居民家庭消费具有显著的促进作用。何兴强和杨锐锋(2019)研究指出,房价收入比高显著降低了家庭总消费和非耐用品消费的房产财富弹性。王岳龙等(2023)证实了住房"财富幻觉"的存在,认为"财富幻觉"强化的未实现财富效应促进了家庭的消费支出。相关的研究还包括陈健和黄少安(2013)、李雪松和黄彦彦(2015)、贺洋和臧旭恒(2016)、万晓莉等(2017)、张传勇和王丰龙(2017)、余新平和熊德平(2017)、余新平(2018)、Chen等(2020)以及尹志超等(2021)的研究。

2.5 农民工住房资产与家庭消费的研究进展

农民工是中国经济社会转型时期的一个特殊概念。在西方国家,与农民工相近似的概念是移民,但它与农民工存在着较大的差异。鉴于此,本节关于农民工住房资产与家庭消费的相关文献主要基于国内研究。[①]

2.5.1 农民工住房选择研究进展

住房选择模型是揭示个体住房选择背后机制的重要模型(郑思齐,2007)。从经济学和人口学的视角出发,一些学者认为移民住房选择决策受到反映自身住房需求特点的人口属性因素(如年龄、性别、婚姻状况、家庭结构等)、反映住房可支付能力的人力资本和社会资本因素(如教育水平、收入水平、职业类型、对流入地语言的掌握程度等)以及反映住房市场条件的因素(如利率、住房价格、城市规模等)三大因素的影响(Clark et al., 1984; Clark et al., 1994; Helderman et al., 2006)。也有学者将文化和社会因素纳入考察范围,试图从移民身份这一特征出发阐释移

---

① 此处参考了高伟(2020)的研究综述框架。

民住房选择的特殊性,分析了出生地、语言、隔离和歧视、移民辈分、流入国逗留时间、永久定居意愿、社会网络、与流出地的联系度、在流入地的融入度等影响因素的作用(Osili,2004;Erdal,2012)。

与国外学者一样,国内学者认为农民工住房租买选择受到人口属性、社会经济地位和住房市场条件的影响,但同时也特别考察了户籍制度、农村土地制度、社会保障制度、住房保障政策对农民工住房选择的影响。

(1) 人口属性因素

已有研究表明,年龄、性别、婚姻状况、家庭结构等人口属性因素对农民工住房租买选择存在着一定的影响,但不同学者对这些影响因素的重要程度看法不一。刘成斌和周兵(2015)基于2013年全国流动人口动态监测数据的研究表明,年龄与农民工就地或异地购房意愿存在倒U型关系,已婚人群的异地购房意愿更低,对流入地语言掌握越好,异地购房意愿越明显。Tang等(2017)利用江苏省农民工的调查数据发现,年龄的增长会降低农民工的购房意愿,男性农民工比女性农民工更容易拥有住房,已婚农民工更倾向于拥有自己的房屋。Zhang等(2017)采用西安市调研数据的研究显示,年龄与农民工购房意愿存在着负相关关系,性别和婚姻状况对农民工购房意愿没有显著影响,但有子女的农民工更愿意购房。李君甫和孙嫣源(2018)运用2013年全国流动人口动态监测数据的研究指出,女性在流入地购房的意愿大于男性,有子女的农民工更倾向于在流入地购房。

(2) 社会经济地位因素

教育程度、收入水平、就业情况等社会经济地位因素对农民工住房租买选择存在着一定的影响。刘成斌和周兵(2015)研究发现:受教育程度越高、收入越高、劳动强度越低,农民工的购房意愿越强烈;相较于雇员,雇主或自雇身份的农民工更倾向于购买房屋。宋艳娇(2016)研究指出,收入水平与购房行为之间存在着"有阶段性变化的U型关系",即随着家庭收入的提升,外来流动人口会选择返乡购房,当家庭收入高到某一临界值时,外来流动人口会选择在工作地购房。Wu和Zhang(2018)的研究表明,高收入者比低收入者更容易拥有房屋,但就业身份和就业行业对农民工购房意愿的影响并不显著。

（3）地区特征因素

城市规模特征和住房价格等市场因素对农民工住房租买选择存在着一定的影响。就城市规模来看，宋艳娇（2016）的研究显示，流动人口当地购房意愿与城市规模呈倒 U 型关系。王先柱等（2017）发现，新生代农民工在三线、四线城市定居的意愿要更强烈。冯长春等（2017）指出，城市规模等级影响了流动人口的住房所有权状况和住房权属。在住房价格方面，一些学者认为房价与农民工的住房可支付能力呈负向关系。例如，Wu（2004）研究发现，当商品房价格超出了绝大多数农民工的购买能力时，农民工将被迫去市场上租赁房屋。Wang 等（2010）认为，在住房租金上涨的情况下，农民工选择合租以节约开支。此外，Zang 等（2015）利用 1995—2012 年全国 31 个省份面板数据的研究表明，房价上涨在东部地区抑制了农民工的购房意愿，在中部地区则起到促进作用，在西部地区和全国层面的影响并不显著。

（4）流动因素

已有研究表明，流动总次数、流动年限、流动模式、流动计划、流入地融入度以及老家所在地等反映流动状况的因素均对农民工住房租买选择存在着影响。例如，王玉君（2013）基于 12 个城市的问卷调查数据发现，跨省流动的务工人员过渡到市场住房的概率会更低；务工人员与当地人互动频率越高，其越倾向于通过市场解决住房需求；与没有定居意愿的务工人员相比较，有长期定居意愿的务工人员更可能逐步转向市场住房。刘成斌和周兵（2015）研究指出：农民工共同流动的人数越多、流入时间越长，农民工越愿意购房；相较于老家所在地为西部地区的农民工，老家所在地为中东部地区的农民工购房意愿更加强烈。Tang 等（2017）的研究显示，有城市定居意愿的农民工更倾向于购房，且流动时间对购房意愿存在着正向影响。Wu 和 Zhang（2018）的研究也表明，流动时间与住房所有权存在微弱的正向联系。杨菊华（2018）研究指出：与跨省流动者相比，省内跨市、市内跨县的流动群体拥有住房或租住公房的概率依次提高；在流入地居留时间越长，拥有住房的可能性越大；举家流动的农民工比半家庭式流动和独自流动的农民工更倾向于购置住房。

(5) 户籍及社会保障制度

一些学者指出,农民工整体住房条件低下的根本性因素是户籍制度(Wu,2004;Logan et al.,2009;董昕和周卫华,2014)。事实上,在很长一段时间里,农民工被排除在城市住房改革之外。他们没有从单位福利制度和公房私有化中获利,也不能享受福利房、限价房、廉租房和公租房等优惠政策(Huang & Clark,2002;Huang & Tao,2015)。农民工社会保障相对缺乏,因而面临更高的生活风险。何焓华和杨菊华(2013)的研究表明,城城流动人口和乡城流动人口的总体居住状况都落后于同期本地居民,但乡城流动人口的居住面积更小、住房质量更差、住房所有权比例更低。Tao等(2015)研究显示:乡城流动人口选择租房的概率是城城流动人口选择租房概率的3.67倍;没有参加社会保险的流动人口选择租房的概率是参加社会保险的流动人口的6.82倍。杨菊华(2018)发现,2010—2014年,城城流动人口和乡城流动人口拥有住房和租用公房的比例波动上升,但乡城流动人口拥有住房和租用公房的比例仍然低于15%。Wu和Zhang(2018)指出,虽然户籍改革正在进行,但城市居民和农民工的住房所有率差距并未完全消除;是否参加养老保险、医疗保险和失业保险显著影响了农民工的住房所有权获得。

(6) 农村土地制度

农村土地制度被认为是影响农民工住房租买选择的重要制度因素之一。当前,农民工的农村土地承包经营权可以流转,但农村宅基地和住房只能在小范围、有限度地流转,其财产属性并未完全显化(陆文聪和余新平,2014;余新平和熊德平,2017;董昕,2017),这影响了农民工住房的租买选择。① Tang等(2017)研究指出,拥有老家住房降低了农民工在城市的购房意愿。Wu和Zhang(2018)的研究表明,"是否拥有大面

---

① 一方面,农村宅基地和住房寄托了农民工的土地和乡村情结,在农村社会保障体系不完善、城市无法融入的情况下,农村宅基地和住房成为农民工最后的保障;另一方面,持有农村宅基地和住房意味着农民工不仅可以在征地拆迁时获得相应补偿,还可以保留农村集体组织的成员权,并参与集体分红。这种心理预期使他们更加看重农村宅基地和住房的未来收益,因此宁愿将钱花在老宅翻新也不愿在流入地购房。此外,受制于当前的农村土地制度,农民工农村宅基地和住房的财产属性并未完全显化,这也降低了农民工家庭的住房购买力。

积的农地"、"是否将农地流转"以及"是否经历过土地征收"均显著影响了农民工住房所有权的获得。李勇辉等（2019）研究发现，农地流转能提升农民工市民化意愿和能力，农地流转进程则促进了农民工城市住房状况的改善。杨婷怡等（2021）研究认为，土地资源禀赋有助于增加农业转移人口财产性收入，对农业转移人口的购房意愿具有显著的正向影响。

（7）住房公积金政策

将农民工纳入住房公积金体系是解决农民工住房困难的重要举措。已有学者对住房公积金政策的实施效果进行了分析。宋娇艳（2016）发现，户主拥有住房公积金能显著影响流动人口家庭的购房意愿。刘一伟（2017）研究认为，住房公积金对新生代农民工的购房打算存在着正向影响。汪润泉和刘一伟（2017）基于全国7个城市调查数据的研究显示，住房公积金能够强化定居意愿，但对农民工城市购房行为的促进作用并不存在。李君甫和孙嫣源（2018）采用2013年流动人口动态监测数据的研究表明，在流入地缴纳住房公积金的流动人口更倾向于在流入地购房，但流动人口拥有住房公积金的比例总体很低。王先柱等（2018）基于34个大中小城市调查数据的实证显示，住房公积金对农民工购房的影响呈现明显的区域差异性，在一线、二线城市中住房公积金对购房的影响分别表现为"抑制性"和"缓冲性"，而在三线、四线城市中表现为"助推性"。此外，祝仲坤和冷晨昕（2017）指出农民工缴纳住房公积金的比例过低，制约了住房公积金效应的发挥。赵卫华等（2019）认为住房公积金制度的"单位迁入式"特点、农民工的认知、各利益主体方的博弈等因素制约了住房公积金覆盖面的扩大。

2.5.2 农民工消费研究现状

近年来，我国经济的一个重要特征是"农民工数量的不断增长与居民消费率的持续降低"这两个现象并存，而且，农民工消费率低于城镇居民和农村居民（王湘红和陈坚，2016）。在此背景下，国内学术界对农民工消费问题进行了相关研究，主要包括农民工消费行为的转型与差异、农民工消费的影响因素、新生代农民工的消费行为以及农民工的炫耀性消费行为等方面。

(1) 农民工消费行为的转型与差异

已有研究表明,农民工消费行为、消费结构及消费观念既不同于城镇居民,也不同于农村居民。冯桂林和李淋(1997)指出,伴随着农民工由农民向工人、从乡村到城市的转变,其消费方式呈现出单调而高度同质、封闭而逐渐开放的特征。王曼(2004)认为,农民工消费仍然是求廉的理性消费占主导,且受到传统文化观念的影响。严翅君(2007)基于江苏农民工的调查研究发现,农民工的消费行为从保守转向开放,消费工具从传统转向现代,消费心理从后卫转向前卫。李晓峰和王晓方等(2008)采用北京市调查数据的研究显示,农民工不但消费水平低、消费结构不合理,且这种消费状况也不会随着其收入的增加而发生改变。褚荣伟和张晓冬(2011)调查发现,在农民工消费结构中,支出份额较多的主要是食物和房租。谢勇和沈坤荣(2011)研究发现,非农就业影响了农民工的消费偏好。吴文峰和王建琼(2012)认为,我国农民工的消费行为特征与消费生命周期理论基本一致,在不同阶段存在着某一特定消费高峰及对应的储蓄目标。

总体来看,伴随着城镇化的逐步推进和农村剩余劳动力的转移,农民工的消费行为从保守转向开放,消费结构从简单转向复杂,消费观念从传统转向前卫,群体内部也出现了消费水平的分化,但农民工的消费水平仍然较低,发展型和享受型消费贫乏,消费层次偏低,食品、房租等基本生存性消费占主导(王曼,2004;钱文荣和李宝值,2013;粟娟和孔祥利,2012;明娟和曾湘泉,2014)。此外,孔祥利和粟娟(2013)对不同家庭流动模式下流动人口消费支出的特征进行了研究,发现举家迁移者在住房、子女教育和社会保障方面的支出和需求更高;而家庭分离则制约了农民工在流入地的消费。

(2) 农民工消费的影响因素

传统探讨农民工消费影响因素的文献主要从验证经典消费理论(包括绝对收入假说、生命周期理论和预防性储蓄理论)和分析农民工的特殊社会背景(如户籍制度、家庭迁移模式、社会认同等)两个方面入手。

一方面,由于农民工工作流动性强,这意味着农民工收入中暂时性收入的比重更大,持久性收入较低(张勋等,2014);而且,由于农民工难以在城市安家落户，无法享受城市居民的福利待遇（Cai，2011），出于对预防疾病、失业、养老等的考虑，农民工的储蓄动机增强（Chen，2018）。一些学者以经典消费理论为基础进行了实证检验（钱文荣和李宝值，2013；温兴祥，2015；晁钢令和万广圣，2016；汪润泉和赵彤，2018；罗丽和李晓峰，2020）。其中，晁钢令和万广圣（2016）研究发现，传统生命周期模型难以解释农民工家庭在其生命周期不同阶段消费结构的差异性变化，其原因在于家庭生命周期因农民工家庭的异地分居发生了变异。

另一方面，从农民工特殊的社会背景来看，一些学者从户籍制度、二元地位结构、子女随迁、留城意愿、社会公共服务滞后严重、社会认同以及代际差异等视角对农民工消费进行了研究（周林刚，2007；张文宏和雷开春，2008；褚荣伟和张晓冬，2011；卢海阳，2014；Dreger et al.，2015；Chen et al.，2015；钱龙等，2015；胡霞和丁浩，2016；文乐和周志鹏，2019；周闯和白兵，2020；郝演苏等，2022；程抗等，2024；郭小琳等，2025；温兴祥，2025）。其中，褚荣伟和张晓冬（2011）认为农民工私人消费决定于"经济效应"，医疗、社会保障等集体消费或福利消费由"身份效应"来决定。Chen等（2015）考察户籍制度对农民工消费影响的研究显示，农民工消费要比本地居民低16%—20%。胡霞和丁浩（2016）的研究表明，子女随迁的农民工家庭消费水平显著更高。郝演苏等（2022）指出，将农民工纳入城镇医疗保险体系有助于释放消费潜力。温兴祥（2025）研究发现，城市保障性住房的获取显著提高了农业转移人口家庭的非住房消费。

（3）新生代农民工的消费行为

伴随着老一代农民工将逐步退出城市劳动力市场，新生代农民工所占的比例将越来越大，这使新生代农民工的消费行为备受关注。新生代农民工通常指生于1980年后，户籍身份在农村、在农村长大、没有接受过高等教育、现已进入城市务工或经商的农村流动人口（金晓彤等，2014）。相对于老一代农民工而言，新生代农民工更加偏好当前消费（Yang，2008；刘生龙等，2016）。他们在手机、服装消费等能够彰显个性、表达消费主张的消费项目上出手大方（杨善华和朱伟志，2006；王艳华，2007），而在饮食、住宿等日常消费方面又秉承其父辈惯有的节俭（吴维平和王汉生，2002）。而且，新生代农民工既要追求城市消费方式以期融入城市，又要为了汇款回老家而节省消费支出，因而存在着"双重消费策略"（唐有财，2009）。

总体而言，新生代农民工更加认同城市居民的娱乐消费和生活方式，开始有意识地享受现代生活，但由于受到主观认同的影响和收入水平较低等现实因素的限制，他们的价值观念和生活方式仍然带着原有文化的色彩（高梦媛和郑欣，2013；周贤润，2021）。相比老一代农民工，新生代农民工的消费倾向更高、消费方式更加多元化、消费结构更接近城镇居民，休闲娱乐消费支出有所增加，但医疗保健、教育培训支出不足，其根源仍是收入水平低，经济反哺负担重（王春光，2001；李培林和田丰，2011；赵卫华，2015）。此外，刘传江（2010）认为，很多新生代农民工中很多人没有务农经历，文化水平相对较高，他们更能接受城市的生活方式，对生活的期望值也更高。汪建华和黄斌欢（2014）指出，相比较而言，吃苦耐劳的品质在老一代农民工身上依然有较多保留，但在新生代农民工身上则渐趋消失。

（4）农民工的炫耀性消费行为

流动人口尤其是农民工的炫耀性消费问题也受到了学者的关注。一部分学者主要研究农民工在城市的炫耀性消费问题。例如，余晓敏和潘毅（2008）聚焦新生代农民工中"打工妹"群体的研究发现，"打工妹"更倾向于通过购买高档化妆品、服饰来修饰外在形象，以此重新塑造自我身份，并期望以此达到不断靠近城市居民、更快更好融入城市生活的目的。周芸（2010）认为，学习城市文化、追求时髦的新生代农民工希望通过带有城市文化色彩的消费品来帮助自己建构城市身份。杨嫚（2011）从手机消费的角度解释了新生代农民工如何在新技术使用、青年亚文化、阶层以及城乡二元结构等多个层面的交织之中构建自我的社会身份。事实上，炫耀性消费行为是新生代农民工采取的与城市居民拉近距离的重要方式之一，对新生代农民工来说，他们从大众传媒那里获得有关商品和服务的信息，通过炫耀性消费来寻求尊重和接纳，借此融入城市社会生活（金晓彤等，2013；金晓彤和崔宏静，2014；金晓彤等，2017a）。

另有一部分学者研究农民工回到输出地的炫耀性消费问题。王宁和严霞（2011）指出，新生代农民工平时在城市里往往省吃俭用、节衣缩食，然而每逢过年过节则会进行大规模集中的返乡消费，这种压缩某一空间消费欲望而用于另一空间的消费策略被称为"两栖消费"（王宁和严霞，2011）。汪佳佳（2013）发现，农民工群体从城市回乡后的消费能力令人吃惊，其消费行为更多地体现了炫耀性的特征。金晓彤和杨潇（2016）认为，城市异地务工青年在就业城市与返乡期间的消费行为表现出较强的一致性，很少出现如新生代农民工那样比较突出的短时期集中消费的行为。实际上，新生代农民工借助高可见性的返乡消费，向乡土社会展示自己在城市的务工成就，获得乡土社会的尊重与肯定，达到"衣锦还乡"的最终目的（金晓彤等，2017b）。

2.6 文献评述

纵观既有文献，国内外既有研究成果对本研究或是给出了价值所在，或是提供了理论借鉴，或是形成了逻辑起点，无疑是重要的和必需的。然而，不难发现：

第一，在研究视角方面，虽然已有文献间接指出了性别差异、地位寻求、住房资产与居民消费存在着某种重要关联的可能性，但大多数研究仅关注了家庭资产对居民消费的影响，割裂了性别差异、地位寻求的影响作用。

第二，在理论研究方面，已有围绕"住房资产对居民消费影响"的研究多基于生命周期理论、持久收入假说为代表的主流消费理论为分析框架展开，少有研究意识到地位寻求这一非经济驱动因素对住房资产财富效应的影响。

第三，在研究对象方面，国内外有关居民住房资产与消费关系的研究并未在流动人口上得到发展。具体到中国，相关研究主要以城镇居民家庭为研究对象，虽然对农村居民家庭有所涉及，但关于农民工这一流动群体的研究还并未涉及。

第四，在居民消费方面，既有研究主要关注家庭住房资产的"财富效应"或"资产效应"①,对消费变量的选取也主要集中在消费总量上,且将消费进行划分的文献也多按照耐用品消费和非耐用品消费进行细分。

鉴于此,本研究基于生命周期理论、持久收入假说以及地位寻求理论,构建地位寻求视角下农民工住房资产对家庭消费影响的概念框架和理论模型;利用中国家庭追踪调查的微观调查数据,就地位寻求视角下农民工住房资产对家庭消费的影响进行实证检验,并依此提出有针对性的政策建议。本研究重点考察地位寻求视角下农民工住房资产对家庭消费的"挤出效应",除考虑对农民工家庭消费总支出的影响外,还进一步考察了农民工住房资产攀比对家庭食品、衣着、耐用品、居住、交通通信、文教娱乐以及医疗保健等各项分类支出的影响。

---

① 一般来说,住房资产可能通过不同的渠道影响家庭消费。一方面,根据生命周期理论(Ando & Modigliani, 1963),居民会将其持有的资产平滑地分配到生命周期的各个阶段进行消费,从而实现消费跨期优化,因此,家庭资产越多,消费水平越高,此为"资产效应"(李涛和陈斌开,2014)。另一方面,根据持久收入假说(Friedman, 1957;Hall, 1978),未被预期到的资产价格上涨将会导致家庭财富的增加,进而引起消费水平的上升,此为"财富效应"(Campbell & Cocco, 2007;Gan, 2010)。"资产效应"和"财富效应"的差别在于:"资产效应"强调了家庭资产水平对消费的影响,而"财富效应"则刻画了家庭资产价值变化(或资产回报率)对消费的影响(李涛和陈斌开,2014)。

第 3 章

农民工住房资产与家庭消费状况分析

本章首先对中国家庭追踪调查数据的基本概况进行介绍，随后基于其2014年、2016年、2018年、2020年以及2022年的家庭微观调查数据，对农民工家庭住房资产与家庭消费状况进行描述性统计分析。① 本章具体内容安排如下：3.1节是中国家庭追踪调查基本概况；② 3.2节为中国农民工家庭住房资产现状的描述；3.3节则对中国农民工家庭的消费特征进行了展示。

3.1
中国家庭追踪调查基本概况

中国家庭追踪调查（China Family Panel Studies，CFPS）是一项全国性、综合性的社会追踪调查项目，旨在通过追踪收集个体、家庭、社区三个层次的数据，反映中国社会、经济、人口、教育和健康的变迁，为学术和政策研究提供数据基础。CFPS重点关注中国居民的经济与非经济福利，包括经济活动、教育获得、家庭关系与家庭动态、人口迁移、身心健康等多种研究主题。2010年，CFPS在全国25个省份正式实施基线调查，最终完成14 960户家庭、42 590位受访者的访问。基线调查界定出的所有家庭成员及其今后新生的血缘/领养子女被定义为CFPS基因成员，是CFPS调查的永久追踪对象，每两年访问一次，至2022年已经开展了七期调查。

3.1.1 抽样与追踪设计

（1）抽样设计

CFPS的样本覆盖中国除香港、澳门、台湾、新疆、西藏、青海、内蒙古、宁夏和海南之外的25个省份的人口，因此可以视为一个全国代表性样

---

① 由于本研究在后续章节的实证分析部分主要采用了中国家庭追踪调查2014年、2016年、2018年、2020年以及2022年的农民工家庭微观调查数据，因此本章在对中国农民工住房投资与家庭消费状况进行分析时，也主要基于其2014—2022年的相关数据。

② 此处内容参考了中国家庭追踪调查相关技术报告，具体详见：https://www.isss.pku.edu.cn/cfps/wdzx/jzbg/index.htm。

本。CFPS 最初目标样本规模为 16 000 户,其中,有 8 000 户从广东、上海、河南、甘肃、辽宁五个独立子样本框(称为"大省")过度抽样得到,每个"大省"有 1 600 户。另外 8 000 户则从其他 20 个省份共同构成的一个独立子样本框(称为"小省")抽取(Xie & Lu,2015)。五个"大省"样本框在二次抽样后,与"小省"样本框共同构成具有全国代表性的总样本框。

为减少调查的运作成本,同时考虑到中国不同地区的较大差异,CFPS 抽样采用了内隐分层的、多阶段、多层次、与人口规模成比例的概率抽样方式(PPS)。行政区划和社会经济水平是主要的分层变量。① CFPS 每个子样本框的样本都通过三个阶段抽取得到:第一阶段样本(PSU)为行政性区/县,第二阶段样本(SSU)为行政性村/居委会,第三阶段(末端)样本(TSU)为家庭户。前两个阶段抽样使用官方的行政区划资料,第三阶段则使用地图地址法构建末端抽样框,并采用随机起点的循环等距抽样方式抽取样本家户。此外,考虑到中国快速城市化的现实,CFPS 放弃了将农村与城市分开抽样的传统方式,而是将中国社会作为一个整体进行抽样。CFPS 在社区层面收集了样本社区是属于居委会还是村委会的信息,在家庭层面收集了家庭从事农业生产与非农经营的信息,在个人层面收集了个人的户籍信息以及个人从事农业工作与非农工作的信息。用户可以通过这些实际情况来判定样本的农村/城市属性。

(2)追踪设计

CFPS 基线调查于 2010 年启动,首轮成功访问 14 960 户家庭,完访家庭内的所有成员被界定为"基因成员",共界定出 57 155 名基因成员、其中有 42 590 名基因成员完成了 2010 年的个人访问。

基因成员作为项目初始样本,每两年追踪一次,具体追踪原则如下:

首先,2010 年基线调查界定出的基因成员将被永久追踪。

其次,初访基因成员之后出生的子女及领养的 10 岁以下的子女也被视为基因成员,被永久追踪。

最后,基因成员调查时所在的家庭及家庭中的其他直系家庭成员,也

---

① 在同级行政层,以地方人均 GDP 作为社会经济水平的排序指标;在无法获得 GDP 指标的条件下,则采用非农人口比例或人口密度作为替代指标。

是当年的访问对象,但他们不是永久追踪对象。一方面,这些家庭中一旦没有基因成员存在(例如基因成员从属新的家庭或死亡),则终止调查;另一方面,这些家庭成员一旦与基因成员的家庭关系发生断裂,也停止访问。

在永久追踪基因成员的认定规则基础上,CFPS 采用与美国收入动态追踪调查(PSID)[①] 相同的严格认定标准,仅将初访家庭成员及其初访后新生或领养子女视为"基因成员"。无论是否生育或领养基因子女,配偶仅作为"核心成员"遵循有条件追踪的原则。与基因成员同住的非直系家庭成员则不接受个人问卷的访问,其基本信息仅在家庭成员问卷及家庭经济问卷中采集。在充分考虑样本流动的同时,通过制定合理的永久追踪样本界定策略可以有效避免目标样本规模过度膨胀。除此之外,不断纳入新生人员及新组家庭也是保证 CFPS 样本自我更新的重要举措,并能从一定程度上弥补样本流失所导致的代表性偏差。

(3)样本发放

在借鉴国际同类项目经验的基础上,CFPS 在样本发放方面遵循无限制条件发放策略,具体可以从家庭及个人两个层面理解。

鉴于项目特点,CFPS 数据采集以家庭为单位展开。访员首先拜访目标家户,完成一套家庭成员问卷后,由计算机辅助调查系统自动处理家庭成员数据,并根据追踪规则确定并生成当前访问轮次需要在该家庭内完成的问卷类型及数量。除首轮追踪外,每轮次发放家庭的确定并不依据以往轮次的完访情况决定。换而言之,CFPS 每轮次均尝试与所有进入样本框的目标家庭进行联系,无论该家庭在前序轮次中是否接受过访问。

在一个家庭内部,在排除死亡及进入其他完访家庭的外迁成员后,其余所有家庭成员无论是否接受过访问都将被列在初始家庭成员名单中。通过家庭成员问卷,确定每名家庭成员在访问当前轮次的状态并收集基础数据。

[①] 收入动态追踪调查(Panel Study of Income Dynamics, PSID)是美国密歇根大学社会调查中心于 1968 年在美国全国范围内对 4 800 户家庭启动的一项抽样调查。该调查以具有全国代表性的样本为基础,目前涵盖了美国 5 000 户家庭中超过 18 000 名成员。调查持续收集这些成员及其后代关于就业、收入、财富、支出、健康、婚姻、生育、儿童发展、慈善事业、教育以及其他诸多主题方面的信息。具体详见: https://psidonline.isr.umich.edu/default.aspx。

3.1.2 实地访问

(1) CFPS 基线调查 (2010 年) 至第四轮调查 (2016 年)

CFPS 2010 基线调查共发放样本 19 986 户,涉及 25 个省份的 162 个区/县 649 个村居,最终完成了 635 个村居 14 960 户家庭的访问,共界定出基线基因成员 57 155 名。在这 57 155 名基因成员中,有 42 590 名完成了 2010 年的个人访问(其中包含 33 600 名成人、8 990 名少儿)。出于对 2010 年样本进行维护以及进行 2012 年全部样本追踪调查前的一次预调查,CFPS 2011 年仅对基线调查中的部分样本开展了访问。一方面,对完访的家庭进行了家庭层面的追访,另一方面,对完访的青少年(至 2011 年,年龄为 18 岁及以下)基因成员进行了个人层面的追访。

CFPS 2012 对 2010 年完访的 14 960 户家庭全部进行了跟踪,其中,12 726 户家庭成功完成了家庭层面的访问,家庭层面追踪成功率为 85.1%。在完访的 12 726 户家庭中,一共派生出 13 459 户家庭(含新组家庭 733 户),共界定出基因成员 52 123 人、非基因成员 2 751 名。最终完成个人访问的基因成员为 42 758 人,非基因成员为 1 935 人,总共完成访问的人数为 44 693 人。在界定出的基因成员中,共有 8 865 人由于外出或新组家庭离开了原家庭,其中 8 727 人需要进行异地追访,共访问成功 5 806 人,异地追踪成功率为 66.5%。总体而言,CFPS 2010 完访的 42 590 名基因成员中有 33 956 人在 2012 年被成功追踪,剔除死亡人员(335 人)和不需要访问人员(138 人)的影响,[①] CFPS 2012 在个人层面的追踪成功率为 80.6%。

CFPS 2014 为第三轮全样本调查,集中的面访时间为 2014 年 7 月—11 月,但由于后期有追访工作的补充以及电话调查,实际调查执行期持续到 2015 年 5 月。CFPS 2014 在国内首次引入事件日历调查方法,对成人问卷中的迁移、工作和婚姻模块进行信息采集,且在核心模块外,调查加入了金融知识模块、法律模块等。与 CFPS 2010 相比较,CFPS 2014 成功访问了 83% 的家庭和近 80% 的个人。此外,从 CFPS 2010 到 CFPS 2014 的调查期间,有 2 966 个家庭产生了分化,有 2 964 人因为出生和领养原因成为基

---

① 根据 CFPS 的规定,调查时已出境、出家、入狱以及参军的基因成员,当年无须对其进行能够个人访问。

因成员，5 133 人因为婚姻或其他亲属关系而成为 CFPS 调查的样本。

CFPS 2016 为中国家庭追踪调查的第四轮全国调查，集中的面访时间为 2016 年 7 月—11 月，加上后期的外出家庭追访以及电话调查，调查执行期持续到 2017 年 5 月。自 2016 年起，CFPS 改变前三轮采用的面访主导的访问模式，尝试引入面电递进式混合访问模式。CFPS 2016 最终完访家庭层面有效样本 14 763 户、个人有效样本 45 319 名。以 2014 年调查完访样本为基础，CFPS 2016 在家庭层面的追踪率是 89%，个人层面追踪率是 82%。如果以 2010 年基线调查在家庭关系库中界定的 57 155 名家庭成员为基础，六年之后，CFPS 2016 成功追踪到该基线样本的 69%。

（2）CFPS 第五轮调查（2018 年）至第七轮调查（2022 年）

第五轮全国调查（CFPS 2018）于 2018 年 6 月 5 日开始，2019 年 3 月结束，电访数据采集工作于 2018 年 6 月 5 日启动，持续至 2019 年 5 月。这一轮的全国追踪调查以 2010—2016 年全国调查所界定出来的家庭为基础，发放样本不仅包括 2016 年完访的所有家庭，还包括 2010—2014 年任一轮次完访、但 2016 年并未成功追踪的家庭。CFPS 2018 调查全部结束时，共完成约 15 000 户家庭的访问，采集个人问卷约 44 000 份。以完成家庭成员问卷为家庭层面完访标准，CFPS 2018 家庭层面截面完访率为 69.3%，跨轮追踪率为 86.6%。个人样本的截面应答率为 67.4%，跨轮追踪率为 80.8%。若仅关注基线基因成员，2018 年的完访率为 64.5%。

2020 年，北京大学中国社会科学调查中心实施"中国家庭追踪调查"项目的第六次全国调查。此轮追踪调查涵盖自基线以来所有基因成员所在的家庭及个人，即便他们上一轮次可能没有完成访问。在家庭层面共发放 1.9 万户家庭样本，加上在本轮调查中新生成的家庭样本，最终共涵盖超过 2.2 万户需要访问的家庭单元。由于疫情的影响，2020 年整体的追访形式以电访为优先。[①] 在 2020 年调查采用大规模电访的背景下，受限于家户电话联系方式的缺失及调查模式选择性问题（部分老年人无法接受复杂问卷的电

---

① 在电访为主的背景下，为了提高访问成功率，CFPS 制定了一系列的访问策略：在遵守当地公共卫生政策要求的前提下，制定区县内开展面访的访问策略，充分利用面访访员在实地的优势，提升访问成功率；访问系统全面升级，电话访问和面对面访问充分结合，访员可根据实际情况及受访者意愿随时变换访问形式，提升访问效率和完成率；在电访开始前，事先通过短信平台向受访者发放调查告知短信，以协助电话访员更好地联系受访者。

话访问），家庭层面的完访率与以往轮次追踪相比略有下降。① 以生成的超过 2.2 万户家庭样本为分母，本轮访问的家庭层面截面应答率为 62%；以 2018 年完访家庭数为分母，家庭层面的跨轮应答率为 77%。家庭成员问卷完成后，共生成近 6.6 万份户内下级问卷（含家庭经济及各类个人问卷），下级问卷完访率为 74%，其中个人自答问卷的完访率为 65%。在电访模式下，访问单元由家庭户转为独立个体后，户内个人完访难度明显加大②。

CFPS 2022 为中国家庭追踪调查项目的第七次全国调查。在家庭层面，共发放超过 1.95 万户家庭样本，加上在本轮调查中新生成的家庭样本，最终共涵盖超过 2.3 万户需要访问的家庭单元。执行期于 2022 年 5 月开始，至 2022 年年底结束，约七成访问集中在 7—9 月完成。由于疫情的影响，2022 年的访问形式沿用 2020 年的模式，以电访为优先。在大规模电访的背景下，CFPS 2022 的家庭层面完访率与 CFPS 2020 相比有所降低，截面应答率为 58%；但家庭层面跨轮应答率为 78%，较 CFPS 2020 有小幅上升。家庭成员问卷完成后，共生成近 5.8 万份户内下级问卷（含家庭经济及各类个人问卷），下级问卷完访率为 73.3%，其中，总体访问负担最重、耗时最长的个人自答问卷的完访率为 65.5%。在电访模式下，访问单元由家庭户转为独立个体后，户内个人完访难度加大，具体表现为在个人层面样本拒访比例及转代答的比例明显升高，个人自答问卷无电话的比例较高，其失联率在各问卷类型中居高。

3.2
中国农民工住房资产状况

依据前文对农民工及农民工家庭的定义，本研究将中国家庭追踪调查

---

① CFPS 以往调查采用面访为主的调查模式，家户信息采集侧重记录完整准确的地址信息，未强制要求每名受访者必须留下联系方式。

② 个人自答问卷的完访率相对较低由多种原因叠加造成：家庭层面未完访、个人层面样本拒访比例及生成代答的比例明显升高，个人自答问卷无电话的比例较高，其失联率在各问卷类型中居高。

数据库中户口类型为农业户口，且从事非农工作（含兼职）的成年人确定为农民工，其所在家庭即农民工家庭。①

3.2.1 农民工家庭资产结构

根据中国家庭追踪调查关于家庭资产数据的特征并结合前文定义，本研究将农民工家庭资产划分为住房资产、金融资产以及生产性固定资产三大类，② 首先分析农民工家庭的资产结构，随后对家庭住房资产进行了详细考察。图 3.1 是关于中国家庭追踪调查 2014—2022 年农民工家庭各项资产的比较，可以发现，2014—2022 年，农民工家庭住房资产、金融资产以及其他生产性固定资产的平均值分别由 2014 年的 22.81 万元、2.82 万元和 1.10 万元增长至 2022 年的 45.13 万元、7.08 万元和 1.72 万元。其中，住房资产虽在 2020 年有所下降，但总体上呈现增长趋势。

在对农民工家庭各项资产的平均值进行比较之后，本研究接下来对各项资产在农民工家庭总资产中的占比进行分析。图 3.2 为 2014—2022 年农民工家庭各项资产在家庭总资产中的占比情况。可以发现，农民工家庭住房资产占家庭总资产的比重由 2014 年的 85.33% 增长至 2018 年的 88.88%，而后下降至 2022 年的 83.68%；金融资产占家庭总资产的比重则呈现出大致相反的变化，从 2014 年的 10.55% 下降至 2018 年的 8.92%，随后增长至 2022 年的 13.13%；生产性固定资产占家庭总资产的比重，从 2014—2022 年的占比情况来看，主要在 2.21%—4.12% 的

---

① 关于对农民工家庭样本的认定，本研究首先根据户主的户口类型识别出农业户口家庭，随后从农业户口家庭样本中，根据户主"当前最主要工作/最近结束工作的工作性质"来筛选农民工家庭。若户主"当前最主要工作或最近结束工作的性质"为"非农工作"，则被认定为农民工家庭。若户主"当前最主要工作或最近结束工作的性质"为"不知道"或"不适用"，则进一步查看户主所在家庭是否有"工资性收入"，若该农业户口家庭存在"工资性收入"，则也将其认定为农民工家庭。此外，由于从 2020 年开始 CFPS 个人库中部分居民样本的户口类型为"居民户口"，为保持一致性，本研究根据 CFPS 家庭库"基于国家统计局资料的城乡分类"进行农业户口或非农户口的判断。若该居民个人所在家庭居住位置按"基于国家统计局资料的城乡分类"为"乡村"，则该居民个人样本也被归类为农业户口样本。

② 实际上，除住房资产、金融资产以及生产性固定资产外，农民工家庭一般还拥有土地等其他资产。考虑到本研究在关于家庭资产方面的控制变量主要选取了住房资产、金融资产以及生产性固定资产，因此此处在对农民工家庭资产进行现状分析时也只考虑这几项资产。此外，为消除价格变动对家庭资产的影响，本章采用相关年份的全国居民消费价格指数（CPI）对 CFPS 各年份的家庭资产相关变量进行了调整，后续关于农民工家庭消费的数据也进行类似的调整，不再进行赘述。

区间内波动，整体变化不大。

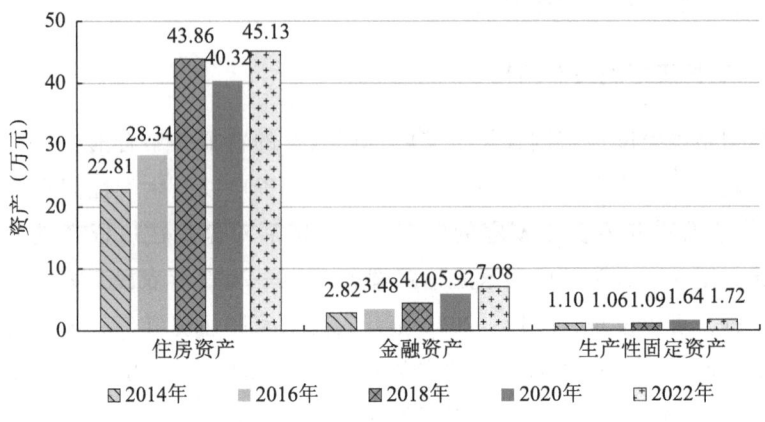

图 3.1　农民工家庭资产状况

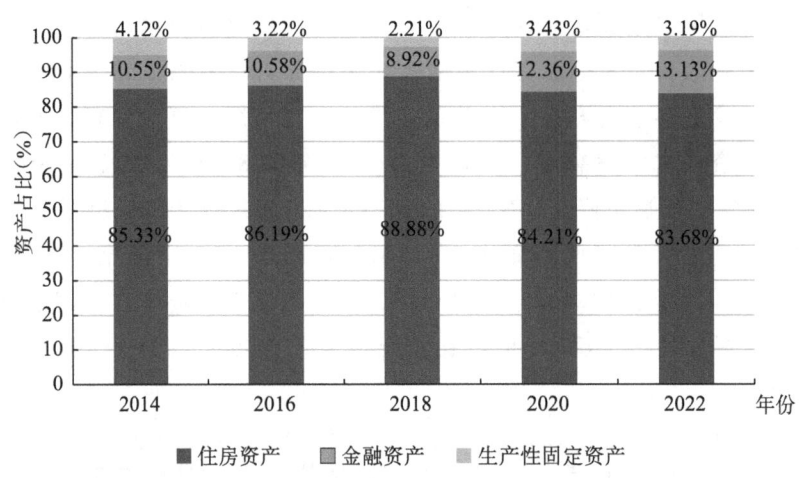

图 3.2　农民工家庭各项资产占比

3.2.2　农民工家庭住房资产概况

本研究在分析农民工家庭住房资产的状况时，依据家庭子女性别情况将农民工家庭细分为"仅儿子"家庭、"有儿有女"家庭和"仅女儿"家庭，并从"住房价值"和"住房面积"两个方面对农民工全样本家庭、"仅儿子"家庭、"有儿有女"家庭以及"仅女儿"家庭的住房资产情况进行介绍。图 3.3 显示了 2014—2022 年农民工家庭平均住房价值变动趋势。可以发现，无论是在农民工全样本家庭、"仅儿子"家庭、"有儿有女"家庭，还是"仅女儿"家庭，农民工家庭平均住房价值分别由2014年的22.8万元、22.5万元、19.7万元和24.7万元增长至2022年的45.1万元、52.8万元、42.9万元和54.4万元，虽然在2020年有所回落，但总体上均呈上涨趋势。此外，从平均住房价值的大小来看，农民工"仅女儿"家庭的平均住房价值总体上最高，"仅儿子"家庭次之，全样本家庭再次，"有儿有女"家庭最低。

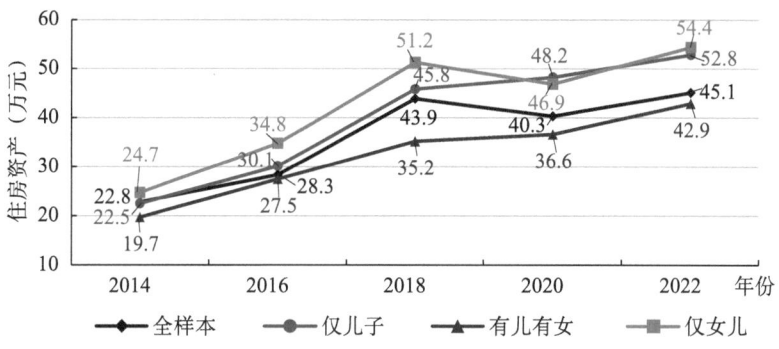

图3.3 农民工家庭平均住房价值变动趋势

图3.4显示了2014—2022年农民工家庭平均住房面积变动趋势。可以发现，无论是在农民工全样本家庭、"仅儿子"家庭、"有儿有女"家庭，还是"仅女儿"家庭，农民工家庭平均住房面积均呈现出先上升后下降的趋势，分别由2014年的146.7平方米、143.9平方米、139.7平方米和138.5平方米上升至2018年的145平方米、147平方米、161.2平方米和140.6平方米，然后下降至2022年的136.7平方米、141.1平方米、156.5平方米和127.6平方米。① 此外，从平均住房面积的大小来看，农民工"有儿有女"家庭的平均住房面积总体上最大，"仅女儿"家庭最小，全样本家庭平均住房面积在2014年和2016年大于"仅儿子"家庭，在2018年、2020年和2022年均小于"仅儿子"家庭。

---

① 比较农民工家庭平均住房价值和平均住房面积的变动趋势可以发现，农民工家庭平均住房价值总体上呈上涨趋势，平均住房面积总体上呈下降趋势。其原因在于：一方面，伴随着城镇化进程的快速发展和房地产"去库存"政策的实施，农民工购买城镇住房的比例也在逐渐上升，相对于农村住房，城镇住房价值高但面积小；另一方面，2014年及以后各年的CFPS数据库均缺失农民工自住房之外的其他住房面积的数据。这使得农民工家庭平均住房价值和平均住房面积的变动趋势发生了分离。

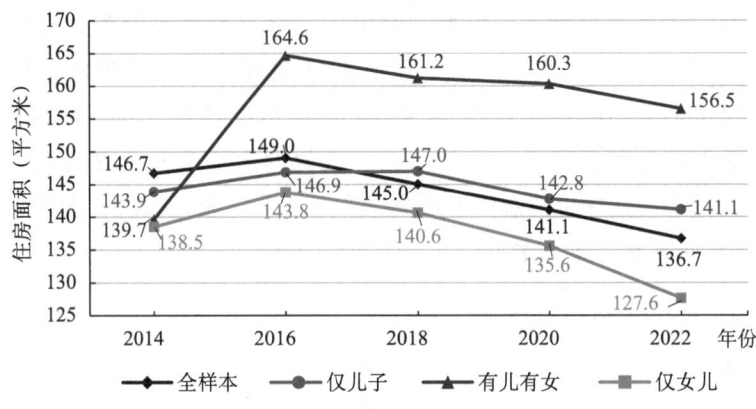

图 3.4 农民工家庭平均住房面积变动趋势

3.3 农民工家庭消费支出概况

3.3.1 农民工家庭消费总支出概况

本研究首先分析了农民工家庭的平均消费总支出状况，然后依次根据农民工户主的主观经济地位和家庭收入进行分组比较。① 图 3.5 显示了农民工家庭平均消费总支出变动趋势。可以发现，农民工家庭平均消费总支出在 2014 年为 4.3 万元，2016 年为 5.1 万元，2018 年为 5.6 万元，2020年为 6.4 万元，2022 年为 7.1 万元。2014—2022 年，农民工家庭消费总支出呈逐年增长趋势，累计增长 64.3%，年均增长率为 6.4%。

图 3.6 是按户主主观经济地位分组的农民工家庭平均消费总支出情况。纵向对比可以发现，2014—2022 年，无论是高地位等级、中地位等级还是

---

① 本研究根据农民工家庭户主主观经济地位将农民工家庭分成"高地位等级家庭"（户主主观经济地位 >3）、"中地位等级家庭"（户主主观经济地位 =3）和"低地位等级家庭"（户主主观经济地位 <3），以农民工家庭人均纯收入的中位数为界，将农民工家庭细分为"高收入家庭"（家庭人均纯收入 > 中位数）和"低收入家庭"（家庭人均纯收入 ≤ 中位数）。

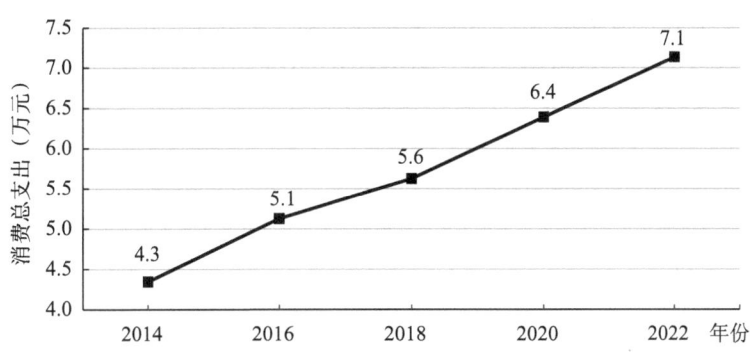

图 3.5 农民工家庭平均消费总支出变动趋势

低地位等级农民工家庭,其家庭平均消费总支出均呈增长趋势,分别从 2014 年的 4.4 万元、4.4 万元和 4.3 万元增长至 2022 年的 6.6 万元、7.6 万元和 6.9 万元。横向比较来看,在 2016 年、2018 年以及 2022 年,中地位等级农民工家庭的平均消费总支出最大,低地位等级农民工家庭次之,高地位等级农民工家庭最小;在 2020 年,低地位等级农民工家庭的平均消费总支出最大,中地位等级农民工家庭次之,高地位等级农民工家庭最小;而在 2014 年,高地位等级农民工家庭平均消费总支出与中地位等级农民工家庭相等,低地位等级农民工家庭消费总支出略小。

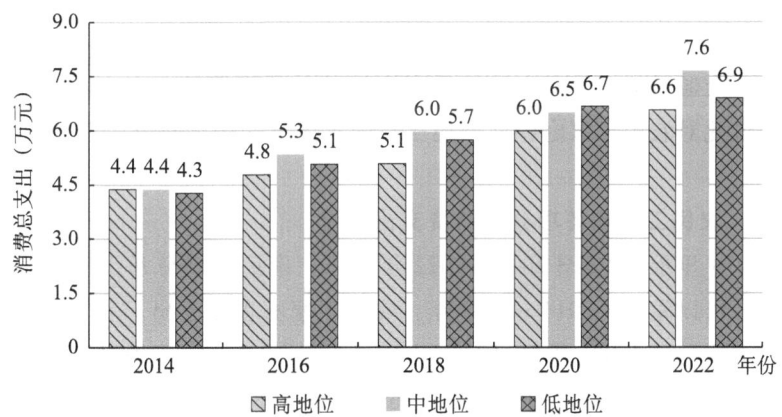

图 3.6 按户主主观经济地位分组的农民工家庭平均消费总支出

图 3.7 是按家庭人均纯收入中位数分组的农民工家庭平均消费总支出情况。纵向对比可以发现,2014—2022 年,无论是高收入还是低收入农民工家庭,其家庭平均消费总支出均呈逐年增长趋势,分别从 2014 年的 5.5

万元和 3.7 万元增长至 2022 年的 8.0 万元和 5.7 万元，年均增长率分别为 4.7% 和 5.4%。横向比较来看，无论是在 2014 年、2016 年、2018 年还是 2020 年和 2022 年，高收入农民工家庭的平均消费总支出均高于低收入农民工家庭。

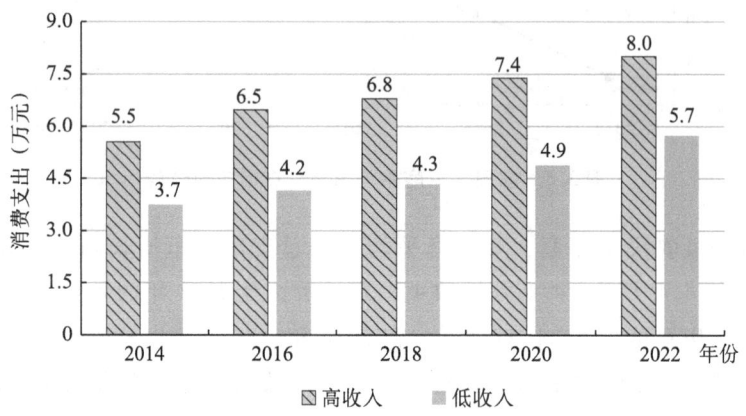

图 3.7　按家庭人均纯收入中位数分组的农民工家庭平均消费总支出

3.3.2　农民工家庭各项分类消费支出概况

中国家庭追踪调查关于家庭各项分类消费支出主要包括食品支出、衣着支出、居住支出、家庭设备及日用品支出（也即耐用品支出）、医疗保健支出，交通通信支出、文教娱乐支出以及其他消费性支出八项子类。本研究将依此对农民工家庭各项分类支出的具体情况进行介绍。

（1）农民工家庭各项分类消费支出概况

图 3.8 显示了 CFPS 2014—2022 年农民工家庭各项分类消费支出及变动趋势。可以发现，2014—2022 年，农民工家庭食品支出、衣着支出、居住支出、耐用品支出、交通通信支出以及其他消费性支出均呈逐年增长趋势，分别由 2014 年的 13 965 元、2 269 元、8 708 元、5 884 元、4 137 元、583 元增长至 2022 年的 21 928 元、3 540 元、14 643 元、10 622 元、6 981 元、1 651 元。医疗保健支出和文教娱乐支出则分别由 2014 年的 4 203 元和 3 951 元增长至 2018 年的 5 391 元和 5 474 元；2020 年有所下降，分别降至 4 983 元和 5 449 元；2022 年则分别增长至 5 494 元和 6 485 元，总体上均呈增长趋势。

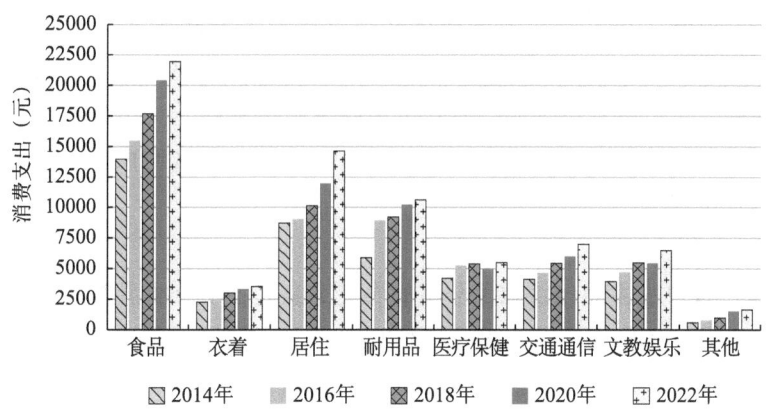

图 3.8 农民工家庭各项分类消费支出及变动趋势

在对农民工家庭各项分类消费支出及变动趋势进行分析的基础上，本研究进一步比较了农民工家庭各项分类消费支出的占比及其变动特征。图 3.9 是农民工家庭各项分类消费支出占比及变动趋势。可以发现，2014—2022 年，食品支出占家庭总支出的比重在 30.09%—31.96% 的区间内波动，占比排名稳居第一位；衣着支出占比在 4.90%—5.25% 的区间内波动，位居第七；居住支出占比从 2014 年的 19.93% 下降至 2016 年的 17.57%，随后上升至 2022 年的 20.53%，占比排名稳居第二位；耐用品支出占比和医疗保健支出占比分别从 2014 年的 13.46% 和 9.62% 上升至 2016 年的 17.39% 和 10.25%，随后分别下降至 2022 年的 14.89% 和 7.70%，其中耐用品支出占比排名稳在第三位，医疗保健支出占比则从前

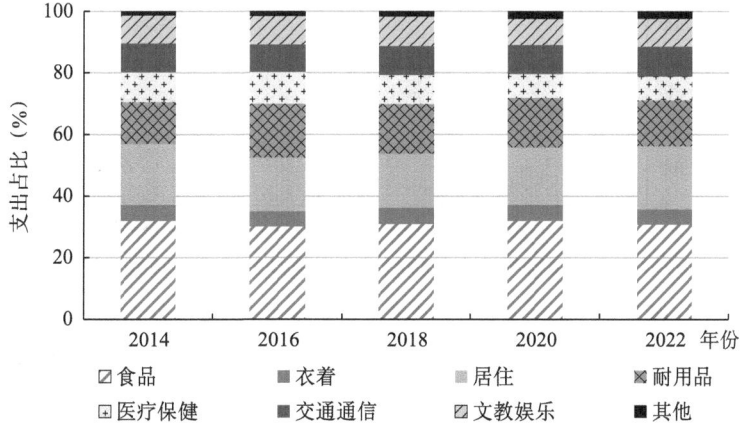

图 3.9 农民工家庭各项分类消费支出占比及变动趋势

期的第四位降至第六位;交通通信支出占比和文教娱乐支出占比分别在 9.07%—9.78% 和 8.52%—9.55% 的区间内波动,其中交通通信支出占比先是在第五位、第六位徘徊,后升至第四位;文教娱乐支出占比则主要排在第五位;其他消费性支出占比在 1.33%—2.40% 的区间内波动,占比排名在第八位。

(2) 按户主主观经济地位分组的农民工家庭各项分类消费支出

与农民工家庭消费总支出分析相对应,本研究接下来按户主主观经济地位分组进行农民工家庭各项分类消费支出情况的介绍。图 3.10 是 CFPS 2014—2022 年高地位农民工家庭各项分类消费支出及变动趋势。可以发现,2014—2022 年,高地位农民工家庭食品支出、衣着支出、耐用品支出、交通通信支出以及其他消费性支出均呈逐年增长趋势,分别由 2014 年的 12 619 元、2 171 元、6 390 元、4 314 元、535 元增长至 2022 年的 19 524 元、3 387 元、9 749 元、7 121 元、1 415 元;居住支出在 2014 年为 8 847 元,2016 年下降至 8 607 元,随后增长至 2022 年的 12 003 元;医疗保健支出在 2014 年为 4 779 元,2016 年增长至 5 732 元,随后下降至 2020 年的 5 266 元,2022 年则增长至 5 810 元;文教娱乐支出则由 2014 年的 3 922 元增长至 2018 年的 5 025 元,2020 年有所下降(4 895 元),2022 年则增长至 5 858 元。

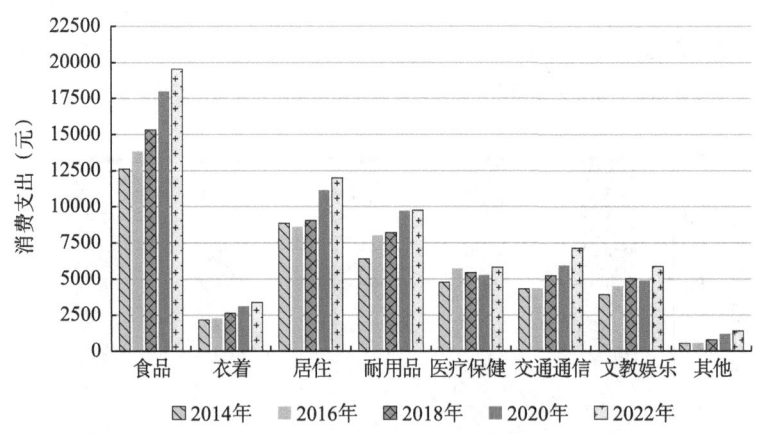

图 3.10 高地位农民工家庭各项分类消费支出及变动趋势

图 3.11 显示了高地位农民工家庭各项分类消费支出占比及变动趋势。可以发现,2014—2022 年,食品支出占家庭总支出的比重在 28.89%—30.32% 的区间内波动,占比排名稳居第一位;衣着支出占比在 4.75%—

5.27%的区间内波动，位居第七；居住支出占比在17.49%—20.30%的区间内波动，占比排名稳居第二位；耐用品支出占比在14.66%—16.73%的区间内波动，占比排名稳居第三位；医疗保健支出占比在8.88%—11.96%的区间内波动，占比排名从第四位逐渐降至第六位；交通通信支出在9.10%—10.98%的区间内波动，占比排名从第五位降至第六位，后又升至第四位；文教娱乐支出在8.26%—9.73%的区间内波动，占比排名在第五位和第六位之间徘徊；其他消费性支出在1.21%—2.18%的区间内波动，占比排名排在第八位。

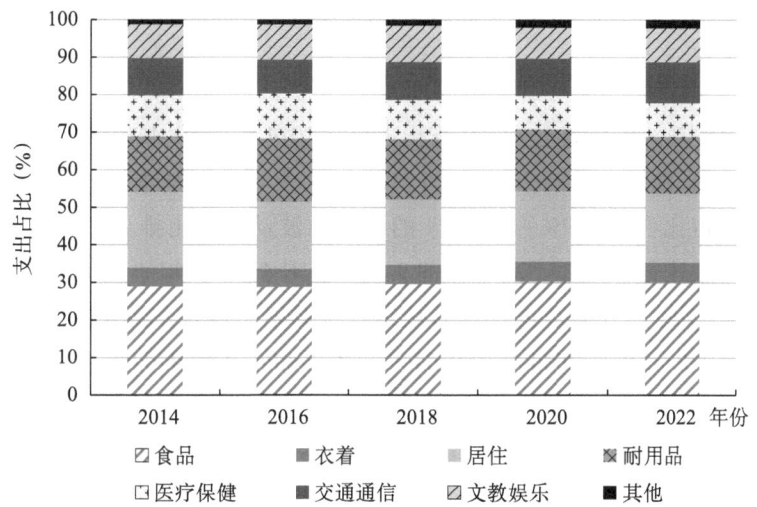

图 3.11　高地位农民工家庭各项分类消费支出占比及变动趋势

图 3.12 显示了 CFPS 2014—2022 年中地位农民工家庭各项分类消费支出及变动趋势。可以发现，2014—2022 年，农民工家庭食品支出、衣着支出、居住支出、耐用品支出、交通通信支出、文教娱乐支出以及其他消费性支出均呈逐年增长趋势，分别由 2014 年的 14 307 元、2 320 元、8 593 元、6 003 元、4 202 元、4 105 元、622 元增长至 2022 年的 22 527 元、3 686 元、16 427 元、12 283 元、7 271 元、7 121 元、1 827 元。医疗保健支出由 2014 年的 4 013 元增长至 2018 年的 5 340 元，2020 年有所下降（4 755 元），2022 年则增长至 5 568 元，总体上呈增长趋势。

图 3.13 显示了中地位农民工家庭各项分类消费支出占比及变动趋势。可以发现，2014—2022 年，食品支出占家庭总支出的比重在 29.37%—32.39% 的区间内波动，占比排名稳居第一位；衣着支出占比在 4.81%—5.27%

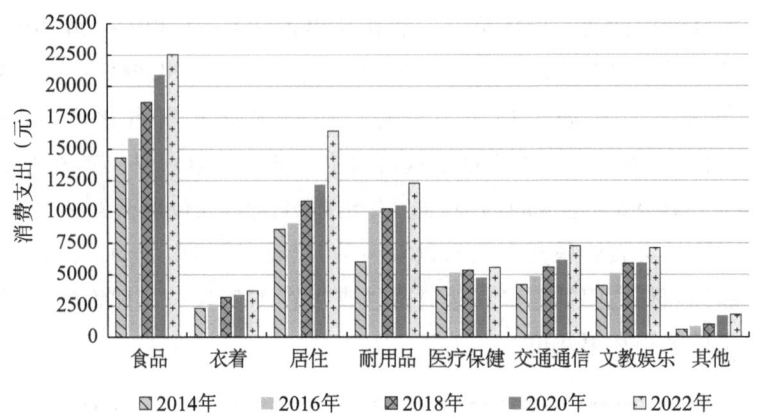

图 3.12 中地位农民工家庭各项分类消费支出及变动趋势

的区间内波动，位居第七；居住支出占比从 2014 年的 19.46% 下降至 2016 年的 16.94%，随后上升至 2022 年的 21.41%，占比排名基本排在第二位；耐用品支出占比在 13.59%—18.59% 的区间内波动，占比排名基本排在第三位；医疗保健支出占比从 2014 年的 9.09% 上升至 2016 年的 9.63%，随后下降至 2022 年的 7.26%，占比排名从第六位升至第四位，后又降至第六位；交通通信支出占比从 2014 年的 9.51% 下降至 2016 年的 9.09%，随后上升至 2022 年的 9.48%，占比排名从第四位降至第六位，又回到了第四位；文教娱乐支出在 9.04%—9.69% 的区间内波动，占比排名基本排在第五位；其他消费性支出在 1.41%—2.65% 的区间内波动，占比排名排在第八位。

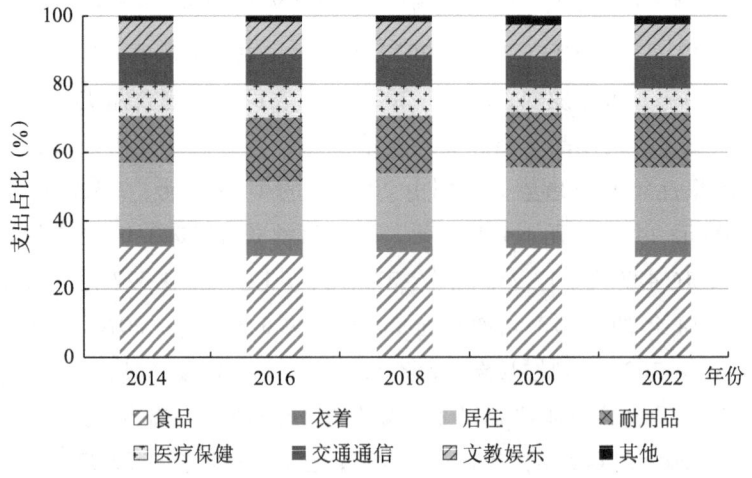

图 3.13 中地位农民工家庭各项分类消费支出占比及变动趋势

图 3.14 显示了 CFPS 2014—2022 年低地位农民工家庭各项分类消费支出及变动趋势。可以发现，2014—2022 年，低地位农民工家庭食品支出、衣着支出、居住支出、交通通信支出以及其他消费性支出均呈逐年增长趋势，分别由 2014 年的 14 227 元、2 183 元、8 798 元、3 863 元、519 元增长至 2022 年的 23 334 元、3 572 元、14 589 元、6 371 元、1 665 元；耐用品支出由 2014 年的 5 342 元增长至 2020 年的 10 333 元，随后下降至 2022 年的 9 037 元；医疗保健支出由 2014 年的 4 233 元增长至 2018 年的 5 432 元，随后下降至 2022 年的 4 634 元；文教娱乐支出则由 2014 年的 3 731 元增长至 2018 年的 5 274 元，2020 年有所下降（5 197 元），2022 年则增长至 6 138 元。

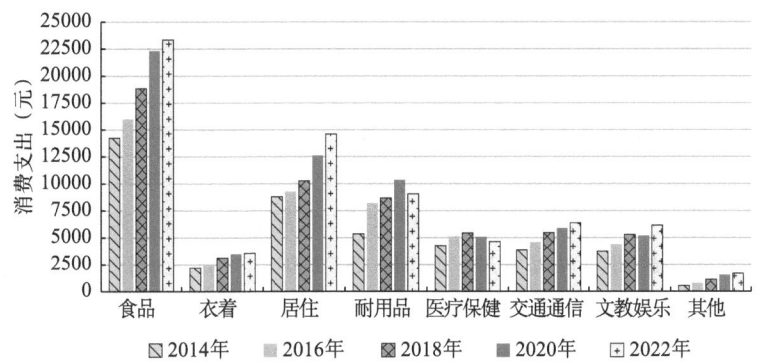

图 3.14　低地位农民工家庭各项分类消费支出及变动趋势

图 3.15 显示了低地位农民工家庭各项分类消费支出占比及变动趋势。可以发现，2014—2022 年，食品支出占家庭总支出的比重从 2014 年的 33.17% 下降至 2016 年的 31.44%，随后上升至 2022 年的 33.65%，占比排名稳居第一位；衣着支出占比在 4.96%—5.39% 的区间内波动，居第七位；居住支出占比从 2014 年的 20.51% 下降至 2018 年的 17.65%，随后上升至 2022 年的 21.04%，占比排名稳居第二位；耐用品支出占比在 12.45%—16.12% 的区间内波动，占比排名排在第三位；医疗保健支出占比从 2014 年的 9.87% 上升至 2016 年的 10.07%，随后下降至 2022 年的 6.68%，占比排名从第四位逐渐降至第六位；交通通信支出占比在 8.85%—9.36% 的区间内波动，占比排名从第五位升至第四位；文教娱乐支出占比在 7.82%—9.07% 的区间内波动，占比排名从第六位升至第五位；其他消费性支出占比在 1.21%—2.40% 的区间内波动，占比排名居第八位。

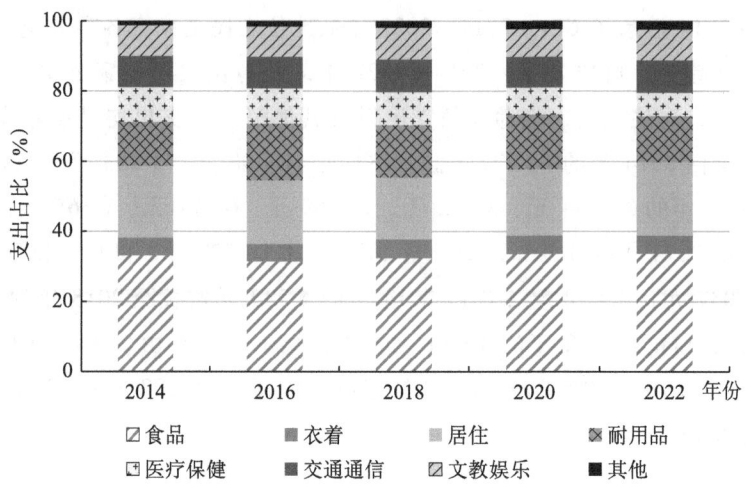

图 3.15 低地位农民工家庭各项分类消费支出占比及变动趋势

(3) 按家庭收入分组的农民工家庭各项分类消费支出

本研究接下来按家庭收入分组进行农民工家庭各项分类消费支出情况的介绍。图 3.16 显示了 CFPS 2014—2022 年高收入农民工家庭各项分类消费支出及变动趋势。可以发现,2014—2022 年,高收入农民工家庭食品支出、衣着支出、交通通信支出、文教娱乐支出以及其他消费性支出均呈逐年增长趋势,分别由 2014 年的 17 412 元、3 050 元、5 319 元、4 008 元、807 元增长至 2022 年的 24 346 元、4 061 元、7 744 元、7 018 元、2 085 元;居住支出在 2014 年为 11 829 元,2016 年下降至 11 644 元,随后增长至 2022 年的 17 101 元;耐用品支出在 2014 年为 8 888 元,2016 年增长至 13 517 元,随后下降至 2018 年的 12 624 元,2020 年和 2022 年分别为 12 824 元和 12 631 元;医疗保健支出在 2014 年为 4 098 元,2018 年增长至 5 468 元,随后下降至 2020 年的 5 060 元,2022 年则增长至 5 457 元。

图 3.17 显示了高收入农民工家庭各项分类消费支出占比及变动趋势。可以发现,2014—2022 年,食品支出占家庭总支出的比重在 30.10%—31.42% 的区间内波动,占比排名稳居第一位;衣着支出占比在 5.05%—5.52% 的区间内波动,居第七位;居住支出占比从 2014 年的 21.35% 下降至 2016 年的 17.92%,随后上升至 2022 年的 21.26%,占比排名基本排在第二位;耐用品支出占比从 2014 年的 16.04% 上升至 2016 年的 20.81%,随后下降至 2022 年的 15.70%,占比排名基本排在第三位;医疗保健支出

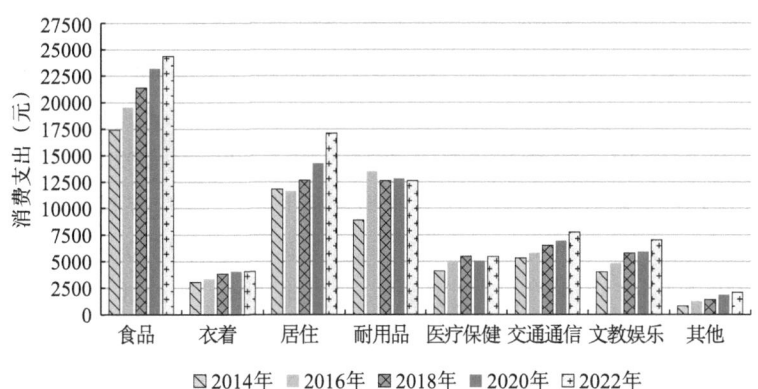

图 3.16　高收入农民工家庭各项分类消费支出及变动趋势

占比从 2014 年的 7.40% 上升至 2018 年的 7.85%，随后下降至 2022 年的 6.78%，占比排名从第五位降至第六位；交通通信支出占比从 2014 年的 9.60% 下降至 2016 年的 8.94%，随后上升至 2022 年的 9.63%，占比排名稳在第四位；文教娱乐占比在 7.23%—8.72% 的区间内波动，占比排名从第六位升至第五位；其他消费性支出占比在 1.46%—2.59% 的区间内波动，占比排名位于第八。

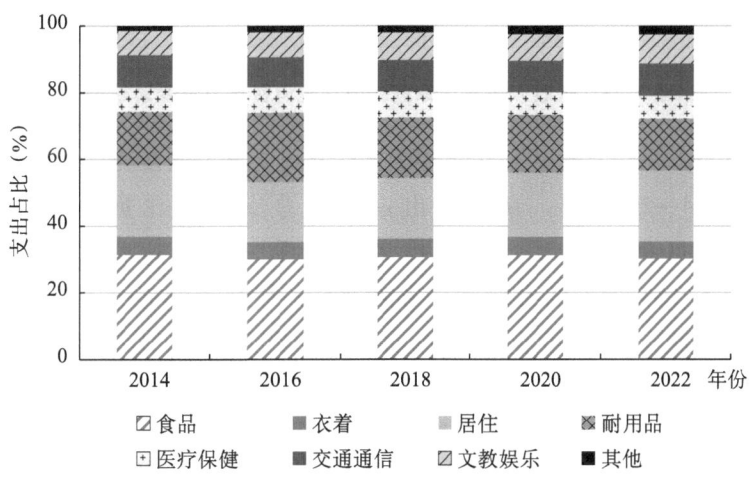

图 3.17　高收入农民工家庭各项分类消费支出占比及变动趋势

图 3.18 显示了 CFPS 2014—2022 年低收入农民工家庭各项分类消费支出及变动趋势。可以发现，2014—2022 年，低收入农民工家庭食品支出、衣着支出、居住支出、交通通信支出以及其他消费性支出分别由 2014 年的

13 828元、2 230元、8 598元、4 093元、559元下降至2016年的12 414元、1 882元、7 214元、3 826元、448元，随后增长至2022年的16 382元、2 358元、9 222元、5 296元、688元，总体上均呈增长趋势。耐用品支出在2014年为5 795元，随后下降至2018年的5 509元，2020年和2022年分别为6 199元和6 093元，较之前均有所增长。医疗保健支出在2014年为4 274元，2016年增长至5 512元，随后下降至2020年的4 949元，2022年则增长至5 433元。文教娱乐支出由2014年的3 903元增长至2018年的5 155元，2020年有所下降（4 805元），2022年则增长至5 289元。

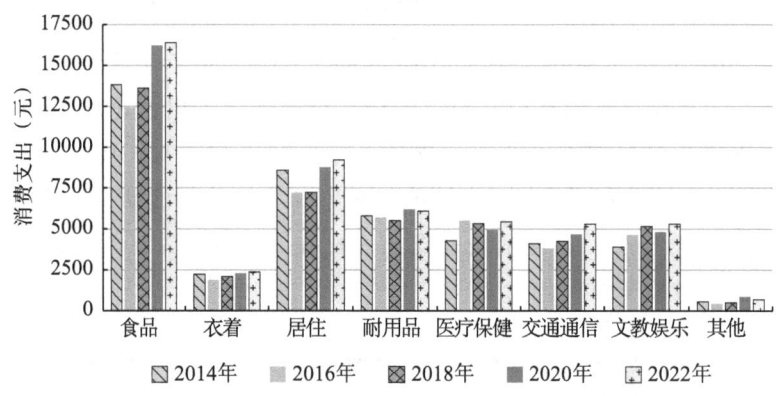

图3.18 低收入农民工家庭各项分类消费支出及变动趋势

图3.19显示了农民工家庭各项分类消费支出占比及变动趋势。可以发现，2014—2022年，食品支出占家庭总支出的比重在29.80%—33.23%的区间内波动，占比排名稳居第一位；衣着支出占比在4.52%—5.15%的区间内波动，居第七位；居住支出占比从2014年的19.87%下降至2018年的16.53%，随后上升至2022年的18.17%，占比排名排在第二位；耐用品支出占比在12.00%—13.71%的区间内波动，占比排名排在第三位；医疗保健支出占比在9.88%—13.23%的区间内波动，占比排名排在第四位；交通通信支出占比在9.19%—10.43%的区间内波动，占比排名从第五位降至第六位，2022年回到第五位；文教娱乐支出占比在9.02%—11.81%的区间内波动，占比排名从第六位升至第五位，2022年又降至第六位；其他消费性支出占比在1.08%—1.77%的区间内波动，占比排名在第八位。

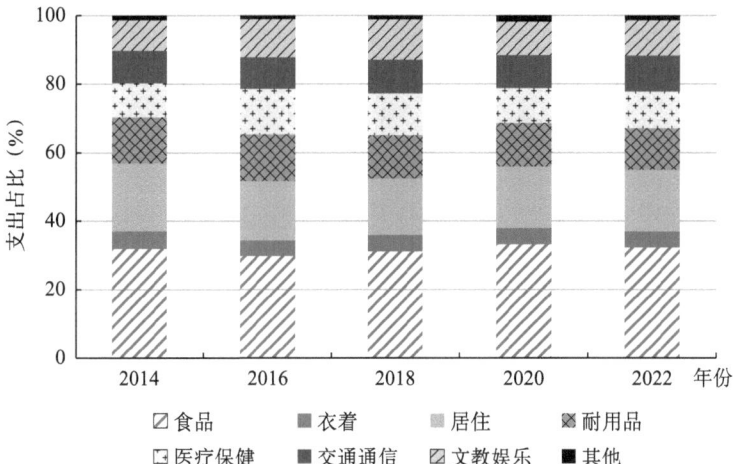

图 3.19 低收入农民工家庭各项分类消费支出占比及变动趋势

第 4 章

农民工住房资产与主观经济地位

本章首先构建实证检验农民工住房资产与主观经济地位的模型和变量，随后采用中国家庭追踪调查 2014 年、2016 年、2018 年、2020 年以及 2022 年的家庭微观调查数据，并依次基于农民工全样本家庭、"仅儿子"家庭、"有儿有女"家庭和"仅女儿"家庭就农民工住房资产对户主主观经济地位的影响进行估计，并在此基础上进一步进行内生性讨论和稳健性检验。① 本章主要内容包括：4.1 节是模型、变量与数据；4.2 节是基准回归结果；4.3 节是稳健性检验；4.4 节是本章小结及讨论。

4.1 模型、变量与数据

4.1.1 实证模型与变量说明

为探讨农民工住房资产对家庭户主主观经济地位的影响，本研究设定计量模型

$$S_{it} = \alpha_0 + \alpha_1 \omega_{it} + \mu X + \varepsilon \tag{4.1}$$

式（4.1）中，S_{it} 表示农民工家庭户主 i 在第 t 期的主观经济地位，ω_{it} 表示户主 i 所在农民工家庭在第 t 期的住房资产，α_0、α_1 以及 μ 表示相应的系数，X 表示一系列控制变量，ε 表示随机扰动项。

如式（4.1）所示，本章实证模型所用到的相关变量可以分为被解释变量、解释变量以及控制变量三类。

被解释变量为农民工家庭户主主观经济地位（S_{it}）。借鉴 Ravallion 和 Lokshin（1999，2002）、Powdthavee（2007，2009）以及李涛等（2019）等的研究，采用 CFPS 问卷中"您认为您的个人收入在本地属于？"这一问

---

① CFPS 在家庭层面问卷中设计了几个与"户主"定义可能相关的概念：主事者、决策者、财务管理者、房所有者。在 CFPS 2010 年、2020 年以及 2022 年的问卷中存在着关于"谁是家中主事者"问题的变量，本研究直接将其作为识别农民工家庭"户主"的依据，并进行前后各年匹配。在 CFPS 2014—2018 年的数据库中，对于还未能识别出户主的农民工家庭，本研究选择家庭"财务管理者"（过去一年中，家庭中最熟悉家庭财务，且可以回答家庭财务部分问题的成员）作为识别农民工家庭户主的主要依据。

题的回答来度量。① 这一问题回答的数值越高，表示该农民工家庭户主的主观经济地位越高。

解释变量为农民工家庭住房资产（ω_{it}），主要采用"住房价值"和"住房面积"来度量。控制变量可以分为户主特征变量和家庭特征变量两类。借鉴 Ravallion 和 Lokshin（1999，2002）、Powdthavee（2007，2009）以及李涛等（2019）等相关文献，本研究关于控制变量的选取如下：

(1) 户主特征变量

主要包括户主的年龄、性别、教育、政治面貌、健康、婚姻状况、乐观、就业状态以及智力水平等。

年龄：借鉴 Faig 和 Shum（2006）、李涛和郭杰（2009）、王聪和田存志（2012）以及尹志超等（2014）的研究，采用户主年龄和年龄的平方，以期捕捉户主年龄可能存在的对其主观经济地位的非线性影响。

性别：户主性别为"男性"，取值为 1，"女性"则取值为 0。

教育：采用户主的受教育年限来衡量其受教育情况，本研究根据户主的受教育程度测算出其相应的受教育年限。②

政治面貌：户主为"共产党员"，取值为 1，反之则取值为 0。

健康：根据本研究调查问卷中对"您认为自己的健康状况如何？"这一问题将户主自报的健康水平转化为 0—1 虚拟变量，健康则取值为 1，反之为 0。③

婚姻状况：CFPS 将居民的婚姻状态划分为未婚、在婚、同居、离婚以及丧偶五种状态，如果户主婚姻状态为"在婚"，取值为 1，其他状态则取

---

① 该题的答案为"1—5"的有序变量，"1"代表最低的经济地位，"5"代表最高的经济地位。

② CFPS 设计了如下精确测量户主受教育年限的规则：以受访者已完成的最高学历换算其受教育的年限，如果受访者在最高学历阶段未能毕业，且其在该阶段的学习年限未知，则换算时将该阶段学历的学习年限折半。其中，当户主受教育程度为"文盲/半文盲"时，受教育年限赋值为 0；"成人小学/扫盲班"赋值为 3；"普通小学"赋值为 6；"成人初中"、"职业初中"以及"普通初中"赋值为 9；"成人中专"、"成人高中"、"普通中专/职高/技校"以及"普通高中"赋值为 12；"成人/网络/其他专科"、"普通专科"以及"成人/网络/其他本科"赋值为 15；"普通本科"赋值为 16；"硕士（含在职）"赋值为 19；"博士（含在职）"赋值为 22。

③ CFPS 2014—2022 的问卷中对"您认为自己的健康状况如何？"这一问题的答案设置为"1. 非常健康；2. 很健康；3. 比较健康；4. 一般；5. 不健康"。在本研究中，当将户主自报健康水平为"非常健康"、"很健康"、"比较健康"及"一般"任一种情形时，取值为 1；当自报健康水平为"不健康"时，取值为 0。

值为 0。

乐观：主要考察的是户主的主观心理特征，本研究借鉴 Ravallion 和 Lokshin（2002）的研究，根据户主对自己未来的信心程度从"很没信心"到"很有信心"分别赋值 1—5。

就业状况：CFPS 将受访者的就业状态划分为在业、失业以及退出劳动力市场三种情况。如果户主就业状态为"在业"，即取值为 1，其他则取值为 0。

智力水平：采用问卷中访员观察的"受访者智力水平"来度量。

（2）家庭特征变量

主要由农民工家庭规模、家庭少儿抚养比和家庭老人扶养比、家庭收入、金融资产、生产性固定资产以及家庭负债等变量构成。

家庭规模：采用"农民工家庭的人口数"来衡量；

家庭少儿抚养比：采用农民工家庭中 16 岁以下（含 16 岁）儿童占家庭总人数的比例来表示；①

家庭老人扶养比：采用农民工家庭中 65 岁以上（含 65 岁）老人占家庭总人数的比例来衡量；

家庭收入：采用经过调整的具有可比性的农民工家庭人均纯收入的对数值来衡量；②

金融资产：主要包括农民工家庭现金和存款、金融产品资产以及他人欠自家款项，并取其总额的对数值来衡量；

生产性固定资产：主要包括农民工家庭生产经营资产和农用器械价值，并取其总额的对数值来衡量；

家庭负债：主要包括农民工家庭住房负债和其他金融负债，并取其总额的对数值来衡量。

4.1.2 数据样本与描述性统计

本章研究数据来源于中国家庭追踪调查 2014 年、2016 年、2018 年、

---

① 以往的研究如李涛等（2011）、李涛和陈斌开（2014）均以"14 岁以下（含 14 岁）儿童占家庭人口总数的比例"作为衡量"家庭少儿抚养比"的指标。本研究借鉴李江一（2017）、田子方等（2022）的研究，采用了居民家庭中 16 岁以下（含 16 岁）儿童占家庭总人数的比例来度量。

② 考虑到居民家庭收入、消费、资产以及负债等经济价值变量可能存在的异方差和非线性，本研究对相关变量均进行对数化处理，以下不再赘述。

2020 年以及 2022 年的微观调查数据。① 为使 CFPS 各年住房价值、家庭收入以及金融资产等相关家庭经济价值变量具有可比性，本研究采用各省居民消费价格指数（CPI）对各年相关家庭经济价值变量进行了调整。

表 4.1 是本章相关变量的描述性统计。可以发现：农民工家庭户主主观经济地位的平均值为 2.99，标准差为 1.08；农民工家庭住房价值和住房面积对数值的平均值分别为 10.66 和 4.72。在户主特征方面，农民工家庭户主年龄的平均值为 46.6 岁，男性户主占比为 60.2%，平均受教育年限为 7.3 年，共产党员户主占比为 7.4%，84.7% 的户主身体处于健康状态，84.6% 的户主处于已婚状态，农民工家庭户主对自己未来信心程度的平均值为 4.07，86.2% 的户主处于就业状态，访员观察的农民工家庭户主智力水平的平均值为 5.3。此外，关于家庭特征变量，农民工家庭规模的平均值为 3.99，家庭少儿抚养比和家庭老人扶养比的平均值分别为 0.12 和 0.094，农民工家庭人均纯收入对数的平均值为 9.61，家庭金融资产对数的平均值为 7.18，生产性固定资产对数的平均值为 3.39，农民工家庭负债对数的平均值为 4.19。

表 4.1 变量的描述性统计

变量类型	变量名称	观测值	平均值	标准差	最小值	最大值
被解释变量	主观经济地位	30 755	2.99	1.08	1	5
解释变量	住房价值	31 204	10.662	4.051	0	17.728
	住房面积	28 733	4.715	0.743	0	8.006
户主特征变量	年龄	31 256	46.646	13.47	16	95
	性别	31 256	0.602	0.49	0	1
	教育	30 456	7.305	4.472	0	22
	政治面貌	30 911	0.074	0.262	0	1
	健康	31 252	0.847	0.36	0	1
	婚姻状况	31 115	0.846	0.361	0	1
	乐观	30 753	4.065	0.998	1	5
	就业状态	31 127	0.862	0.344	0	1
	智力水平	31 083	5.3	1.371	1	7

---

① 由于本章在进行内生性检验时采用农民工家庭上一期的"住房价值"或"住房面积"数据替代当期"住房价值"或"住房面积"的数据进行相关估计，为尽可能扩大样本量，本研究中关于农民工家庭"住房价值"或"住房面积"也利用到了 CFPS 2012 年的数据。

续表

变量类型	变量名称	观测值	平均值	标准差	最小值	最大值
家庭特征变量	家庭规模	31 341	3.991	1.965	1	19
	家庭少儿抚养比	31 341	0.12	0.19	0	1
	家庭老人扶养比	31 341	0.094	0.191	0	1
	家庭收入	30 677	9.61	0.961	0	14.796
	金融资产	31 114	7.177	4.753	0	17.577
	生产性固定资产	31 100	3.393	4.399	0	17.728
	家庭负债	30 971	4.193	5.391	0	18.198

注：住房面积、住房资产价值、家庭收入、家庭净资产等变量均取其对数值。

4.2 基准回归结果

由于本章实证模型中被解释变量"户主主观经济地位"为"1—5"的有序变量，因此本章关于农民工住房资产对户主主观经济地位影响的估计主要利用有序 logit 回归模型进行。

4.2.1 住房价值对户主主观经济地位影响的估计结果

表 4.2 中第（1）列、第（2）列、第（3）列和第（4）列是选取"住房价值"衡量农民工家庭住房资产的估计情况。其中，第（1）列是关于农民工全样本家庭的估计结果。可以发现：在农民工全样本家庭，农民工住房价值增加 1%，户主主观经济地位可以提升 0.0231%，即农民工家庭住房价值增加显著提升了户主的主观经济地位。在户主特征方面：户主主观经济地位随着户主年龄的增大呈现出 U 型曲线关系；户主是共产党员、自评健康程度越高、对自己未来更充满信心、已婚以及处于就业状态均显著提升了农民工家庭户主的主观经济地位；男性户主属于较高主观经济地位的概率要低于女性农民工户主；户主受教育程度越高，或访员观察的农民工户主智力水平越高，其主观经济地位越低。从家庭特征变量来

看：农民工家庭规模越大或家庭收入越高，户主的主观经济地位越高；少儿抚养比对农民工家庭户主主观经济地位存在着显著负向影响，但老人扶养比对农民工家庭户主主观经济地位的负向影响并不显著；农民工家庭生产性固定资产显著提升了户主的主观经济地位，但金融资产对农民工家庭户主主观经济地位的负向影响并不显著。此外，农民工家庭负债对户主主观经济地位存在着显著负向影响。

表4.2　　　　　农民工住房价值对主观经济地位影响的估计结果

变量	（1）	（2）	（3）	（4）
	主观经济地位			
	全样本	仅儿子	有儿有女	仅女儿
住房价值	0.0231***	0.0273***	0.0187**	0.0167*
	(0.0036)	(0.0075)	(0.0073)	(0.0098)
年龄	0.0213***	0.0176	0.0314*	-0.0002
	(0.0080)	(0.0175)	(0.0183)	(0.0258)
年龄平方	0.0236***	0.0278	0.0133	0.0573**
	(0.0084)	(0.0179)	(0.0173)	(0.0286)
性别	-0.1491***	-0.1131*	-0.1409**	-0.2263**
	(0.0338)	(0.0644)	(0.0584)	(0.0910)
教育	-0.0192***	-0.0190**	-0.0262***	-0.0360***
	(0.0042)	(0.0082)	(0.0068)	(0.0122)
政治面貌	0.5567***	0.6415***	0.4823***	0.6986***
	(0.0602)	(0.1194)	(0.0967)	(0.1738)
健康	0.2611***	0.4393***	0.1672***	0.2263*
	(0.0411)	(0.0817)	(0.0646)	(0.1228)
婚姻状态	0.0955**	0.1787	0.1165	0.1813
	(0.0482)	(0.1089)	(0.1029)	(0.1569)
乐观	0.7258***	0.7311***	0.8112***	0.7812***
	(0.0150)	(0.0292)	(0.0254)	(0.0431)
就业	0.1010**	0.1483*	0.1601**	0.1014
	(0.0426)	(0.0839)	(0.0736)	(0.1136)
智力水平	-0.0378***	-0.0517***	-0.0473***	-0.0396
	(0.0099)	(0.0190)	(0.0163)	(0.0268)
家庭规模	0.0242***	0.0219	0.0069	0.0578**
	(0.0087)	(0.0168)	(0.0140)	(0.0285)

续表

变量	(1)	(2)	(3)	(4)
	主观经济地位			
	全样本	仅儿子	有儿有女	仅女儿
少儿抚养比	-0.1869**	-0.2949	-0.1582	0.1180
	(0.0845)	(0.1971)	(0.1741)	(0.2591)
老人扶养比	-0.1458	-0.0156	-0.1674	-0.5600**
	(0.0900)	(0.1751)	(0.1459)	(0.2775)
家庭收入	0.0539***	0.0662*	0.0612**	0.0439
	(0.0170)	(0.0345)	(0.0311)	(0.0475)
金融资产	-0.0015	-0.0083	0.0004	0.0020
	(0.0031)	(0.0060)	(0.0052)	(0.0086)
生产性固定资产	0.0172***	0.0225***	0.0104*	0.0102
	(0.0033)	(0.0062)	(0.0054)	(0.0090)
家庭负债	-0.0053**	-0.0130**	0.0044	-0.0093
	(0.0027)	(0.0051)	(0.0044)	(0.0074)
cut1	2.3314***	2.6872***	2.7832***	1.9515**
	(0.2596)	(0.5751)	(0.5946)	(0.8080)
cut2	3.8985***	4.1887***	4.3662***	3.6017***
	(0.2606)	(0.5778)	(0.5963)	(0.8094)
cut3	6.8079***	7.1078***	7.1596***	6.8035***
	(0.2647)	(0.5870)	(0.6026)	(0.8181)
cut4	8.3615***	8.6323***	8.7107***	8.4659***
	(0.2670)	(0.5921)	(0.6064)	(0.8234)
var(cons[headpid])	1.6002***	1.6247***	1.6851***	2.1018***
	(0.0689)	(0.1495)	(0.1282)	(0.2206)
观测值	29 072	7 793	10 415	4 316
R^2	—	—	—	—

注：*、**和***分别表示在10%、5%和1%的显著水平上显著，括号内数字为标准误。

已有研究表明，由于中国男女性别比例严重失调，住房作为家庭经济实力的信号在婚姻市场上越来越重要（Wei & Zhang，2012；方丽和田传浩，2016），并已成为婚姻市场上的一种地位商品（Wei et al.，2017）。为考察农民工家庭住房资产对户主主观经济地位影响可能存在的子女性别差异,本研究将农民工家庭样本细分为"仅儿子"家庭、"有儿有女"家庭和"仅女儿"家庭,并依次基于"仅儿子"、"有儿有女"和"仅女儿"这三个家庭样本就农民工住房资产对户主主观经济地位的影响进行估计。表4.2第(2)列、第(3)列和第(4)列是相关估计结果。

可以发现:在"仅儿子"农民工家庭,住房价值每增加1%,户主主观经济地位提升0.027%;在"有儿有女"农民工家庭,住房价值每增加1%,户主主观经济地位提升0.019%;在"仅女儿"农民工家庭,住房价值每增加1%,户主主观经济地位提升0.017%。即无论是在"仅儿子"家庭、"有儿有女"家庭还是"仅女儿"家庭,住房价值增加均显著提升了农民工家庭户主的主观经济地位;而且,从住房价值对户主主观经济地位影响的系数值来看,"仅儿子"家庭最大,"有儿有女"家庭其次,"仅女儿"家庭最小。

在户主特征方面,无论是在"仅儿子"家庭、"有儿有女"家庭还是"仅女儿"家庭,户主是共产党员、自评健康程度越高以及对自己未来更充满信心均显著提升了农民工家庭户主的主观经济地位;男性户主属于较高主观经济地位的概率要低于女性农民工户主;户主受教育程度越高,其主观经济地位越低;婚姻状态对户主主观经济地位的正向影响均不显著。在"仅儿子"家庭和"有儿有女"家庭,户主处于就业状态均显著提升了农民工家庭户主的主观经济地位,但访员观察的户主智力水平越高,其主观经济地位越低,而在"仅女儿"农民工家庭,户主就业状态和访员观察的户主智力水平对户主主观经济地位的正向或负向影响均不显著。在"仅儿子"农民工家庭,户主年龄和年龄的平方项对户主主观经济地位的正向影响均不显著;在"有儿有女"农民工家庭,户主主观经济地位伴随着户主年龄的增长而提高,但年龄的平方项对户主主观经济地位的正向影响并不显著;而在"仅女儿"农民工家庭,户主年龄对其主观经济地位的负向影响并不显著,但年龄的平方项对户主主观经济地位的影响显著为正。

从农民工家庭特征变量来看,在"仅儿子"家庭和"有儿有女"家庭,家庭收入和生产性固定资产均显著提升了户主的主观经济地位,但在"仅女儿"农民工家庭,家庭收入和生产性固定资产对户主主观经济地位的正向影响均不显著。在"仅女儿"农民工家庭,虽然家庭规模显著提升了户主的主观经济地位,但老人扶养比不利于户主主观经济地位的提升,而在"仅儿子"和"有儿有女"农民工家庭，家庭规模、老人抚养比对户主主观经济地位的影响均不显著。家庭负债对"仅儿子"农民工家庭户主主观经济地位存在着显著负向影响，但对"有儿有女"家庭和"仅女儿"家庭户主主观经济地位的正向或负向影响均不显著。此外，无论是在"仅儿子"家庭、"有儿有女"家庭还是"仅女儿"家庭，少儿抚养比以及金融资产对户主主观经济地位的影响均不显著。

4.2.2 住房面积对户主主观经济地位影响的估计结果

表 4.3 中第（1）列、第（2）列、第（3）列和第（4）列是选取"住房面积"衡量农民工家庭住房资产的估计情况。其中，第（1）列是关于农民工全样本家庭的估计结果。可以发现：在农民工全样本家庭，农民工住房面积增加 1%，户主主观经济地位可以提升 0.166%，即农民工家庭住房面积增加显著提升了户主的主观经济地位。在户主特征方面：户主主观经济地位随着户主年龄的增大呈现出 U 型曲线关系；户主是共产党员、自评健康程度越高、对自己未来更充满信心、已婚以及处于就业状态均显著提升了农民工家庭户主的主观经济地位；男性户主属于较高主观经济地位的概率要低于女性农民工户主；户主受教育程度越高，或访员观察的农民工户主智力水平越高，其主观经济地位越低。从家庭特征变量来看：农民工家庭规模越大或家庭收入越高，户主的主观经济地位越高；少儿抚养比对农民工家庭户主主观经济地位存在着显著负向影响，但老人扶养比对农民工家庭户主主观经济地位的负向影响并不显著；农民工家庭生产性固定资产显著提升了户主的主观经济地位，但金融资产对户主主观经济地位的负向影响并不显著。此外，农民工家庭负债对户主主观经济地位的负向影响也不显著。

表 4.3　　　　农民工住房面积对主观经济地位影响的估计结果

变量	(1)	(2)	(3)	(4)
	主观经济地位			
	全样本	仅儿子	有儿有女	仅女儿
住房面积	0.1657***	0.1852***	0.1372***	0.2366***
	(0.0229)	(0.0451)	(0.0382)	(0.0685)
年龄	0.0178**	0.0114	0.0330*	0.0076
	(0.0083)	(0.0184)	(0.0194)	(0.0273)

续表

变量	(1) 全样本	(2) 仅儿子	(3) 有儿有女	(4) 仅女儿
	主观经济地位			
年龄平方	0.0279*** (0.0088)	0.0341* (0.0188)	0.0130 (0.0183)	0.0514* (0.0300)
性别	-0.1553*** (0.0353)	-0.1464** (0.0671)	-0.1410** (0.0612)	-0.2078** (0.0961)
教育	-0.0197*** (0.0044)	-0.0209** (0.0085)	-0.0280*** (0.0072)	-0.0316** (0.0129)
政治面貌	0.5432*** (0.0626)	0.6630*** (0.1240)	0.4717*** (0.1011)	0.6521*** (0.1835)
健康	0.2730*** (0.0429)	0.4441*** (0.0850)	0.1641** (0.0677)	0.2427* (0.1288)
婚姻状态	0.1182** (0.0505)	0.1682 (0.1154)	0.2437** (0.1087)	0.2267 (0.1659)
乐观	0.7335*** (0.0157)	0.7436*** (0.0305)	0.8199*** (0.0267)	0.7838*** (0.0453)
就业	0.1098** (0.0446)	0.1616* (0.0876)	0.1688** (0.0770)	0.0626 (0.1202)
智力水平	-0.0339*** (0.0103)	-0.0419** (0.0198)	-0.0478*** (0.0171)	-0.0184 (0.0283)
家庭规模	0.0225** (0.0092)	0.0094 (0.0177)	0.0118 (0.0147)	0.0619** (0.0307)
少儿抚养比	-0.1501* (0.0882)	-0.2705 (0.2053)	-0.0963 (0.1830)	0.2487 (0.2714)
老人扶养比	-0.1233 (0.0939)	0.0557 (0.1838)	-0.1478 (0.1520)	-0.5963** (0.2922)
家庭收入	0.0620*** (0.0177)	0.0839** (0.0359)	0.0707** (0.0324)	0.0543 (0.0493)
金融资产	0.0009 (0.0032)	-0.0082 (0.0063)	0.0047 (0.0055)	0.0029 (0.0090)
生产性固定资产	0.0148*** (0.0035)	0.0202*** (0.0065)	0.0059 (0.0057)	0.0092 (0.0094)

续表

变量	(1)	(2)	(3)	(4)
	主观经济地位			
	全样本	仅儿子	有儿有女	仅女儿
家庭负债	-0.0030	-0.0100*	0.0045	-0.0089
	(0.0028)	(0.0052)	(0.0046)	(0.0077)
cut1	2.9621***	3.3275***	3.5794***	3.3923***
	(0.2843)	(0.6278)	(0.6504)	(0.9004)
cut2	4.5444***	4.8485***	5.1551***	5.0865***
	(0.2856)	(0.6313)	(0.6526)	(0.9031)
cut3	7.4820***	7.7970***	7.9818***	8.3507***
	(0.2902)	(0.6420)	(0.6599)	(0.9148)
cut4	9.0595***	9.3150***	9.5689***	10.0657***
	(0.2927)	(0.6474)	(0.6641)	(0.9217)
var(cons[headpid])	1.6238***	1.6599***	1.7187***	2.3254***
	(0.0724)	(0.1579)	(0.1358)	(0.2462)
观测值	26 896	7 243	9 589	4 042
R^2	—	—	—	—

注：*、** 和 *** 分别表示在10%、5%和1%的显著水平上显著，括号内数字为标准误。

如前所述，表4.3中第（2）列、第（3）列和第（4）列是将农民工家庭样本细分为"仅儿子"家庭、"有儿有女"家庭和"仅女儿"家庭三个样本家庭的估计结果。可以发现，在"仅儿子"农民工家庭，住房价值每增加1%，户主主观经济地位提升0.185%；在"有儿有女"农民工家庭，住房价值每增加1%，户主主观经济地位提升0.137%；在"仅女儿"农民工家庭，住房价值每增加1%，户主主观经济地位提升0.237%。即无论是在"仅儿子"家庭、"有儿有女"家庭还是"仅女儿"家庭，住房面积增加均显著提升了农民工家庭户主的主观经济地位；而且，从住房面积对户主主观经济地位影响的系数值来看，"仅女儿"农民工家庭最大，"仅儿子"家庭其次，"有儿有女"农民工家庭最小。

在户主特征方面，无论是在"仅儿子"家庭、"有儿有女"家庭还是"仅女儿"家庭，户主是共产党员、自评健康程度越高以及对自己未来更充满信心均显著提升农民工家庭户主的主观经济地位；男性户主属于较高主观经济地位的概率要低于女性农民工户主；户主受教育程度越高，其主观经济地位越低。在"仅儿子"家庭和"有儿有女"家庭,户主处于就业状态均显著提升了农民工家庭户主的主观经济地位,但访员观察的户主智力水平越高,其主观经济地位越低;而在"仅女儿"农民工家庭,户主就业状态和访员观察的户主智力水平对户主主观经济地位的正向或负向影响均不显著。在"仅儿子"家庭和"仅女儿"家庭,户主年龄对其主观经济地位的正向影响均不显著,但年龄的平方项对户主主观经济地位的影响都显著为正;在"有儿有女"农民工家庭,户主主观经济地位伴随着户主年龄的增长而提高,但年龄的平方项对户主主观经济地位的正向影响并不显著。在"有儿有女"农民工家庭,户主已婚显著提升了其主观经济地位,但婚姻状态对户主主观经济地位的正向影响在"仅儿子"和"仅女儿"农民工家庭均不显著。

从家庭特征变量来看,在"仅儿子"家庭和"有儿有女"家庭,农民工家庭收入显著均提升了户主的主观经济地位,但在"仅女儿"农民工家庭,家庭收入对户主主观经济地位的正向影响并不显著。在"仅女儿"农民工家庭,虽然家庭规模显著提升了户主的主观经济地位,但老人扶养比不利于户主主观经济地位的提升;而在"仅儿子"家庭和"有儿有女"家庭,家庭规模、老人抚养比对户主主观经济地位的影响均不显著。在"仅儿子"农民工家庭,生产性固定资产对户主主观经济地位存在着显著正向影响,但家庭负债对户主主观经济地位的影响显著为负;而在"有儿有女"家庭和"仅女儿"家庭,生产性固定资产和家庭负债对户主主观经济地位的正向或负向影响均不显著。此外,无论是在"仅儿子"家庭、"有儿有女"家庭还是"仅女儿"家庭,少儿抚养比以及金融资产对户主主观经济地位的影响均不显著。

4.2.3 内生性问题讨论

本研究在前文的模型中主要研究了农民工住房资产对家庭户主主观经济地位的影响,但被解释变量"主观经济地位"与解释变量"农民工住房资产(住房面积、住房价值)"之间可能存在着一定的反向因果关系。一方面,那些主观经济地位更低的农民工可能存在着更强的住房资产地位寻求动机;另一方面,主观经济地位低的农民工也可能存在自暴自弃的情况,其住房资产的地位寻求动机较弱。为更好地控制内生性可能存在的影响,本研究采用农民工家庭上一期的"住房价值"或"住房面积"数据替代当期"住房价值"或"住房面积"的数据进行相关检验。表4.4是相关内生性检验估计结果,可以发现,无论是在农民工全样本家庭、"仅儿子"家庭、"有儿有女"家庭还是"仅女儿"家庭,农民工住房价值或住房面积的增加均显著提升了户主的主观经济地位。

表4.4　　　　　农民工住房资产对主观经济地位影响的内生性检验

变量	(1)	(2)	(3)	(4)	(5)	(6)	(7)	(8)
	主观经济地位							
	全样本	仅儿子	有儿有女	仅女儿	全样本	仅儿子	有儿有女	仅女儿
住房价值	0.0189***	0.0193*	0.0174*	0.0324**				
	(0.0053)	(0.0110)	(0.0097)	(0.0149)				
住房面积					0.1728***	0.1541**	0.1544**	0.3561***
					(0.0303)	(0.0626)	(0.0538)	(0.0932)
户主特征变量	控制	控制	控制	控制	控制	控制	控制	控制
家庭特征变量	控制	控制	控制	控制	控制	控制	控制	控制
cut1	2.9588***	3.5378***	3.1426***	3.3869***	3.4648***	4.1172***	4.4845***	4.3832***
	(0.3686)	(0.8504)	(0.8636)	(1.1515)	(0.4014)	(0.9191)	(0.9440)	(1.2685)
cut2	4.5332***	5.0962***	4.7599***	5.0730***	5.0499***	5.6784***	6.1197***	6.0642***
	(0.3700)	(0.8548)	(0.8660)	(1.1550)	(0.4031)	(0.9245)	(0.9476)	(1.2727)
cut3	7.4746***	8.1193***	7.5880***	8.3468***	8.0382***	8.7240***	9.0186***	9.4049***
	(0.3760)	(0.8695)	(0.8755)	(1.1710)	(0.4098)	(0.9415)	(0.9598)	(1.2913)
cut4	9.1159***	9.7798***	9.1866***	10.1323***	9.7010***	10.3539***	10.6599***	11.2377***
	(0.3795)	(0.8779)	(0.8815)	(1.1809)	(0.4136)	(0.9505)	(0.9670)	(1.3028)
var(cons[headpid])	1.5067***	1.7895***	1.5810***	2.0017***	1.5464***	1.7554***	1.7185***	2.1086***
	(0.0894)	(0.2183)	(0.1748)	(0.3064)	(0.0937)	(0.2219)	(0.1917)	(0.3271)
观测值	16 118	4 074	5 357	2 291	15 062	3 824	4 896	2 151
R^2	—	—	—	—	—	—	—	—

注:*、**和***分别表示在10%、5%和1%的显著水平上显著,括号内数字为标准误;此外,回归中控制了户主特征变量(如年龄、性别和教育等)和家庭特征变量(如家庭收入、家庭规模、金融资产等)。详细结果参见附录A表A.1。

4.3 稳健性检验

关于稳健性检验，前文分别采用"住房价值"和"住房面积"作为衡量农民工住房资产的指标，得出的研究结论基本一致，这表明本研究的估计结果是可靠的。在此基础上，本研究进一步分别通过调整估计样本和更换估计方法进行稳健性检验。

4.3.1 调整估计样本

参考前文将农民工家庭全样本细分为"仅儿子"家庭、"有儿有女"家庭和"仅女儿"家庭的方式，本研究将农民工家庭划分为"有儿子"家庭和"有女儿"家庭分别进行估计。表4.5是相关估计结果，可以看到，无论是在"有儿子"家庭还是"有女儿"家庭，农民工住房价值和住房面积均显著提升了户主的主观经济地位，即农民工住房资产有利于户主主观经济地位的提升。

表4.5 农民工住房资产对主观经济地位影响的稳健性检验 I

变量	(1)	(2)	(3)	(4)
	主观经济地位			
	有儿子	有女儿	有儿子	有女儿
住房价值	0.0097 ***	0.0080 ***		
	(0.0023)	(0.0025)		
住房面积			0.0667 ***	0.0682 ***
			(0.0125)	(0.0140)
家庭收入	0.0271 ***	0.0238 **	0.0319 ***	0.0279 **
	(0.0099)	(0.0108)	(0.0103)	(0.0111)
户主特征变量	控制	控制	控制	控制
家庭特征变量	控制	控制	控制	控制

续表

变量	(1)	(2)	(3)	(4)
	主观经济地位			
	有儿子	有女儿	有儿子	有女儿
lns1_1_1_cons	-0.5904***	-0.5807***	-0.5899***	-0.5727***
	(0.0207)	(0.0221)	(0.0214)	(0.0226)
lnsig_e_cons	-0.1688***	-0.1836***	-0.1756***	-0.1935***
	(0.0080)	(0.0088)	(0.0084)	(0.0093)
常数项	0.5473***	0.6175***	-0.5899***	-0.5727***
	(0.1733)	(0.1904)	(0.0214)	(0.0226)
观测值	18 208	14 731	16 832	13 631
R^2	—	—	—	—

注：*、** 和 *** 分别表示在 10%、5% 和 1% 的显著水平上显著，括号内数字为标准误；此外，回归中控制了户主特征变量（如年龄、性别和教育等）和家庭特征变量（如家庭收入、家庭规模、金融资产等）。详细结果参见附录 A 表 A.2。

4.3.2 更换估计方法

为进一步检验估计结果的稳健性，本研究更换模型的估计方法，采用混合效应估计依次对农民工全样本家庭、"仅儿子"家庭、"有儿有女"家庭以及"仅女儿"家庭进行估计。① 表 4.6 是相关估计结果，可以看到，无论是在农民工全样本家庭、"仅儿子"家庭还是"有儿有女"家庭，农民工住房价值或住房面积均显著提升了户主的主观经济地位。在"仅女儿"家庭，虽然农民工住房价值对户主主观经济地位的正向影响并不显著，但住房面积显著提升了户主的主观经济地位。而且，从相关影响系数来看，农民工住房价值对户主主观经济地位的影响在"仅儿子"家庭最大，"有儿有女"家庭次之，"仅女儿"家庭最小；农民工住房面积对户主主观经济地位的影响在"仅女儿"家庭最大，"仅儿子"家庭次之，"有儿有女"家庭最小。相关研究结论与前述基本一致。

---

① 由于本章实证检验主要采用中国家庭追踪调查 2014—2022 年的家庭微观调查数据，因此在进行普通回归估计之前需要检验是采用随机效应模型、固定效应模型还是混合效应模型。通过使用 Hausman 检验和似然比检验（LR），本研究最终选取混合效应模型进行相关估计。由于利用 Stata 软件进行相关估计时可以直接得到模型选择的判定结果，因此本研究关于选择何种模型不再一一说明。

表 4.6　农民工住房资产对主观经济地位影响的稳健性检验 Ⅱ

变量	(1)	(2)	(3)	(4)	(5)	(6)	(7)	(8)
	主观经济地位							
	全样本	仅儿子	有儿有女	仅女儿	全样本	仅儿子	有儿有女	仅女儿
住房价值	0.0096*** (0.0016)	0.0111*** (0.0032)	0.0087*** (0.0032)	0.0062 (0.0039)				
住房面积					0.0684*** (0.0097)	0.0760*** (0.0191)	0.0585*** (0.0164)	0.0891*** (0.0265)
家庭收入	0.0231*** (0.0072)	0.0282* (0.0148)	0.0283** (0.0134)	0.0146 (0.0183)	0.0258*** (0.0075)	0.0339** (0.0153)	0.0321** (0.0139)	0.0173 (0.0186)
户主特征变量	控制	控制	控制	控制	控制	控制	控制	控制
家庭特征变量	控制	控制	控制	控制	控制	控制	控制	控制
lns1_1_1_cons	-0.6331*** (0.0164)	-0.6165*** (0.0338)	-0.5761*** (0.0273)	-0.5730*** (0.0376)	-0.6364*** (0.0169)	-0.6106*** (0.0346)	-0.5766*** (0.0283)	-0.5427*** (0.0372)
lnsig_e_cons	-0.1774*** (0.0060)	-0.171*** (0.0127)	-0.167*** (0.0108)	-0.2359*** (0.0166)	-0.1848*** (0.0063)	-0.1778*** (0.0133)	-0.1743*** (0.0113)	-0.2538*** (0.0174)
常数项	0.7559*** (0.1104)	0.6756*** (0.2457)	0.5413** (0.2580)	0.9925*** (0.3154)	0.5061*** (0.1198)	0.4316 (0.2658)	0.2196 (0.2792)	0.4651 (0.3448)
观测值	29 072	7 793	10 415	4 316	26 896	7 243	9 589	4 042
R^2	—	—	—	—	—	—	—	—

注：*、** 和 *** 分别表示在 10%、5% 和 1% 的显著水平上显著，括号内数字为标准误；此外，回归中控制了户主特征变量（如年龄、性别和教育等）和家庭特征变量（如家庭收入、家庭规模、金融资产等）。详细结果参见附录 A 表 A.3。

4.4 本章小结及讨论

本章利用中国家庭追踪调查 2014 年、2016 年、2018 年、2020 年以及

2022年的微观调查数据，主要从"住房价值"及"住房面积"两个方面就农民工住房资产对户主主观经济地位的影响进行了研究，主要研究结论为：

第一，无论是在农民工全样本家庭、"仅儿子"家庭、"有儿有女"家庭还是"仅女儿"家庭，住房价值均显著提升了农民工家庭户主的主观经济地位。而且，从住房价值对户主主观经济地位影响的系数值来看，基准回归和稳健性检验的结果显示，"仅儿子"农民工家庭住房价值对户主主观经济地位提升的影响最大，"有儿有女"家庭次之，"仅女儿"家庭最小；但内生性检验的结果表明，"仅女儿"农民工家庭住房价值对户主主观经济地位提升的影响最大，"仅儿子"家庭次之，"有儿有女"家庭最小。

第二，无论是在农民工全样本家庭、"仅儿子"家庭、"有儿有女"家庭还是"仅女儿"家庭，住房面积均显著提升了农民工家庭户主的主观经济地位。而且，从住房面积对户主主观经济地位影响的系数值来看，"仅女儿"农民工家庭住房面积对户主主观经济地位提升的影响最大，"仅儿子"家庭次之，"有儿有女"农民工家庭最小。

综上所述，在农民工全样本家庭、"仅儿子"家庭、"有儿有女"家庭以及"仅女儿"家庭，虽然就影响系数而言，农民工住房价值对户主主观经济地位提升的影响与农民工住房面积对户主主观经济地位提升的影响存在着一定差异，但实证结果一致显示，农民工住房价值或住房面积均显著提升了户主的主观经济地位。[①] 这一结果表明，住房资产已经成为评价农民工社会地位的重要依据，从而在一定程度上证实了农民工住房资产的地位寻求动机，为后续研究奠定了研究基础。

---

① 本研究对组间系数差异也进行了显著性检验，结果显示未能通过。因此，此处直接比较分组回归系数的大小可能会产生偏差。

第 5 章

农民工住房资产的地位寻求动机

本章在对社会地位寻求与农民工住房资产进行理论分析的基础上，构建农民工住房资产地位寻求动机的实证模型，同时采用中国家庭追踪调查2014年、2016年、2018年、2020年以及2022年的微观调查数据，依次基于农民工全样本家庭、"仅儿子"家庭、"有儿有女"家庭和"仅女儿"家庭进行回归估计，并在将农民工样本家庭按"性别比例差异"进一步分组后进行实证检验。本章的结构安排如下：5.1 节是理论基础；5.2 节是模型、变量与数据；5.3 节是估计结果；5.4 节是本章小结及讨论。

5.1 理论基础

借鉴 Long 和 Shimomura（2004）以及 Pham（2005）的研究，本研究引入一般性效用函数[①]

$$\sum_{t=0}^{\infty} \beta^t [(1-s_i)u(c_{it}) + s_i v(w_{it} - \theta \overline{w}_t)] \tag{5.1}$$

预算约束为

$$c_{it} + \omega_{it} \leq \omega_{it-1} + y_{it} \tag{5.2}$$

式（5.1）和式（5.2）中，β 表示时间折现率，s_i 表示不同个体对不同类型财富所获效用的权重，c_{it} 表示个体 i 在第 t 期的消费支出，ω_{it} 表示个体 i 在第 t 期的财富存量，$\overline{\omega}_t$ 表示平均财富水平，θ 表示个体对于相对财富的在意程度，y_{it} 表示个体 i 在第 t 期的收入水平。此外，$u(\cdot)$ 和 $v(\cdot)$ 分别表示个体消费支出和地位商品消费支出的效用函数。

为简单起见，假设经济体中有两类群体（分别占比为 φ 和 $1-\varphi$），其财富水平存在高低差异 [即有 $\overline{\omega}_t = \varphi \omega_{1t} + (1-\varphi) \omega_{2t}$]，这两类群体在消费水平和财富水平上进行合理选择，从而使总效用水平最大。效用最大化的一阶条件分别为

$$\beta^t (1-s_i) u'(c_{it}) = \lambda_{it} \tag{5.3}$$

[①] 本章理论基础部分也参考了刘雯和杨晓维（2016）的研究。

$$\beta^t s_i' v'(w_{it} - \theta \overline{w}_t) + \lambda_{it+1} = \lambda_{it} \tag{5.4}$$

根据式（5.3）和式（5.4），可以得到

$$s_i v'(w_{it} - \theta \overline{w}_t) + \beta(1-s_i) u'(c_{it+1}) = (1-s_i) u'(c_{it}) \tag{5.5}$$

对式（5.5）进行求导，得

$$\frac{\partial w_{it}}{\partial \overline{w}_t} = \frac{s_i v''(w_{it} - \theta \overline{w}_t) \theta}{s_i v''(w_{it} - \theta \overline{w}_t) + (1-s_i) u''(c_{it})} \geq 0 \tag{5.6}$$

$$\frac{\frac{\partial w_{it}}{\partial \overline{w}_t}}{\partial s_i} = \frac{\theta v''(w_{it} - \theta \overline{w}_t) u''(c_{it})}{[s_i v''(w_{it} - \theta \overline{w}_t) + (1-s_i) u''(c_{it})]^2} > 0 \tag{5.7}$$

由式（5.6）和式（5.7）可知，周围人群的财富积累对个体财富积累存在着正向的促进作用。即地位寻求动机越强的个体，其行为决策受到周围人群的影响越大。

5.2 模型、变量与数据

5.2.1 实证模型

根据上述理论分析，对式（5.5）进行两次迭代，有

$$\frac{(1-s_i)(1-\beta)}{s_i} u'(c_{it}) = v'(w_{it} - \theta \overline{w}_t) \tag{5.8}$$

将其代入常相对风险厌恶效用函数（CRRA），即

$$u(x) = \frac{x^{1-\rho} - 1}{1-\rho}$$

可以得到

$$w_{it} = \frac{[(1-s_i)(1-\beta)]^{\frac{1}{\rho}} R}{[(1-s_i)(1-\beta)]^{\frac{1}{\rho}} + s_i^{\frac{1}{\rho}}} w_{it-1} + \frac{[(1-s_i)(1-\beta)]^{\frac{1}{\rho}}}{[(1-s_i)(1-\beta)]^{\frac{1}{\rho}} + s_i^{\frac{1}{\rho}}} y_{it} + \theta s_i^{\frac{1}{\rho}} \overline{w}_t \tag{5.9}$$

根据式（4.9），可以得到本研究的计量模型为

$$\omega_{it} = \beta_0 + \beta_1 \overline{\omega}_{jt} + \beta_2 y_{it} + \beta_3 \omega_{it-1} + \mu^* X^* + \varepsilon^* \tag{5.10}$$

式（5.10）中，β_0、β_1、β_2、β_3 以及 μ^* 表示相应的系数，X^* 表示一系列控制变量，ε^* 表示随机扰动项。

5.2.2 变量说明

依据式（5.10），本章实证模型所用到的变量可分为被解释变量、解释变量和控制变量三类。

被解释变量主要是指农民工家庭住房资产的财富积累情况（ω_{it}），选取"住房价值"和"住房面积"来衡量。如果一个家庭存在多套住房的情况，则将该家庭多套住房价值或住房面积进行加总。

解释变量为农民工家庭所处周围人群住房资产财富的平均积累情况（$\overline{\omega}_{jt}$）。借鉴 Knight 和 Gunatilaka（2022）、蔡宇涵等（2024）的研究，本研究关于"农民工家庭所处周围人群住房资产财富的平均积累情况"选取农民工家庭所在行政村（以下简称"村庄"）其他农民工家庭（即参照组）的"平均住房价值"和"平均住房面积"来衡量。①

关于控制变量，借鉴肖争艳和刘凯（2012）的研究，本研究将控制变量（X）划分为户主特征变量、家庭特征变量以及宏观经济变量三大类。

（1）户主特征变量

主要包括户主的年龄、性别、教育、民族、政治面貌、健康、婚姻状况、乐观以及医疗保险等。其中，关于年龄、性别、教育、政治面貌、健康、婚姻状况、乐观等变量的相关说明详见第 4 章 4.1.1 节。此外，户主民族类型为"汉族"，取值为 1，其他则取值为 0。在医疗保险方面，如果户主享有医疗保险，取值为 1，反之则取值为 0。

（2）家庭特征变量

主要由家庭规模、男性数量、家庭收入、金融资产、自营工商业、社会互动以及上一期农民工家庭住房资产的财富积累情况等变量构成。其

---

① 关于农民工家庭所处周围人群住房资产财富的平均积累情况的度量，本研究除选取农民工家庭所在村庄参照组的"平均住房价值"和"平均住房面积"来衡量外，在进行稳健性检验时还会选取农民工家庭所在县域或省域的其他农民工家庭（分别称为"县域参照组"和"省域参照组"）的"平均住房价值"和"平均住房面积"来衡量。

中，关于家庭规模、家庭收入以及金融资产变量的相关说明详见第 4 章 4.1.1 节。男性数量采用"农民工家庭男性人数"来衡量。自营工商业则根据农民工家庭是否有家庭成员从事个体经营或开办私营企业，有则取值为 1，没有则取值为 0。此外，关于社会互动，本研究根据 CFPS 数据的特点，选择农民工家庭"人情礼支出"作为衡量社会互动的指标。①

（3）宏观经济变量

主要包括"经济增长"和"金融发展"两个变量。本研究采用历年《中国统计年鉴》中各省份人均 GDP 的数据来衡量各地区经济增长的状况。关于金融发展，鉴于本研究"金融发展"指标的主要目的在于度量农民工家庭"金融可得性"问题，因此，借鉴周亚虹等（2024）的研究，采用北京大学数字金融研究中心和蚂蚁科技集团研究院联合编制的数字普惠金融指数除以 100 来衡量。

5.2.3 数据样本与描述性统计

如前所述，本章研究数据主要来源于中国家庭追踪调查 2014 年、2016 年、2018 年、2020 年以及 2022 年的微观调查数据。② 与第 4 章类似，本章同样采用各省居民消费价格指数（CPI）对各年相关家庭经济价值变量进行了调整，以使各年相关变量具有可比性。表 5.1 是本章相关变量的描述性统计。可以发现：农民工家庭住房价值对数值的平均值为 10.7，村庄、县域及省域参照组住房价值对数值的平均值分别为 12.2、12.4 和 12.6；农民工家庭住房面积对数值的平均值为 4.7，村庄、县域及省域参照组住房面积对数值的平均值分别为 4.99、4.94 和 4.95。在户主特征方面，农民工家庭户主年龄的平均值为 46.6，男性户主占比为 60.2%，受教育年限平均值为 7.3，户主为汉族占比为 91.4%，政治面貌是共产党员的户主占

---

① 关于社会互动的衡量指标通常包括客观指标和主观指标，其中，客观指标主要有：春节期间以各种形式给亲属、朋友以及认识的人拜年的总人数（李涛，2006a；何兴强和李涛，2009）；礼金支出（马光荣和杨恩艳，2011；孟亦佳，2014）；通信支出（郭士祺和梁平汉，2014）；基于亲友关系的礼金支出、礼金收入、红包礼品支出以及红包礼品收入（王聪等，2015）等。主观指标则根据"居民对自己在社会上人际交往程度的主观评价"，取值为 4—1，分别对应人际交往"很广泛、广泛、一般、不广泛"（李涛，2006a）。

② 由于本章实证模型中包括"上一期农民工家庭住房资产的财富积累情况"这一变量，为尽可能保留样本，本章关于这一变量的指标用到了中国家庭追踪调查 2012 年的数据。

比为7.4%，84.7%的户主身体处于健康状态，84.6%的户主处于已婚状态，户主对自己未来信心程度的平均值为4.1，92%的户主购买了医疗保险。在农民工家庭特征方面，平均家庭规模为3.99，家庭男性数量的平均值为2.6，家庭收入对数值的平均值为9.6，金融资产对数值的平均值为7.2，农民工家庭上一期住房价值和住房面积对数值的平均值分别为10.8和4.7，9.8%的农民工家庭有成员从事个体经营或开办私营企业，农民工家庭人情礼支出对数值的均值为7.2。此外，在宏观经济变量方面，人均GDP对数值的平均值为10.9，数字普惠金融发展指数除以100的平均值为2.741。

表5.1 变量的描述性统计

变量类型	变量名称	样本数	均值	标准差	最小值	最大值
被解释变量	住房价值	31 204	10.662	4.051	0	17.728
	住房面积	28 733	4.715	0.743	0	8.006
解释变量	村庄平均住房价值	23 716	12.247	0.948	0	16.375
	县域平均住房价值	29 150	12.423	1.061	0	15.999
	省域平均住房价值	31 243	12.613	0.51	10.127	14.798
	村庄平均住房面积	23 387	4.99	0.395	2.269	6.273
	县域平均住房面积	28 910	4.936	0.392	2.351	5.89
	省域平均住房面积	31 237	4.949	0.233	3.802	5.465
户主特征变量	年龄	31 256	46.646	13.47	16	95
	性别	31 256	0.602	0.49	0	1
	教育	30 456	7.305	4.472	0	22
	民族	29 529	0.914	0.28	0	1
	政治面貌	30 911	0.074	0.262	0	1
	健康	31 252	0.847	0.36	0	1
	婚姻状况	31 115	0.846	0.361	0	1
	乐观	30 753	4.065	0.998	1	5
	医疗保险	31 074	0.92	0.271	0	1
家庭特征变量	家庭规模	31 341	3.991	1.965	1	19
	男性数量	31 341	2.558	1.709	0	18
	家庭收入	30 677	9.61	0.961	0	14.796

续表

变量类型	变量名称	样本数	均值	标准差	最小值	最大值
家庭特征变量	金融资产	31 114	7.177	4.753	0	17.577
	上一期住房价值	11 041	10.756	3.843	0	17.217
	上一期住房面积	10 212	4.734	0.741	1.609	8.006
	自营工商业	31 341	0.098	0.297	0	1
	社会互动	29 748	7.21	2.303	0	12.766
宏观经济变量	人均GDP	31 256	10.85	0.401	10.131	12.155
	金融发展	31 256	2.741	0.756	1.546	4.607

注：住房面积、住房资产价值、家庭收入、金融资产等变量均取其对数值。

5.3 估计结果

与第4章类似，本章依次利用农民工全样本家庭、"仅儿子"家庭、"有儿有女"家庭和"仅女儿"家庭进行农民工住房资产地位寻求动机的基准估计和稳健性检验。在此基础上，本章进一步将农民工各样本家庭按"性别比例"分组后进行相关估计。如前所述，由于本章实证检验主要采用中国家庭追踪调查2014—2022年的面板数据，因此在进行回归估计之前需要检验是采用随机效应模型、固定效应模型还是混合效应模型。①

5.3.1 基准回归估计

(1) 农民工住房价值的地位寻求动机估计

表5.2是被解释变量选取"住房价值"衡量农民工家庭住房资产财富

---

① 关于模型选择，利用Hausman检验比较固定效应和随机效应模型估计量的一致性，主要检验个体效应是否与自变量相关，若拒绝原假设（$p<0.05$），说明固定效应更合适。似然比检验主要验证是否需要在固定效应基础上加入随机效应，若混合模型（lme_model）的似然比检验显著（$p<0.05$），说明随机效应结构提升了模型拟合。通过使用Hausman检验和似然比检验（LR），最终选用混合效应模型进行相关估计。由于本研究相关估计较多，且利用Stata软件进行相关估计时可以直接得到模型选择的判定结果，因此本研究关于选择何种模型进行估计不再一一说明。

积累情况的估计结果,其中第(1)列为农民工家庭全样本的估计结果。[①]可以发现,在农民工全样本家庭,农民工所处村庄参照组平均住房价值每增加1%,农民工家庭住房价值增加0.906%。即农民工所处村庄参照组平均住房价值的增加会显著增加农民工家庭自身的住房价值。这一结果表明,我国农民工住房已经成为一种地位性商品。从户主特征变量来看,农民工家庭住房价值随着户主年龄的增长呈现出"钟型",即显现出一定的生命周期性;户主是共产党员、已婚以及对自己未来更充满信心均显著促进了农民工家庭住房价值的增加;但户主性别、受教育程度、民族类型、健康状况以及是否购买医疗保险对农民工家庭住房价值的正向或负向影响均不显著。从家庭特征变量来看,农民工家庭规模、男性数量、家庭收入、社会互动程度以及上一期住房价值均有利于促进农民工家庭自身住房价值的增加,但农民工家庭金融资产、是否自营工商业对农民工家庭自身住房价值的正向或负向影响均不显著。关于宏观经济变量,人均 GDP 和金融发展均不利于农民工家庭住房价值的增加。

表 5.2　　　　　　　农民工住房价值的地位寻求动机估计结果

变量	(1)	(2)	(3)	(4)
	住房价值			
	全样本	仅儿子	有儿有女	仅女儿
村庄平均住房价值	0.9061***	0.8917***	0.8523***	0.9691***
	(0.0345)	(0.0633)	(0.0434)	(0.1028)
上一期住房价值	0.2485***	0.2200***	0.2797***	0.2768***
	(0.0102)	(0.0182)	(0.0148)	(0.0267)
家庭收入	0.1725***	0.1437*	0.2553***	0.0962
	(0.0407)	(0.0796)	(0.0502)	(0.1233)
年龄	0.1041***	0.1854***	0.0218	0.1264**
	(0.0182)	(0.0372)	(0.0262)	(0.0512)
年龄平方	-0.0936***	-0.1656***	-0.0237	-0.1161**
	(0.0175)	(0.0357)	(0.0244)	(0.0523)

① 相应的农民工家庭所处周围人群住房资产财富的平均积累情况以及上一期农民工家庭住房资产的财富积累情况也分别选取参照组"村庄平均住房价值"和农民工家庭"上一期住房价值"这两个变量来衡量。

续表

变量	(1)	(2)	(3)	(4)
	住房价值			
	全样本	仅儿子	有儿有女	仅女儿
性别	-0.0903	-0.1953*	0.0213	-0.1480
	(0.0601)	(0.1117)	(0.0789)	(0.1547)
教育	0.0016	0.0024	0.0102	-0.0183
	(0.0072)	(0.0139)	(0.0090)	(0.0207)
民族	-0.1343	-0.2029	-0.0489	-0.2624
	(0.0995)	(0.2016)	(0.1222)	(0.2746)
政治面貌	0.2157**	0.3420	0.0804	0.3934
	(0.0992)	(0.2124)	(0.1150)	(0.2904)
健康	0.0381	0.0097	0.0282	0.0253
	(0.0725)	(0.1375)	(0.0898)	(0.1986)
婚姻状态	0.4543***	0.3233*	0.3235**	0.4952*
	(0.0919)	(0.1821)	(0.1293)	(0.2532)
乐观	0.0777***	0.0952*	0.0457	0.0728
	(0.0275)	(0.0515)	(0.0347)	(0.0739)
医疗保险	-0.1537	-0.0205	-0.0449	-0.4390
	(0.1199)	(0.2231)	(0.1546)	(0.3579)
家庭规模	0.1068***	0.0919*	0.0934***	0.0724
	(0.0234)	(0.0495)	(0.0296)	(0.0744)
男性数量	0.0711*	0.0785	0.0743	0.2299*
	(0.0392)	(0.0827)	(0.0541)	(0.1361)
金融资产	-0.0032	-0.0104	-0.0013	-0.0102
	(0.0061)	(0.0112)	(0.0078)	(0.0168)
是否自营工商业	0.0122	0.0266	-0.0684	0.3685
	(0.1009)	(0.1899)	(0.1286)	(0.2582)
社会互动	0.0628***	0.0848***	0.0376**	0.0317
	(0.0126)	(0.0242)	(0.0159)	(0.0355)
人均GDP	-0.2922***	0.0942	-0.4197***	-0.3654
	(0.1122)	(0.2133)	(0.1457)	(0.3007)

续表

变量	（1）	（2）	（3）	（4）
	住房价值			
	全样本	仅儿子	有儿有女	仅女儿
金融发展	-0.1872***	-0.3384***	-0.1801**	-0.1609
	(0.0665)	(0.1251)	(0.0843)	(0.1774)
常数项	-4.7299***	-9.9784***	-1.2933	-4.1762
	(1.1600)	(2.2001)	(1.6127)	(2.9364)
lns1_1_1 Constant	-16.1323	-0.9665	-8.2568	-15.3649
	(212.3375)	(0.6122)	(87.1905)	(493.3048)
lnsig_e Constant	0.8891***	0.9101***	0.7791***	0.9319***
	(0.0078)	(0.0198)	(0.0110)	(0.0199)
N	8 185	2 545	4 119	1 280
R^2	—	—	—	—

注：*、**和***分别表示在10%、5%和1%的显著水平上显著，括号内数字为标准误。

如前所述，为考察农民工住房资产地位寻求动机可能存在的子女性别差异。本研究将农民工家庭全样本细分为"仅儿子"家庭、"有儿有女"家庭和"仅女儿"家庭，并依次利用"仅儿子"家庭、"有儿有女"家庭和"仅女儿"家庭这三个家庭样本就农民工住房资产的地位寻求动机进行估计。表5.2第（2）列、第（3）列和第（4）列是相关估计结果。可以发现，在农民工所处村庄参照组平均住房价值每增加1%，"仅儿子"农民工家庭住房价值增加0.892%，"有儿有女"农民工家庭住房价值增加0.852%，"仅女儿"农民工家庭住房价值增加0.969%。即无论是在"仅儿子"家庭、"有儿有女"家庭还是"仅女儿"家庭，农民工家庭所处村庄参照组平均住房价值的增加均显著促进了农民工家庭自身住房价值的增加；而且，从影响系数来看，"仅女儿"农民工家庭住房价值的地位寻求动机更大，"仅儿子"家庭次之，"有儿有女"家庭最小。

从户主特征变量来看，无论是在农民工"仅儿子"家庭、"有儿有女"家庭还是"仅女儿"家庭，户主已婚均有利于促进农民工家庭住房价值的增加，但户主受教育程度、民族类型、政治面貌以及是否参与医疗保险对农民工家庭住房价值的正向或负向影响均不显著。在"仅儿子"家庭和"仅女儿"家庭，农民工家庭住房价值随着户主年龄的增长呈现出"钟型",即显现出一定的生命周期性;但在"有儿有女"家庭,农民工年龄和年龄的平方项对住房价值的正向和负向影响均不显著。在"仅儿子"农民工家庭,户主为女性或户主对自己未来更充满信心均有利于家庭住房价值的提升,但在"有儿有女"家庭和"仅女儿"家庭,户主的性别及乐观程度(对自己未来信心的程度)对家庭住房价值的影响均不显著。

从家庭特征变量来看,无论是在农民工"仅儿子"家庭、"有儿有女"家庭还是"仅女儿"家庭,农民工家庭上一期住房价值均有利于促进住房价值的增加,但农民工家庭金融资产、是否自营工商业对农民工家庭住房价值的正向或负向影响均不显著。在农民工"仅儿子"家庭和"有儿有女"家庭,家庭收入、家庭规模以及社会互动程度均有利于促进家庭住房价值的增加,但在"仅女儿"农民工家庭,家庭收入、家庭规模以及社会互动程度对家庭住房价值的正向影响均不显著。男性数量对农民工家庭住房价值的正向促进作用仅在"仅女儿"家庭显著存在,在"仅儿子"家庭和"有儿有女"家庭则均不显著。

此外,关于宏观经济变量,在农民工"仅儿子"家庭和"有儿有女"家庭,金融发展不利于农民工家庭住房价值的提升,但在"仅女儿"家庭,金融发展对农民工家庭住房价值的负向影响并不显著。人均GDP对农民工家庭住房价值的负向影响在"有儿有女"家庭非常显著,但在"仅儿子"家庭和"仅女儿"家庭,人均GDP对农民工家庭住房价值的正向和负向影响均不显著。

(2)农民工住房面积的地位寻求动机估计

表5.3是被解释变量选取"住房面积"衡量农民工家庭住房资产财富积累情况的估计结果,其中第(1)列为农民工家庭全样本的估计结果。[①] 可以发现,在农民工全样本家庭中,农民工所处村庄参照组平均住房面积每增加1%,农民工家庭住房面积增加0.164%,即农民工所处村庄参照组平均住房面积的增加会显著增加农民工家庭自身的住房面积。这一结果也表明我国农民工住房已经成为一种地位性商品。

---

① 相应的农民工家庭所处周围人群住房资产财富的平均积累情况以及上一期农民工家庭住房资产的财富积累情况也分别选取参照组"村庄平均住房面积"和农民工家庭"上一期住房面积"这两个变量来衡量。

表 5.3　　　　　　　农民工住房面积的地位寻求动机估计结果

变量	(1)	(2)	(3)	(4)
	住房面积			
	全样本	仅儿子	有儿有女	仅女儿
村庄平均住房面积	0.1635***	0.1576***	0.1501***	0.1622***
	(0.0097)	(0.0159)	(0.0140)	(0.0248)
上一期住房面积	0.8420***	0.8543***	0.8485***	0.8144***
	(0.0057)	(0.0096)	(0.0082)	(0.0160)
家庭收入	0.0004	0.0013	0.0047	−0.0109
	(0.0046)	(0.0079)	(0.0066)	(0.0124)
户主特征变量	控制	控制	控制	控制
家庭特征变量	控制	控制	控制	控制
宏观经济变量	控制	控制	控制	控制
常数项	−0.4834***	−0.7767***	−0.1479	−0.7763**
	(0.1392)	(0.2246)	(0.2230)	(0.3285)
lns1_1_1 Constant	−2.8649***	−3.7073**	−3.2716***	−2.2751***
	(0.1996)	(1.4468)	(0.6493)	(0.1650)
lnsig_e Constant	−1.3554***	−1.4291***	−1.3064***	−1.4833***
	(0.0124)	(0.0209)	(0.0171)	(0.0344)
N	7 488	2 367	3 700	1 200
R^2	—	—	—	—

注：*、** 和 *** 分别表示在 10%、5% 和 1% 的显著水平上显著，括号内数字为标准误；此外，回归中控制了户主特征变量（如年龄、性别和教育等）、家庭特征变量（如家庭规模、金融资产、男性数量等）以及宏观经济变量（人均 GDP 和金融发展）。详细结果参见附录 B 表 B.1。

从户主特征变量来看，农民工家庭住房面积随着户主年龄的增长呈现出"钟型"，即显现出一定的生命周期性。户主为汉族的农民工家庭持有更大面积住房资产的概率要高于户主为非汉族的农民工家庭。户主性别、受教育程度、政治面貌、健康水平、婚姻状态、对自己未来的信心程度以及是否购买医疗保险对农民工家庭住房面积的正向或负向影响均不显著。从家庭特征变量来看，农民工家庭男性数量、是否自营工商业、社会互动程度以及上一期住房面积均有利于促进农民工家庭自身住房面积的增加，但农民工家庭收入、家庭规模以及金融资产对农民工家庭自身住房面积的正向影响均不显著。关于宏观经济变量，人均 GDP 有利于促进农民工家庭住房面积的增加，但金融发展则对农民工家庭住房面积的增加起到抑制作用。

如前所述，表 5.3 第（2）列、第（3）列和第（4）列是"仅儿子"家庭、"有儿有女"家庭和"仅女儿"家庭的相关估计结果。可以发现，在农民工所处村庄参照组平均住房面积每增加 1%，"仅儿子"农民工家庭住房面积增加 0.158%，"有儿有女"农民工家庭住房面积增加 0.150%，"仅女儿"农民工家庭住房面积增加 0.162%。即无论是在"仅儿子"家庭、"有儿有女"家庭还是"仅女儿"家庭，农民工家庭所处村庄参照组平均住房面积的增加均显著促进了农民工家庭自身住房面积的增加；而且，从影响系数来看，"仅女儿"农民工家庭住房面积的地位寻求动机更大，"仅儿子"农民工家庭次之，"有儿有女"农民工家庭最小。这与采用"住房价值"作为衡量"农民工家庭住房资产财富积累"情况的估计结果基本一致。

从户主特征变量来看，无论是在农民工"仅儿子"家庭、"有儿有女"家庭还是"仅女儿"家庭，户主性别、受教育程度、健康水平、婚姻状态以及对自己未来的信心程度对农民工家庭住房面积的正向或负向影响均不显著。在"仅儿子"家庭和"仅女儿"家庭，农民工家庭住房面积随着户主年龄的增长呈现出"钟型"，即显现出一定的生命周期性，但在"有儿有女"家庭，农民工年龄和年龄的平方项对住房面积的正向和负向影响均不显著。在"仅儿子"农民工家庭，户主为共产党员有利于农民工家庭住房面积的增加，但在"有儿有女"家庭和"仅女儿"家庭，户主的政治面貌对家庭住房面积的正向影响均不显著。此外，在"有儿有女"农民工家庭，户主为汉族的农民工家庭持有更大面积住房资产的概率要高于户主为非汉族的农民工家庭。在"仅女儿"家庭，户主购买医疗保险有利于农民工家庭住房面积的增加。

从家庭特征变量来看，无论是在农民工"仅儿子"家庭、"有儿有女"家庭还是"仅女儿"家庭，农民工家庭上一期住房面积均有利于促进农民工家庭自身住房面积的增加，但农民工家庭收入、男性数量、金融资产以及社会互动程度对农民工家庭自身住房面积的正向或负向影响均不显著。在农民工"仅儿子"家庭和"仅女儿"家庭，家庭是否自营工商业均有利于促进家庭住房面积的增加，但在"有儿有女"农民工家庭，家庭是否自营工商业对家庭住房面积的正向影响并不显著。家庭规模对农民工家庭住房面积增加的正向促进作用仅在"仅女儿"家庭显著存在，在"仅儿子"

家庭和"有儿有女"家庭则均不显著。

此外,关于宏观经济变量,在农民工"仅儿子"家庭和"仅女儿"家庭,金融发展不利于农民工家庭住房面积的增加,但在"有儿有女"家庭,金融发展对农民工家庭住房面积的负向影响并不显著。人均GDP对农民工家庭住房面积的负向影响在"仅儿子"家庭非常显著,但在"有儿有女"家庭和"仅女儿"家庭,人均GDP对农民工家庭住房面积的正向影响均不显著。

(3) 内生性问题讨论

早期文献在涉及参照群体时会假设参照群体相对于个体而言是外生的。事实上,本研究关于农民工家庭参照组的选择符合外生条件。这是因为,一方面,农民工在农村居住地一般为其祖辈生活所在地,同村庄农民工社会交往密切、生活方式相似、文化背景相同、居住地相近、就业方式和收入来源可比。因此,无论是从社会经济维度还是空间维度来看,同村庄农民工家庭都构成了有效的参照人群。另一方面,中国的农村土地制度以集体所有制为基础,农民工在农村的居住地可选择空间较小,有效避免了参照组内生性选择问题。[①] 然而,考虑到被解释变量"农民工家庭住房资产的财富积累情况"(采用"住房价值"或"住房面积"来衡量)与解释变量"农民工家庭所处周围人群住房资产财富的平均积累情况"(采用"参照组村庄平均住房价值"或"参照组村庄平均住房面积"来衡量)可能存在着一定的反向因果关系。为更好地控制内生性可能存在的影响,本研究采用农民工家庭参照组上一期的村庄平均住房价值或村庄平均住房面积数据替代参照组当期村庄平均住房价值或村庄平均住房面积的数据进行相关估计。表5.4是相关内生性检验估计结果,可以发现,无论是在农民工全样本家庭、"仅儿子"家庭、"有儿有女"家庭还是"仅女儿"家庭,参照组上一期的村庄平均住房价值或村庄平均住房面积均显著提升了农民工家庭的住房价值或住房面积。

---

① 根据《中华人民共和国土地管理法》的相关规定,农村居民更换宅基地有如下方法:一是因村庄规划、土地整治、基础设施建设等公共利益需要,需要放弃旧宅基地,重新向村里/组里申请新宅基地;二是原宅基地因自然灾害等原因不适宜继续使用的,可申请异地重建;三是在双方自愿的前提下,本集体经济组织之内的村民之间经过批准可以互换宅基地,但禁止向本集体经济组织以外的人员转让宅基地。

表 5.4　　农民工住房资产地位寻求动机估计的内生性检验

变量	(1)	(2)	(3)	(4)	(5)	(6)	(7)	(8)
	住房价值				住房面积			
	全样本	仅儿子	有儿有女	仅女儿	全样本	仅儿子	有儿有女	仅女儿
上一期村庄平均住房价值	0.5844*** (0.0376)	0.5532*** (0.0733)	0.6201*** (0.0499)	0.5225*** (0.0970)				
上一期住房价值	0.2389*** (0.0113)	0.2242*** (0.0196)	0.2839*** (0.0166)	0.2586*** (0.0298)				
上一期村庄平均住房面积					0.0836*** (0.0105)	0.0817*** (0.0173)	0.0833*** (0.0153)	0.0812*** (0.0261)
上一期住房面积					0.8530*** (0.0063)	0.8659*** (0.0107)	0.8531*** (0.0091)	0.8106*** (0.0172)
家庭收入	0.2767*** (0.0426)	0.2994*** (0.0833)	0.2852*** (0.0542)	0.1715 (0.1265)	−0.0045 (0.0050)	−0.0072 (0.0086)	0.0029 (0.0073)	−0.0074 (0.0125)
户主特征变量	控制	控制	控制	控制	控制	控制	控制	控制
家庭特征变量	控制	控制	控制	控制	控制	控制	控制	控制
宏观经济变量	控制	控制	控制	控制	控制	控制	控制	控制
常数项	−4.1908*** (1.2390)	−9.7238*** (2.3112)	1.1911 (1.7351)	−6.9250** (3.1370)	−0.1554 (0.1500)	−0.5505** (0.2457)	0.3392 (0.2431)	−0.5300 (0.3485)
lns1_1_1 Constant	−8.1544 (67.5494)	−0.5682 (0.3624)	−16.4897 (307.6802)	−9.7088 (224.4658)	−3.3670*** (0.7040)	−3.1794*** (0.7968)	−16.0011*** (0.2193)	−1.9373*** (0.1143)
lnsig_e Constant	0.9739*** (0.0077)	0.9671*** (0.0211)	0.8704*** (0.0109)	1.0248*** (0.0196)	−1.2298*** (0.0126)	−1.3277*** (0.0238)	−1.1833*** (0.0115)	−1.5139*** (0.0401)
N	8 460	2 646	4 230	1 329	7 746	2 458	3 809	1 246
R^2	—	—	—	—	—	—	—	—

注：*、**和***分别表示在10%、5%和1%的显著水平上显著，括号内数字为标准误；此外，回归中控制了户主特征变量（如年龄、性别和教育等）、家庭特征变量（如家庭规模、金融资产、男性数量等）以及宏观经济变量（人均GDP和金融发展）。详细结果参见附录B表B.2。

5.3.2 稳健性检验

关于稳健性检验,前文分别采用村庄参照组"平均住房价值"和"平均住房面积"作为衡量农民工家庭所处周围人群住房资产财富的平均积累情况,所得出的研究结论基本一致,这表明本研究的估计结果是可靠的。在此基础上,本研究进一步分别通过调整估计样本和剔除滞后期变量进行稳健性检验。

(1) 调整估计样本

本研究分别引入县域参照组"平均住房价值/面积"和省域参照组"平均住房价值/面积"替代村庄参照组"平均住房价值/面积"进行稳健性检验。表5.5是引入县域参照组"平均住房价值/面积"替代村庄参照组"平均住房价值/面积"进行稳健性检验的估计结果,通过比较各类模型的估计结果发现,无论是在农民工全样本家庭、"仅儿子"家庭、"有儿有女"家庭还是在"仅女儿"家庭,县域参照组"平均住房价值"或"平均住房面积"均显著提升了农民工家庭的住房价值或住房面积。这一研究结果与前述基本一致。

表 5.5　　农民工住房资产地位寻求动机稳健性检验(县域)

变量	(1)	(2)	(3)	(4)	(5)	(6)	(7)	(8)
	住房价值				住房面积			
	全样本	仅儿子	有儿有女	仅女儿	全样本	仅儿子	有儿有女	仅女儿
县域平均住房价值	0.8828*** (0.0365)	0.9018*** (0.0797)	0.9404*** (0.0598)	0.8897*** (0.1121)				
上一期住房价值	0.2700*** (0.0095)	0.2529*** (0.0168)	0.3251*** (0.0142)	0.3115*** (0.0241)				
县域平均住房面积					0.1931*** (0.0105)	0.1973*** (0.0173)	0.1775*** (0.0158)	0.1290*** (0.0254)
上一期住房面积					0.8100*** (0.0056)	0.8242*** (0.0092)	0.8363*** (0.0080)	0.7901*** (0.0148)
家庭收入	0.2861*** (0.0450)	0.3189*** (0.0857)	0.2799*** (0.0561)	0.3771*** (0.1303)	0.0017 (0.0048)	-0.0109 (0.0084)	0.0040 (0.0068)	-0.0103 (0.0122)

续表

变量	(1)	(2)	(3)	(4)	(5)	(6)	(7)	(8)
	住房价值				住房面积			
	全样本	仅儿子	有儿有女	仅女儿	全样本	仅儿子	有儿有女	仅女儿
户主特征变量	控制	控制	控制	控制	控制	控制	控制	控制
家庭特征变量	控制	控制	控制	控制	控制	控制	控制	控制
宏观经济变量	控制	控制	控制	控制	控制	控制	控制	控制
常数项	-3.5909*** (1.3075)	-8.0142*** (2.3075)	0.9447 (1.8231)	-5.5896* (3.1882)	-0.2876* (0.1528)	-0.6453*** (0.2391)	0.1156 (0.2391)	-0.5797* (0.3456)
lns1_1_1 Constant	-10.9082 (178.6546)	-0.6562 (0.5153)	-1.0180 (0.6817)	-15.6079 (456.4891)	-2.4180*** (0.1191)	-2.6477*** (0.2838)	-2.8847*** (0.3866)	-2.0453*** (0.1264)
lnsig_e Constant	1.1321*** (0.0071)	1.0893*** (0.0198)	0.9712*** (0.0162)	1.1644*** (0.0177)	-1.1951*** (0.0120)	-1.2949*** (0.0221)	-1.1938*** (0.0167)	-1.3475*** (0.0309)
N	9 922	3 088	4 669	1 620	9 079	2 866	4 211	1 504
R^2	—	—	—	—	—	—	—	—

注: *、** 和 *** 分别表示在 10%、5% 和 1% 的显著水平上显著,括号内数字为标准误;此外,回归中控制了户主特征变量(如年龄、性别和教育等)、家庭特征变量(如家庭规模、金融资产、男性数量等)以及宏观经济变量(人均 GDP 和金融发展)。详细结果参见附录 B 表 B.3。

表 5.6 是引入省域参照组"平均住房价值/面积"替代村庄参照组"平均住房价值/面积"进行稳健性检验的估计结果。通过比较各类模型的估计结果发现,无论是在农民工全样本家庭、"仅儿子"家庭、"有儿有女"家庭还是"仅女儿"家庭,省域参照组"平均住房价值"或"平均住房面积"均显著提升了农民工家庭的住房价值或住房面积。这一研究结果与前述也基本一致。

表 5.6 农民工住房资产地位寻求动机稳健性检验(省域)

变量	(1)	(2)	(3)	(4)	(5)	(6)	(7)	(8)
	住房价值				住房面积			
	全样本	仅儿子	有儿有女	仅女儿	全样本	仅儿子	有儿有女	仅女儿
省域平均住房价值	1.6049*** (0.1064)	1.1540*** (0.1750)	1.1899*** (0.1582)	1.8184*** (0.2427)				

续表

变量	(1)	(2)	(3)	(4)	(5)	(6)	(7)	(8)
	住房价值				住房面积			
	全样本	仅儿子	有儿有女	仅女儿	全样本	仅儿子	有儿有女	仅女儿
上一期住房价值	0.2689*** (0.0095)	0.2865*** (0.0164)	0.3343*** (0.0142)	0.2998*** (0.0239)				
省域平均住房面积					0.1259*** (0.0168)	0.0957*** (0.0262)	0.1928*** (0.0274)	0.1217*** (0.0377)
上一期住房面积					0.8375*** (0.0053)	0.8538*** (0.0087)	0.8609*** (0.0077)	0.8154*** (0.0136)
家庭收入	0.3259*** (0.0469)	0.4064*** (0.0872)	0.3295*** (0.0585)	0.3943*** (0.1352)	−0.0068 (0.0050)	−0.0160* (0.0088)	−0.0054 (0.0073)	−0.0206 (0.0128)
户主特征变量	控制	控制	控制	控制	控制	控制	控制	控制
家庭特征变量	控制	控制	控制	控制	控制	控制	控制	控制
宏观经济变量	控制	控制	控制	控制	控制	控制	控制	控制
常数项	−5.6752*** (1.3943)	−9.4661*** (2.3579)	−0.9761 (1.9888)	−3.8303 (3.3488)	−0.1023 (0.1833)	−0.3228 (0.2860)	−0.1356 (0.2956)	−0.7620* (0.3980)
lns1_1_1 Constant	−9.9325 (108.6119)	−0.9163 (0.9602)	−13.9007 (256.4257)	−5.7998 (128.6839)	−4.0513 (3.0766)	−3.1132*** (0.7830)	−13.8035 (410.5042)	−3.0176*** (0.8233)
lnsig_e Constant	1.2109*** (0.0069)	1.1396*** (0.0198)	1.0402*** (0.0103)	1.2415*** (0.0189)	−1.0694*** (0.0107)	−1.1998*** (0.0210)	−1.0940*** (0.0107)	−1.1553*** (0.0261)
N	10 511	3 246	4 801	1 730	9 677	3 018	4 354	1 616
R^2	—	—	—	—	—	—	—	—

注：*、**和***分别表示在10%、5%和1%的显著水平上显著，括号内数字为标准误；此外，回归中控制了户主特征变量（如年龄、性别和教育等）、家庭特征变量（如家庭规模、金融资产、男性数量等）以及宏观经济变量（人均GDP和金融发展）。详细结果参见附录B表B.4。

（2）剔除滞后期变量

本研究接下来剔除式（5.10）中上一期农民工家庭住房资产的财富积累情况（ω_{it-1}）这一变量，采用中国家庭追踪调查2014—2022年的微观调查数据，依次就农民工家庭全样本、"仅儿子"家庭、"有儿有女"家庭以及"仅女儿"家庭住房资产的地位寻求动机进行估计。表 5.7 是相关估计结果,可以发现,无论是在农民工全样本家庭、"仅儿子"家庭、"有儿有女"家庭还是"仅女儿"家庭,村庄参照组"平均住房价值"或"平均住房面积"均显著提升了农民工家庭的住房价值或住房面积。

表 5.7 农民工住房资产地位寻求动机稳健性检验(剔除滞后变量)

变量	(1)	(2)	(3)	(4)	(5)	(6)	(7)	(8)
	住房价值				住房面积			
	全样本	仅儿子	有儿有女	仅女儿	全样本	仅儿子	有儿有女	仅女儿
村庄平均住房价值	1.0537*** (0.0226)	0.9738*** (0.0425)	1.0495*** (0.0329)	1.0668*** (0.0570)				
村庄平均住房面积					0.7433*** (0.0109)	0.7272*** (0.0198)	0.7793*** (0.0175)	0.6427*** (0.0261)
家庭收入	0.1207*** (0.0255)	0.1811*** (0.0524)	0.1997*** (0.0376)	0.2621*** (0.0725)	0.0029 (0.0039)	0.0116 (0.0077)	0.0054 (0.0067)	-0.0011 (0.0103)
户主特征变量	控制	控制	控制	控制	控制	控制	控制	控制
家庭特征变量	控制	控制	控制	控制	控制	控制	控制	控制
宏观经济变量	控制	控制	控制	控制	控制	控制	控制	控制
常数项	-3.8709*** (0.8264)	-5.4424*** (1.5837)	-3.0191** (1.2706)	-1.9819 (2.0929)	0.0077 (0.1962)	0.1344 (0.3548)	0.2862 (0.3281)	0.1482 (0.4532)
lns1_1_1 Constant	0.1845*** (0.0281)	0.1208** (0.0594)	0.0767* (0.0463)	0.1416* (0.0841)	-0.7104*** (0.0082)	-0.7035*** (0.0145)	-0.7011*** (0.0125)	-0.7316*** (0.0200)
lnsig_e Constant	0.8357*** (0.0076)	0.8779*** (0.0143)	0.7608*** (0.0121)	0.8544*** (0.0209)	-1.4440*** (0.0079)	-1.5724*** (0.0165)	-1.4010*** (0.0131)	-1.6641*** (0.0230)
N	20 683	5 737	8 582	2 976	19 053	5 294	7 799	2 787
R^2	—	—	—	—	—	—	—	—

注:*、**和***分别表示在10%、5%和1%的显著水平上显著,括号内数字为标准误;此外,回归中控制了户主特征变量(如年龄、性别和教育等)、家庭特征变量(如家庭规模、金融资产、男性数量等)以及宏观经济变量(人均 GDP 和金融发展)。详细结果参见附录 B 表 B.5。

在此基础上,本研究分别引入县域参照组"平均住房价值/面积"和省域参照组"平均住房价值/面积"替代村庄参照组"平均住房价值/面积"进行稳健性检验,发现相关估计结果与前述基本一致,表明了本研究结果的稳健性。①

5.3.3 考虑性别比例差异的分组回归估计

如前所述,农民工住房在总体上已经成为一种地位性商品,但这种地位性商品特征在农民工"仅儿子"家庭、"有儿有女"家庭以及"仅女儿"家庭却存在着一定差异。基于村庄参照组相关数据的估计结果表明,农民工住房地位的寻求动机在"仅女儿"家庭最强,"仅儿子"家庭次之,"有儿有女"家庭最弱。② 为进一步探讨这种差异形成的原因,本研究将农民工全样本家庭依据家庭所在省份性别比例差异划分为高性别比样本(性别比 > 中位数)和低性别比样本(性别比 ≤ 中位数)两组,③ 并以"住房价值"作为衡量"农民工家庭住房资产的财富积累情况(ω_{it})"分别进行估计。④

(1) 估计结果

表 5.8 是农民工家庭高性别比例组和低性别比例组的估计结果。可以发现,在高性别比例地区,农民工所处村庄参照组平均住房价值每增加 1%,"仅儿子"农民工家庭住房价值增加 0.935%,"有儿有女"农民工家庭住房价值增加 0.934%,"仅女儿"农民工家庭住房价值增加 0.926%;在低性别比例地区,农民工所处村庄参照组平均住房价值每增加 1%,"仅

---

① 限于篇幅,此处不再展示相关估计结果,具体详见附录 B 表 B.6 和表 B.7。
② 从相关估计的系数值来看,无论是选取"平均住房价值"还是"平均住房面积",基于村庄参照组的估计结果基本一致,但采用县域参照组和省域参照组进行的稳健性检验结果并不完全一致。考虑到人性中"近距离嫉妒"的普遍性,本研究认为基于村庄参照组的研究结论更为可靠,后续相关研究结论总结将以此为依据。
③ 中国的性别比例失衡问题是一个长期存在的社会现象,主要表现为出生人口性别比(每100名女婴对应的男婴数量)持续偏高,导致男性人口多于女性,且在农村地区尤为明显。查阅历年《中国统计年鉴》的数据可以发现,CFPS 历年调查的省份中,绝大部分省性别比大于100,且各年也有所变化。鉴于此,本研究依据历年各省性别比与性别比中位数的大小进行比较分组。
④ 此处之所以选择"住房价值"作为衡量"农民工家庭住房资产的财富积累情况(ω_{it})"是因为:一方面,如第 3 章所述,农民工家庭除自住房以外的其他住房面积数据自 CFPS 2014 开始缺失,而住房价值的数据相对完整;另一方面,本研究采用"住房面积"作为衡量"农民工家庭住房资产的财富积累情况"得出的研究结论与"住房价值"基本一致,限于篇幅,本研究仅展示"住房价值"的相关估计结果。

儿子"农民工家庭住房价值增加0.812%，"有儿有女"农民工家庭住房价值增加0.718%，"仅女儿"农民工家庭住房价值增加1.06%。即无论是在高性别比例地区还是在低性别比例地区，农民工所在村庄参照组平均住房价值对农民工家庭自身住房价值的促进作用在农民工全样本家庭、"仅儿子"家庭、"有儿有女"家庭以及"仅女儿"家庭均显著存在。而且，就影响系数来看，在高性别比例地区，"仅儿子"家庭的住房地位寻求动机最大，"有儿有女"家庭次之，"仅女儿"家庭最小；在低性别比例地区，"仅女儿"家庭的住房地位寻求动机最大，"仅儿子"家庭次之，"有儿有女"家庭最小。

表 5.8　考虑性别比例差异的农民工住房资产地位寻求动机估计

变量	（1）	（2）	（3）	（4）	（5）	（6）	（7）	（8）
	住房价值（性别比＞中位数）				住房价值（性别比≤中位数）			
	全样本	仅儿子	有儿有女	仅女儿	全样本	仅儿子	有儿有女	仅女儿
村庄平均住房价值	0.9600*** (0.0497)	0.9352*** (0.0956)	0.9344*** (0.0588)	0.9262*** (0.1675)	0.8366*** (0.0476)	0.8123*** (0.0840)	0.7178*** (0.0645)	1.0596*** (0.1278)
上一期住房价值	0.2538*** (0.0148)	0.2450*** (0.0273)	0.2584*** (0.0202)	0.2952*** (0.0440)	0.2414*** (0.0139)	0.2020*** (0.0241)	0.3115*** (0.0218)	0.2539*** (0.0320)
家庭收入	0.1355** (0.0625)	0.0889 (0.1222)	0.2185*** (0.0760)	0.2513 (0.1988)	0.2250*** (0.0525)	0.1966* (0.1040)	0.2997*** (0.0657)	-0.0268 (0.1523)
户主特征变量	控制	控制	控制	控制	控制	控制	控制	控制
家庭特征变量	控制	控制	控制	控制	控制	控制	控制	控制
宏观经济变量	控制	控制	控制	控制	控制	控制	控制	控制
常数项	-5.4831*** (1.8890)	-9.0716** (3.6125)	-0.9787 (2.4716)	-7.3742 (5.2410)	-3.1909** (1.4572)	-10.276*** (2.7776)	-1.6986 (2.1178)	1.2865 (3.5264)
N	4 269	1 277	2 268	605	3 916	1 268	1 851	675
R^2	—	—	—	—	—	—	—	—

注：*、** 和 *** 分别表示在10%、5%和1%的显著水平上显著，括号内数字为标准误；此外，回归中控制了户主特征变量（如年龄、性别和教育等）、家庭特征变量（如家庭规模、金融资产、男性数量等）以及宏观经济变量（人均GDP和金融发展）。详细结果参见附录B表B.8。

此外，无论是在高性别比例地区还是低性别比例地区，农民工家庭上一期住房价值均显著促进了农民工家庭全样本、"仅儿子"家庭、"有儿有女"家庭以及"仅女儿"家庭住房价值的增加；家庭收入对农民工家庭住房价值增加的促进作用在农民工全样本家庭和"有儿有女"家庭均显著存在，在"仅女儿"家庭的正向或负向影响则均不显著。在低性别比例地区，农民工"仅儿子"家庭收入对住房价值的正向影响显著存在，但在高性别比地区，农民工"仅儿子"家庭收入对住房价值的正向影响并不显著。

（2）稳健性检验

表5.9是针对高性别比例样本（性别比＞中位数）和低性别比例样本（性别比≤中位数）并引入参照组"县域平均住房价值"替代"村庄平均住房价值"进行稳健性检验的估计结果。可以发现，相关模型的估计结果基本一致。

表 5.9 考虑性别比例差异的农民工住房资产地位寻求动机稳健性检验（县域）

变量	(1)	(2)	(3)	(4)	(5)	(6)	(7)	(8)
	住房价值（性别比＞中位数）				住房价值（性别比≤中位数）			
	全样本	仅儿子	有儿有女	仅女儿	全样本	仅儿子	有儿有女	仅女儿
县域平均住房价值	0.9193*** (0.0503)	0.8091*** (0.1039)	1.0320*** (0.0740)	1.0445*** (0.2109)	0.8096*** (0.0540)	1.0173*** (0.1332)	0.7125*** (0.1055)	0.7865*** (0.1279)
上一期住房价值	0.2780*** (0.0134)	0.2713*** (0.0251)	0.3156*** (0.0191)	0.3576*** (0.0354)	0.2474*** (0.0134)	0.2331*** (0.0221)	0.3358*** (0.0213)	0.2596*** (0.0328)
家庭收入	0.3032*** (0.0661)	0.3172** (0.1320)	0.3615*** (0.0821)	0.4027** (0.2003)	0.2987*** (0.0607)	0.3389*** (0.1100)	0.2248*** (0.0761)	0.4079** (0.1698)
户主特征变量	控制	控制	控制	控制	控制	控制	控制	控制
家庭特征变量	控制	控制	控制	控制	控制	控制	控制	控制
宏观经济变量	控制	控制	控制	控制	控制	控制	控制	控制
常数项	-3.5027* (2.0954)	-9.4764** (3.8035)	0.5827 (2.7638)	0.7222 (5.3571)	-2.2271 (1.6621)	-5.2942* (2.8530)	1.0710 (2.4004)	-8.0027** (3.9938)

续表

变量	(1)	(2)	(3)	(4)	(5)	(6)	(7)	(8)
	住房价值（性别比＞中位数）				住房价值（性别比≤中位数）			
	全样本	仅儿子	有儿有女	仅女儿	全样本	仅儿子	有儿有女	仅女儿
N	5 277	1 577	2 616	788	4 645	1 511	2 053	832
R^2	—	—	—	—	—	—	—	—

注：*、** 和 *** 分别表示在 10%、5% 和 1% 的显著水平上显著，括号内数字为标准误；此外，回归中控制了户主特征变量（如年龄、性别和教育等）、家庭特征变量（如家庭规模、金融资产、男性数量等）以及宏观经济变量（人均 GDP 和金融发展）。详细结果参见附录 B 表 B.9。

本研究同样引入参照组"省域平均住房价值"替代"村庄平均住房价值"进行了相关稳健性检验（具体估计结果详见表 5.10）。可以发现，相关模型的估计结果并没有发生较大的变动。因此，本研究关于考虑性别比例差异的农民工住房资产地位寻求动机的估计结果是稳定和可靠的。

表 5.10 考虑性别比例差异的农民工住房资产地位寻求动机稳健性检验（省域）

变量	(1)	(2)	(3)	(4)	(5)	(6)	(7)	(8)
	住房价值（性别比＞中位数）				住房价值（性别比≤中位数）			
	全样本	仅儿子	有儿有女	仅女儿	全样本	仅儿子	有儿有女	仅女儿
省域平均住房价值	1.9665*** (0.1529)	1.5555*** (0.2606)	1.5658*** (0.2231)	1.6884*** (0.3483)	1.0893*** (0.1507)	0.6754*** (0.2371)	0.6777*** (0.2249)	1.8717*** (0.3591)
上一期住房价值	0.2648*** (0.0133)	0.3073*** (0.0243)	0.3224*** (0.0195)	0.3313*** (0.0347)	0.2538*** (0.0133)	0.2436*** (0.0216)	0.3234*** (0.0208)	0.2680*** (0.0331)
家庭收入	0.3436*** (0.0677)	0.4372*** (0.1332)	0.4252*** (0.0865)	0.3722* (0.2047)	0.3379*** (0.0645)	0.4007*** (0.1128)	0.2471*** (0.0785)	0.4769*** (0.1804)
户主特征变量	控制	控制	控制	控制	控制	控制	控制	控制
家庭特征变量	控制	控制	控制	控制	控制	控制	控制	控制
宏观经济变量	控制	控制	控制	控制	控制	控制	控制	控制

续表

变量	（1）	（2）	（3）	（4）	（5）	（6）	（7）	（8）
	住房价值（性别比＞中位数）				住房价值（性别比≤中位数）			
	全样本	仅儿子	有儿有女	仅女儿	全样本	仅儿子	有儿有女	仅女儿
常数项	-5.5642**	-11.606***	-1.2932	3.3527	-4.6472***	-6.6597***	0.1042	-7.0173
	(2.2467)	(3.9439)	(3.0449)	(5.5463)	(1.7825)	(2.9243)	(2.6320)	(4.3507)
N	5 594	1 662	2 691	835	4 917	1 584	2 110	895
R^2	—	—	—	—	—	—	—	—

注：*、** 和 *** 分别表示在10%、5% 和1% 的显著水平上显著，括号内数字为标准误；此外，回归中控制了户主特征变量（如年龄、性别和教育等）、家庭特征变量（如家庭规模、金融资产、男性数量等）以及宏观经济变量（人均GDP和金融发展）。详细结果参见附录B表B.10。

此外，本研究剔除实证模型中上一期农民工家庭住房资产的财富积累情况（ω_{it-1}）这一变量，采用中国家庭追踪调查2014—2022年的微观调查数据，依次就农民工家庭全样本、"仅儿子"家庭、"有儿有女"家庭以及"仅女儿"家庭住房资产的地位寻求动机进行高性别比例组和低性别比例组的分组估计。根据表5.11相关估计结果，可以发现，无论是在高性别比例地区还是在低性别比例地区，农民工所在村庄参照组平均住房价值对农民工家庭自身住房价值的正向影响在农民工全样本家庭、"仅儿子"家庭、"有儿有女"家庭以及"仅女儿"家庭均显著存在。此外，农民工家庭收入对家庭自身住房价值的正向影响在各样本家庭均显著存在。

表5.11　　考虑性别比例差异的农民工住房资产地位寻求动机稳健性检验（剔除滞后变量）

变量	（1）	（2）	（3）	（4）	（5）	（6）	（7）	（8）
	住房价值（性别比＞中位数）				住房价值（性别比≤中位数）			
	全样本	仅儿子	有儿有女	仅女儿	全样本	仅儿子	有儿有女	仅女儿
村庄平均住房价值	1.0572***	0.9699***	1.0991***	1.1596***	1.0323***	0.9552***	0.9902***	0.9631***
	(0.0318)	(0.0622)	(0.0428)	(0.0923)	(0.0307)	(0.0562)	(0.0499)	(0.0670)
家庭收入	0.1654***	0.1618**	0.2632***	0.3345**	0.1023***	0.2003***	0.1650***	0.2376***
	(0.0407)	(0.0809)	(0.0553)	(0.1301)	(0.0317)	(0.0675)	(0.0503)	(0.0786)
户主特征变量	控制	控制	控制	控制	控制	控制	控制	控制

续表

变量	(1)	(2)	(3)	(4)	(5)	(6)	(7)	(8)
	住房价值（性别比 > 中位数）				住房价值（性别比 ≤ 中位数）			
	全样本	仅儿子	有儿有女	仅女儿	全样本	仅儿子	有儿有女	仅女儿
家庭特征变量	控制	控制	控制	控制	控制	控制	控制	控制
宏观经济变量	控制	控制	控制	控制	控制	控制	控制	控制
常数项	−5.3913*** (1.3218)	−7.8025*** (2.5221)	−4.9131** (1.9094)	−3.7216 (3.6304)	−2.6059*** (0.9683)	−3.1563 (1.9388)	−1.1240 (1.6139)	−0.4204 (2.2732)
N	9 767	2 735	4 522	1 318	10 916	3 002	4 060	1 658
R^2	—	—	—	—	—	—	—	—

注：*、** 和 *** 分别表示在 10%、5% 和 1% 的显著水平上显著，括号内数字为标准误；此外，回归中控制了户主特征变量（如年龄、性别和教育等）、家庭特征变量（如家庭规模、金融资产、男性数量等）以及宏观经济变量（人均 GDP 和金融发展）。详细结果参见附录 B 表 B.11。

本研究同样引入参照组"县域平均住房价值"和"省域平均住房价值"替代"村庄平均住房价值"分别进行稳健性检验，相关估计结果详见附录 B 表 B.12 和表 B.13。可以发现，相关模型的估计结果并没有发生较大的变动。综上所述，本研究关于考虑性别比例差异的农民工住房资产地位寻求动机的估计结果是稳定和可靠的。

5.4 本章小结及讨论

本章利用中国家庭追踪调查 2014 年、2016 年、2018 年、2020 年以及 2022 年的微观调查数据，对农民工住房资产的地位寻求动机进行了估计。主要研究结果为：

第一，无论是在农民工全样本家庭、"仅儿子"家庭、"有儿有女"家庭还是"仅女儿"家庭，农民工家庭所在村庄其他农民工家庭平均住房价值均显著促进了农民工家庭自身住房价值的增加。这一结果表明，我国农民工住房已经成为一种地位性商品。而且，从基于村庄层面数据估计的影响系数来看，"仅女儿"农民工家庭住房价值的地位寻求动机更大，"仅儿子"农民工家庭次之，"有儿有女"农民工家庭最小。

第二，无论是在农民工全样本家庭、"仅儿子"家庭、"有儿有女"家庭还是"仅女儿"家庭，农民工家庭所在村庄其他农民工家庭平均住房面积均显著促进了农民工家庭自身住房面积的增加。而且，从基于村庄层面数据估计的影响系数来看，"仅女儿"农民工家庭住房面积的地位寻求动机更大，"仅儿子"农民工家庭次之，"有儿有女"农民工家庭最小。这与采用"住房价值"作为衡量"农民工家庭住房资产财富积累"情况的估计结果基本一致。

第三，无论是在高性别比例地区还是在低性别比例地区，农民工家庭所在村庄其他农民工家庭的平均住房价值对农民工家庭自身住房价值增加的促进作用在农民工全样本家庭、"仅儿子"家庭、"有儿有女"家庭以及"仅女儿"家庭均显著存在。而且，就影响系数来看，在高性别比例地区，"仅儿子"农民工家庭的住房地位寻求动机最大，"有儿有女"家庭次之，"仅女儿"家庭最小；在低性别比例组，"仅女儿"农民工家庭的住房地位寻求动机最大，"仅儿子"家庭次之，"有儿有女"家庭最小。

本研究认为：一方面，在中国的农村地区，由于受到传统"男尊女卑"思想的影响，"仅女儿"农民工家庭试图通过住房资产替代"儿子"来提升自身家庭的社会地位（可称为"替代效应"）；另一方面，由于我国男女性别比例的长期失衡，"有儿子"农民工家庭为了提升儿子在婚姻市场上的竞争力，会增加对住房资产的投资（可称为"竞争效应"）。因此，农民工住房资产"替代效应"和"竞争效应"的存在使得住房资产的地位寻求动机非常明显，农民工住房已然成为一种地位性商品。而且，"仅女儿"农民工家庭住房资产的"替代效应"要大于"有儿子"家庭住房资产的"竞争效应"，从而使"仅女儿"农民工家庭住房资产的地位寻求动机更大，"仅儿子"农民工家庭次之，"有儿有女"农民工家庭最小。此外，在高性别比例地区，由于有儿子的农民工家庭面临更强的住房资产"竞争效应"，从而使"仅儿子"家庭的住房资产地位寻求动机最大，"有儿有女"家庭次之,"仅女儿"家庭最小;而在低性别比例地区,虽然"有儿子"农民工家庭住房资产的"竞争效应"依然存在,但"仅女儿"家庭住房资产的"替代效应"更为明显,从而使"仅女儿"家庭的住房地位寻求动机最大,"仅儿子"家庭次之,"有儿有女"家庭最小。

第 6 章

农民工住房资产攀比与家庭消费

本章在对农民工住房资产攀比与家庭消费之间的关系进行理论分析的基础上，构建农民工住房资产攀比对家庭消费影响的实证模型和变量指标，同时采用中国家庭追踪调查 2014 年、2016 年、2018 年、2020 年以及 2022 年的家庭微观调查数据，并将农民工家庭消费总支出细分为食品支出、衣着支出、居住支出、耐用品支出、医疗保健支出、交通通信支出以及文教娱乐支出依次进行回归估计，随后将农民工样本家庭分别按"户主主观经济地位"和"农民工家庭收入"划分后进行进一步实证检验。本章的结构安排如下：6.1 节是理论基础；6.2 节是模型、变量与数据；6.3 节是估计结果；6.4 节则是本章小结及讨论。

6.1 理论基础

如前，借鉴 Long 和 Shimomura（2004）以及 Pham（2005）的研究，本研究引入一般性效用函数

$$\sum_{t=0}^{\infty} \beta^t [(1-s_i) u(c_{it}) + s_i v(w_{it} - \theta \overline{w}_t)] \tag{6.1}$$

预算约束为

$$c_{it} + \omega_{it} \leq \omega_{it-1} + y_{it} \tag{6.2}$$

式（6.1）和式（6.2）中，β 表示时间折现率，s_i 表示不同个体对不同类型财富所获效用的权重，c_{it} 表示个体 i 在第 t 期的消费支出，ω_{it} 表示个体 i 在第 t 期的财富存量，$\overline{\omega}_t$ 表示平均财富水平，θ 表示个体对于相对财富的在意程度，y_{it} 表示个体 i 在第 t 期的收入水平。此外，$u(\cdot)$ 和 $v(\cdot)$ 分别表示个体消费支出和地位商品消费支出的效用函数。

为简单起见，假设经济体中有两类群体（分别占比 φ 和 $1-\varphi$），其财富水平存在高低差异［即有 $\overline{\omega}_t = \varphi \omega_{1t} + (1-\varphi) \omega_{2t}$］，这两类群体在消费水平和财富水平上进行合理选择，从而使总效用水平最大。效用最大化的一阶条件分别为

$$\beta^t (1-s_i) u'(c_{it}) = \lambda_{it} \tag{6.3}$$

$$\beta^t s_i v'(w_{it} - \theta \overline{w}_t) + \lambda_{it+1} = \lambda_{it} \tag{6.4}$$

根据式（6.3）和式（6.4），可以得到

$$s_i v'(w_{it} - \theta \overline{w}_t) + \beta(1-s_i)u'(c_{it+1}) = (1-s_i)u'(c_{it}) \tag{6.5}$$

为求解方便，本研究引入二次效用函数形式：

$$u(x) = x - \frac{m}{2}x^2 \qquad v(x) = x - \frac{n}{2}x^2 \tag{6.6}$$

式（6.6）中，$m > 0$，$n > 0$。

$$u'(C_{it}) = 1 - mC_{it} \tag{6.7}$$

$$v'(\omega_{it} - \theta \overline{\omega}_t) = 1 - n(\omega_{it} - \theta \overline{\omega}_t) \tag{6.8}$$

令

$$c_{it+1} = \omega_{it} + y_{it+1} - \omega_{it+1}$$

则

$$u'(C_{it+1}) = 1 - m(\omega_{it} + Ey_{it+1} - E\omega_{it+1}) \tag{6.9}$$

式（6.9）中，Ey_{it+1} 和 $E\omega_{it+1}$ 分别表示预期的收入水平和财富水平。

将式（6.7）、式（6.8）以及式（6.9）代入式（6.5），可得

$$C_{it} = \left[\beta + \frac{nS_i}{m(1-S_i)}\right]\omega_{it} - \frac{n\theta S_i}{m(1-S_i)}\overline{\omega}_t + \beta Ey_{it+1} - \beta E\omega_{it+1}$$

$$+ \frac{2S_i + \beta(1-S_i) - 1}{m(S_i - 1)} \tag{6.10}$$

由式（6.10）可知，家庭消费分别与居民当期财富水平和未来预期收入水平正相关，与参照组平均财富水平和未来预期财富水平负相关。

6.2 模型、变量与数据

6.2.1 模型设定

根据前述理论分析并结合式（6.10），可以构建本研究的计量模型为

$$C_{it} = \alpha_0^* + \alpha_1^* \overline{\omega}_{jt} + \alpha_2^* \omega_{it} + \alpha_3^* y_{it+1}^* + \alpha_4^* \omega_{it+1}^* + \gamma X' + \varepsilon' \tag{6.11}$$

式 (6.11) 中，y_{it+1}^* 和 ω_{it+1}^* 分别表示居民未来预期收入和财富水平，α_0^*、α_1^*、α_2^*、α_3^*、α_4^* 以及 γ 表示相应的系数，X' 表示一系列控制变量，ε' 表示随机扰动项。

由于 y_{it+1}^* 和 ω_{it+1}^* 为不可观测的预期值，一方面，农民工对于未来收入和财富水平的预期一般基于当期收入和当期财富水平，因此可以假设 $y_{it+1}^* = k y_{it}$，$\omega_{it+1}^* = h \omega_{it}$。另一方面，根据凯恩斯（1936）的绝对收入假说，居民当期收入对当期消费存在着显著影响，因此，可以将当期收入水平引入计量模型中。此外，考虑到农民工消费支出中也包括部分地位性支出，因而在一定程度上也存在着地位竞争（杭斌，2014；杭斌和修磊，2015），因此，本研究在实证模型中加入参照组家庭的平均消费水平（$\overline{C}_{jt}$）。由此，即得到本研究的基本计量模型

$$C_{it} = \beta_0^* + \beta_1^* \overline{\omega}_{jt} + \beta_2^* \omega_{it} + \beta_3^* \overline{C}_{jt} + \beta_4^* y_{it} + \gamma' X'' + \varepsilon'' \tag{6.12}$$

式 (6.12) 中，β_0^*、β_1^*、β_2^*、β_3^*、β_4^* 以及 γ' 表示相应的系数，X'' 表示其他控制变量，ε'' 表示随机扰动项，相关变量如前所述，此处不再赘述。

6.2.2 变量说明

如式 (6.12) 所示，本章实证模型所用到的相关变量分为被解释变量、主要解释变量以及其他控制变量三类。

（1）被解释变量

本章的被解释变量为农民工家庭的消费支出状况（C_{it}），采用农民工家庭消费总支出、食品支出、衣着支出、居住支出、耐用品支出、医疗保健支出、交通通信支出以及文教娱乐支出的对数值来衡量。

（2）解释变量

本章解释变量是指农民工家庭所处周围人群住房资产财富的平均积累情况（$\overline{\omega}_{jt}$）。如前所述，选取农民工家庭所在行政村（以下简称"村庄"）其他农民工家庭（即参照组）的"平均住房价值"和"平均住房面积"

来衡量。①

(3) 其他控制变量

本章其他控制变量主要包括农民工家庭户主特征变量、家庭特征变量以及宏观经济变量。

户主特征变量主要包括年龄、性别、教育、民族、政治面貌、健康、婚姻状况、就业状况、医疗保险以及宗教信仰等。其中，关于宗教信仰，当农民工是宗教信仰团体成员时，取值为 1，否则取值为 0。其他相关变量的定义详见第 4 章 4.1.1 节或第 5 章 5.2.2 节，此处不再重复说明。

农民工家庭特征变量可分为家庭人口特征、家庭经济特征以及基础设施变量。家庭人口特征变量选取家庭规模、家庭少儿抚养比、家庭老人扶养比、家庭不健康成员比以及教育负担比来衡量。其中，家庭规模、家庭少儿抚养比和家庭老人抚养比的相关定义详见第 4 章 4.1.1 节；家庭不健康成员比采用农民工家庭中身体欠佳（即认为自己身体不健康或非常不健康）的家庭成员占家庭总人数的比例来度量；教育负担采用农民工家庭中"在校学生人数"占家庭总人数的比例来度量。② 家庭经济特征变量选取农民工家庭自身住房资产的财富积累情况（ω_{it}）、农民工家庭所处周围人群的平均消费水平（$\overline{C}_{jt}$）、农民工家庭收入（y_{it}）、金融资产、生产性固定资产、家庭负债的对数值来衡量。其中，农民工家庭所处周围人群的平均消费水平（$\overline{C}_{jt}$）选取农民工所在村庄参照组的"平均消费水平"来衡量。③

---

① 关于农民工家庭所处周围人群住房资产财富的平均积累情况的度量，本研究除选取农民工家庭所在村庄参照组的"平均住房价值"和"平均住房面积"来衡量外，在进行稳健性检验时还会选取农民工家庭所在县域或省域的其他农民工家庭（分别称为"县域参照组"和"省域参照组"）的"平均住房价值"和"平均住房面积"来衡量。

② 国内学者如樊潇彦等（2007）以"家庭平均在校大学生人数"来衡量居民家庭教育负担，黄静等（2009）则以"家庭在校人数"作为代理指标，并利用"家庭在校大学生人数"进行了稳健性检验。本研究在借鉴既有研究的基础上，以居民家庭在校学生人数占家庭总人数的比例作为度量指标，其中，在校学生人数包括上高中和大学的总人数。

③ 其他相关定义详见第 4 章 4.1.1 节

此外，衡量居民家庭基础设施的指标众多，①本研究设置了农民工家庭"是否通自来水"这一虚拟变量作为代理指标。宏观经济变量主要包括人均 GDP 以及金融发展等变量，也已在第 5 章 5.2.2 节进行了定义，此处不再重复。

此外，考虑到中国居民的消费传统和风俗习惯，家庭当年有婚娶或家庭迁入新房时一般会一次性购买或更新数额较大的耐用消费品（黄静和屠梅曾，2009）。因此，本章在考察农民工住房攀比对家庭耐用品消费的影响时还需对农民工家庭当年是否发生"重大事件"（即是否发生婚丧嫁娶、孩子出生、子女升学等重大事件）这一因素进行控制。

6.2.3 数据样本与描述性统计

如前所述，本章同样分别采用中国家庭追踪调查 2014 年、2016 年、2018 年、2020 年以及 2022 年的家庭微观调查数据，相关数据的处理与第 4 章、第 5 章类似。

表 6.1 是本章相关变量的描述性统计。可以发现：在农民工家庭消费方面，消费总支出对数值的平均值为 10.57，其中，食品支出对数值的平均值为 9.37，衣着支出对数值的平均值为 7.27，居住支出平均值的对数值为 8.12，耐用品支出对数值的平均值为 7.77，医疗保健支出对数值的平均值为 6.86，交通通信支出和文教娱乐支出对数值的平均值分别为 8.07 和 6.01。在农民工家庭所处周围人群住房资产财富的平均积累情况方面，农民工家庭所在村庄、县域和省域参照组住房价值对数值的平均值分别为 12.25、12.42 和 12.61，农民工家庭所在村庄、县域以及省域参照组住房面积对数值的平均值分别为 4.99、4.94 和 4.95。

---

① 国内学者如樊潇彦等（2007）以"社区公共设施指标"，官浩（2010）以"村居多大比例是土路"和"离最近公交站的距离"来衡量居民家庭基础设施状况，丁继红等（2013）则将家庭照明方式、饮水来源和厕所类型作为基础设施的代理指标，张琴等（2023）采用"能否使用自来水或纯净水"作为衡量农户维持生计所需要的基础设施指标，等等。

表 6.1　　　　　　　　　　变量的描述性统计

变量类型	变量名称	观测值	均值	标准差	最小值	最大值
被解释变量	消费支出	28 827	10.565	0.858	0	14.415
	食品	31 063	9.369	1.062	0	12.794
	衣着	30 541	7.271	1.57	0	12.612
	居住	30 284	8.124	1.596	0	14.405
	耐用品	30 382	7.766	1.621	0	14.243
	医疗保健	30 305	6.861	2.637	0	13.998
	交通通信	30 383	8.065	1.163	0	11.835
	文教娱乐	28 213	6.013	3.753	0	12.67
解释变量	村庄平均住房价值	23 716	12.247	0.948	0	16.375
	县域平均住房价值	29 227	12.422	1.059	0	15.999
	省域平均住房价值	31 243	12.613	0.51	10.127	14.798
	村庄平均住房面积	23 387	4.99	0.395	2.269	6.273
	县域平均住房面积	28 971	4.935	0.393	2.351	5.89
	省域平均住房面积	31 237	4.949	0.233	3.802	5.465
户主特征变量	年龄	31 256	46.646	13.47	16	95
	性别	31 256	0.602	0.49	0	1
	教育	30 456	7.305	4.472	0	22
	民族	29 529	0.914	0.28	0	1
	政治面貌	30 911	0.074	0.262	0	1
	健康	31 252	0.847	0.36	0	1
	婚姻状况	31 115	0.846	0.361	0	1
	就业状况	31 127	0.862	0.344	0	1
	医疗保险	31 074	0.92	0.271	0	1
	宗教信仰	30 768	0.074	0.261	0	1
家庭特征变量	住房价值	31 204	10.662	4.051	0	17.728
	住房面积	28 733	4.715	0.743	0	8.006
	村庄平均消费水平	22 645	10.733	0.437	9.344	13.389
	县域平均消费水平	27 598	10.842	0.36	9.841	13.147
	省域平均消费水平	29 637	10.896	0.26	10.193	11.974

续表

变量类型	变量名称	观测值	均值	标准差	最小值	最大值
家庭特征变量	家庭收入	30 677	9.61	0.961	0	14.796
	家庭规模	31 341	3.991	1.965	1	19
	家庭少儿抚养比	31 341	0.12	0.19	0	1
	家庭老人扶养比	31 341	0.094	0.191	0	1
	金融资产	31 114	7.177	4.753	0	17.577
	生产性固定资产	31 100	3.393	4.399	0	17.728
	家庭负债	30 971	4.193	5.391	0	18.198
	家庭不健康成员比	31 309	0.112	0.198	0	1
	教育负担	31 341	0.066	0.136	0	1
	基础设施	31 022	0.7	0.458	0	1
宏观经济变量	人均GDP	31 256	10.85	0.401	10.131	12.155
	金融发展	31 256	2.741	0.756	1.546	4.607

注：家庭资产、消费以及收入等变量单位均为元，此处取其对数值。

在农民工家庭户主特征方面，户主年龄的平均值为46.6，男性户主占比为60.2%，受教育年限的平均值为7.3，户主为汉族占比为91.4%，政治面貌是共产党员的户主占比为7.4%，84.7%的户主身体处于健康状态，84.6%的户主处于已婚状态，86.2%的户主处于就业状态，92%的户主购买了医疗保险，约7.4%的农民工家庭户主是宗教信仰团体成员。在农民工家庭特征方面，农民工家庭住房价值和住房面积对数值的平均值分别为10.66和4.72，农民工家庭所在村庄、县域和省域参照组平均消费水平对数值的平均值分别为10.73、10.84和10.90，家庭收入对数值的平均值为9.6，平均家庭规模为3.99，家庭少儿抚养比、老人扶养比、不健康成员比以及教育负担比的平均值分别为0.12、0.09、0.11和0.07，金融资产和生产性固定资产对数值的平均值分别为7.2和3.4，家庭负债对数值的平均值为4.2，70%的农民工家庭通有自来水。此外，在宏观经济变量方面，人均GDP对数值的平均值为10.9，数字普惠金融发展指数除以100的平均值为2.741。

6.3 估计结果

由于本章利用中国家庭追踪调查2014—2022年的微观调查数据来考察农民工住房攀比对家庭消费的影响,因此在进行回归估计之前需要检验是采用随机效应模型、固定效应模型还是混合效应模型。通过使用Hausman检验和似然比检验(LR),本研究最终选取混合效应模型进行相关估计。①

6.3.1 基准估计结果

(1) 农民工住房价值攀比对家庭消费影响的估计结果

表6.2是选取农民工家庭所在村庄参照组的"平均住房价值"来衡量"农民工家庭所处周围人群住房资产财富的平均积累情况"的估计结果。其中,第(1)列以农民工家庭消费性总支出的对数值作为被解释变量(表格中简称"总支出",本章以下类同)。在所估计的模型中,已控制了户主特征变量(如年龄、性别、教育、民族、健康、政治面貌、婚姻状况、就业状况、医疗保险、宗教信仰等)、家庭特征变量(家庭规模、少儿抚养比、老人扶养比、金融资产、生产性固定资产、家庭负债、教育负担等)以及宏观经济变量(人均GDP和金融发展)。

表6.2　村庄平均住房价值对农民工家庭消费影响的估计结果

变量	(1)总支出	(2)食品	(3)衣着	(4)居住	(5)耐用品	(6)医疗	(7)交通	(8)文教
村庄平均住房价值	-0.0211*** (0.0063)	-0.0280*** (0.0082)	-0.0505*** (0.0120)	-0.0064 (0.0110)	0.0303** (0.0125)	0.0333 (0.0243)	-0.0602*** (0.0093)	0.0539* (0.0298)

---

① 如前所述,关于模型选择,利用Hausman检验比较固定效应和随机效应模型估计量的一致性,主要检验个体效应是否与自变量相关,若拒绝原假设($p<0.05$),说明固定效应更合适。似然比检验主要验证是否需要在固定效应基础上加入随机效应,若混合模型(lme_model)的似然比检验显著($p<0.05$),说明随机效应结构提升了模型拟合。由于本研究相关估计较多,且利用Stata软件进行相关估计时可以直接得到模型选择的判定结果,因此本研究关于选择何种模型进行估计不再一一说明。

续表

变量	(1)总支出	(2)食品	(3)衣着	(4)居住	(5)耐用品	(6)医疗	(7)交通	(8)文教
住房价值	0.0144*** (0.0019)	0.0116*** (0.0027)	0.0224*** (0.0040)	0.0163*** (0.0044)	0.0230*** (0.0038)	0.0129* (0.0067)	0.0148*** (0.0029)	0.0088 (0.0081)
村庄平均消费水平	0.6781*** (0.0150)	0.8905*** (0.0173)	0.8297*** (0.0232)	0.4706*** (0.0130)	0.4756*** (0.0137)	0.6977*** (0.0249)	0.7722*** (0.0172)	0.7864*** (0.0279)
家庭收入	0.1949*** (0.0083)	0.1678*** (0.0099)	0.2560*** (0.0156)	0.1806*** (0.0133)	0.2808*** (0.0154)	0.0489** (0.0232)	0.1737*** (0.0106)	0.1678*** (0.0313)
年龄	-0.0134*** (0.0032)	-0.0068* (0.0039)	0.0073 (0.0066)	-0.0042 (0.0064)	-0.0246*** (0.0063)	-0.0251** (0.0104)	0.0026 (0.0049)	-0.0567*** (0.0153)
年龄平方	0.0000 (0.0000)	-0.0001 (0.0000)	-0.0003*** (0.0001)	0.0000 (0.0001)	0.0001 (0.0001)	0.0003*** (0.0001)	-0.0002*** (0.0001)	0.0004** (0.0002)
性别	0.0003 (0.0106)	0.0741*** (0.0141)	0.0103 (0.0222)	-0.0400** (0.0194)	-0.0203 (0.0220)	-0.1615*** (0.0357)	0.0381** (0.0154)	-0.1108** (0.0496)
教育	0.0153*** (0.0013)	0.0157*** (0.0017)	0.0176*** (0.0027)	0.0175*** (0.0023)	0.0183*** (0.0027)	0.0188*** (0.0043)	0.0178*** (0.0018)	0.0753*** (0.0061)
民族	0.0167 (0.0170)	0.0053 (0.0224)	0.0190 (0.0324)	0.1979*** (0.0357)	-0.0727** (0.0323)	0.2512*** (0.0628)	-0.0504** (0.0222)	0.1696** (0.0792)
政治面貌	0.0590*** (0.0177)	0.0378* (0.0213)	0.1606*** (0.0355)	0.0322 (0.0340)	0.1322*** (0.0356)	0.0564 (0.0616)	0.2015*** (0.0231)	0.2367*** (0.0874)
健康	-0.0451*** (0.0169)	-0.0148 (0.0241)	-0.0215 (0.0380)	0.0478 (0.0293)	-0.0638* (0.0344)	-0.2693*** (0.0500)	-0.0129 (0.0249)	-0.4539*** (0.0812)
婚姻状况	0.1412*** (0.0182)	0.1090*** (0.0230)	0.1323*** (0.0408)	0.2064*** (0.0353)	0.1424*** (0.0366)	0.4445*** (0.0621)	0.1434*** (0.0276)	-0.1201 (0.0824)
就业状态	-0.1283*** (0.0156)	-0.1458*** (0.0193)	-0.0203 (0.0361)	-0.0998*** (0.0277)	0.0086 (0.0331)	-0.2893*** (0.0516)	-0.0322 (0.0246)	0.0223 (0.0734)
医疗保险	-0.0056 (0.0222)	0.0055 (0.0326)	0.0857* (0.0497)	-0.0605 (0.0388)	-0.0380 (0.0442)	0.4395*** (0.0843)	-0.0401 (0.0336)	0.1070 (0.0998)
宗教信仰	0.0071 (0.0186)	-0.0053 (0.0216)	0.0535 (0.0341)	0.0738** (0.0334)	0.1411*** (0.0365)	0.0628 (0.0528)	0.0274 (0.0262)	0.4112*** (0.0845)
家庭规模	0.1142*** (0.0030)	0.1006*** (0.0035)	0.1661*** (0.0061)	0.0890*** (0.0051)	0.1337*** (0.0057)	0.1788*** (0.0095)	0.1314*** (0.0042)	0.5614*** (0.0137)

续表

变量	(1)总支出	(2)食品	(3)衣着	(4)居住	(5)耐用品	(6)医疗	(7)交通	(8)文教
少儿抚养比	-0.0179 (0.0325)	0.2363*** (0.0398)	0.3249*** (0.0560)	0.0168 (0.0715)	0.1557** (0.0645)	0.2849** (0.1187)	-0.1950*** (0.0443)	3.1537*** (0.1477)
老人扶养比	-0.1219*** (0.0288)	-0.0330 (0.0388)	-0.5546*** (0.0752)	-0.0979* (0.0525)	-0.2378*** (0.0596)	0.1959** (0.0954)	-0.4563*** (0.0501)	-0.8595*** (0.1269)
金融资产	0.0103*** (0.0011)	0.0140*** (0.0014)	0.0339*** (0.0024)	0.0096*** (0.0020)	0.0332*** (0.0023)	0.0157*** (0.0039)	0.0178*** (0.0016)	0.0484*** (0.0053)
生产性固定资产	0.0089*** (0.0011)	0.0039*** (0.0014)	0.0105*** (0.0022)	0.0165*** (0.0021)	0.0236*** (0.0023)	0.0243*** (0.0039)	0.0172*** (0.0015)	0.0104** (0.0053)
家庭负债	0.0204*** (0.0010)	0.0071*** (0.0012)	0.0062*** (0.0019)	0.0292*** (0.0017)	0.0278*** (0.0020)	0.0390*** (0.0032)	0.0195*** (0.0013)	0.0203*** (0.0044)
不健康成员比	0.0018 (0.0322)	-0.2181*** (0.0471)	-0.4151*** (0.0802)	0.0174 (0.0581)	-0.2037*** (0.0663)	1.9193*** (0.1046)	-0.2182*** (0.0506)	-1.5129*** (0.1492)
教育负担	0.6222*** (0.0336)	0.1425*** (0.0468)	0.5188*** (0.0667)	-0.0085 (0.0613)	0.1106 (0.0707)	-0.4630*** (0.1323)	0.0811* (0.0480)	9.1078*** (0.1579)
基础设施	0.0088 (0.0100)	0.0195 (0.0135)	0.0612*** (0.0209)	0.1060*** (0.0183)	0.0096 (0.0208)	-0.0021 (0.0341)	-0.0356** (0.0141)	-0.0250 (0.0473)
人均GDP	0.1483*** (0.0193)	0.2607*** (0.0260)	0.0191 (0.0398)	-0.0010 (0.0351)	0.0082 (0.0393)	0.0858 (0.0650)	0.0719** (0.0280)	0.9216*** (0.0931)
金融发展	-0.0420*** (0.0102)	-0.1287*** (0.0138)	-0.1890*** (0.0205)	0.1357*** (0.0182)	0.0864*** (0.0209)	-0.3773*** (0.0336)	-0.0295* (0.0150)	-1.2692*** (0.0476)
自家重大事件					0.1652*** (0.0268)			
常数项	-0.2579 (0.2241)	-3.3090*** (0.2538)	-1.9419*** (0.4425)	0.8655** (0.3908)	-0.1503 (0.4146)	-1.3594* (0.7024)	-0.7133** (0.3249)	-11.6176*** (0.9853)
观测值	20 031	21 269	20 935	21 095	20 798	20 828	20 995	19 482
R^2	0.397	0.310	0.249	0.180	0.246	0.138	0.319	0.357

注：*、** 和 *** 分别表示在10%、5%和1%的显著水平上显著，括号内数字为标准误。

从表6.2第（1）列的估计结果可以发现，农民工所在村庄参照组的平均住房价值每增加1%，农民工家庭消费总支出减少0.021%，即农民工所在村庄参照组的平均住房价值对农民工家庭自身消费总支出存在着显著的抑制作用。农民工住房价值每增加1%，农民工家庭消费总支出增加0.014%，即农民工住房资产对家庭消费存在着一定的财富效应。农民工所在村庄参照组的平均消费水平每增加1%，农民工家庭消费总支出增加0.678%，表明农民工家庭消费总支出也存在着一定程度的攀比。

在户主特征方面，户主年龄越大，家庭消费总支出越低，但户主年龄的平方项对农民工家庭消费的影响并不显著。① 户主受教育程度越高，或户主为共产党员，或户主是已婚的农民工家庭，其家庭消费总支出越高。户主健康状态较好，或户主处于就业状态的农民工家庭，其家庭消费总支出越低。户主性别、民族类型、是否参与医疗保险以及宗教信仰等变量对农民工家庭消费总支出的正向或负向影响均不显著。在家庭特征变量方面，家庭规模、金融资产、生产性固定资产、家庭负债以及教育负担均显著促进了农民工家庭的消费总支出。老人扶养比对农民工家庭消费总支出起到显著的抑制作用。少儿抚养比、不健康成员比以及家里是否通自来水对农民工家庭消费总支出的正向或负向影响均不显著。此外，在人均GDP比较高的地区，农民工家庭消费总支出越多，但金融发展对农民工家庭消费总支出的影响显著为负。

表6.2第（2）列至第（8）列分别是以食品支出、衣着支出、居住支出、耐用品支出、医疗保健支出、交通通信支出以及文教娱乐支出的对数值作为被解释变量的相关估计结果（表格中分别简称为"食品"、"衣着"、"居住"、"耐用品"、"医疗"、"交通"以及"文教"，本章以下均类同）。可以发现，农民工所在村庄参照组平均住房价值每增加1%，食品支出减少0.028%，衣着支出减少0.051%，交通支出减少0.06%，这表明农民工所在村庄参照组的平均住房价值对农民工家庭自身食品支出、衣着支出以及交通支出均存在着显著的抑制作用。与此相反，农民工所在村庄参照组平均住房价值对农民工家庭自身耐用品支出和文教支出存在着显著促进作用。但是，农民工所在村庄参照组平均住房价值对农民工家庭自身居住支出和医疗支出的影响均不显著。此外，农民工家庭收入以及农民工所在村庄参照组的平均消费水平对农民工家庭食品支出、衣着支出、居住

---

① 此处年龄的平方项对农民工家庭消费总支出和居住支出的影响系数以及相关标准差的数值为0，主要是由于相关系数或标准差的数值较小，在实证结果展示时仅截取小数点后前4位数值所致。

支出、耐用品支出、医疗支出、交通支出以及文教支出均存在着显著的促进作用。除文教支出外，农民工家庭住房价值对农民工家庭上述各项分类消费支出均存在着显著的促进作用。

（2）农民工住房面积攀比对家庭消费影响的估计结果

表6.3是选取农民工家庭所在村庄参照组的"平均住房面积"来衡量"农民工家庭所处周围人群住房资产财富的平均积累情况"的估计结果。可以发现，农民工所在村庄参照组的平均住房面积每增加1%，农民工家庭消费总支出减少0.094%，即农民工所在村庄参照组的平均住房面积对农民工家庭自身消费总支出存在着显著的抑制作用。农民工住房面积每增加1%，农民工家庭消费总支出增加0.056%，即农民工住房资产对家庭消费存在着一定的财富效应。农民工所在村庄参照组的平均消费水平每增加1%，农民工家庭消费总支出增加0.682%，表明农民工家庭总消费支出也存在着一定程度的攀比。

在户主特征变量方面，户主年龄越大，家庭消费总支出越低，但户主年龄的平方项对农民工家庭消费的影响并不显著。户主受教育程度越高，或户主为共产党员，或户主是已婚的农民工家庭，其家庭消费总支出越高。户主健康状态较好，或户主处于就业状态的农民工家庭，其消费总支出越低。户主性别、民族类型、是否参与医疗保险以及宗教信仰等变量对农民工家庭的正向或负向影响均不显著。在家庭特征变量方面，家庭规模、金融资产、生产性固定资产、家庭负债以及教育负担均显著促进了农民工家庭的消费总支出。老人抚养比对农民工家庭消费总支出起到显著的抑制作用。少儿抚养比、不健康成员比以及家里是否通自来水对农民工家庭消费总支出的正向或负向影响均不显著。此外，在人均GDP比较高的地区，农民工家庭消费总支出越多，但金融发展对农民工家庭消费总支出的影响显著为负。

表6.3第（2）列至第（8）列分别是以食品支出、衣着支出、居住支出、耐用品支出、医疗保健支出、交通通信支出以及文教娱乐支出的对数值作为被解释变量的相关估计结果。可以发现，农民工所在村庄参照组的平均住房面积每增加1%，食品支出减少0.054%，居住支出减少0.166%，交通支出减少0.155%，这表明农民工所在村庄参照组的平均住房面积对农民工家庭自身食品支出、居住支出以及交通支出均存在着显著的抑制作

用。但农民工所在村庄参照组的平均住房面积对农民工家庭自身衣着支出、耐用品支出和医疗支出的负向效应并不显著，对农民工家庭文教支出的正向效应也不显著。此外，农民工家庭收入以及农民工所在村庄参照组的平均消费水平对农民工家庭食品支出、衣着支出、居住支出、耐用品支出、医疗支出、交通支出以及文教支出均存在着显著的促进作用。除食品和文教支出外，农民工家庭住房面积对农民工家庭上述各项分类消费支出均存在着显著的促进作用。

表 6.3　村庄平均住房面积对农民工家庭消费影响的估计结果

变量	（1）总支出	（2）食品	（3）衣着	（4）居住	（5）耐用品	（6）医疗	（7）交通	（8）文教
村庄平均住房面积	-0.0937*** (0.0159)	-0.0542*** (0.0201)	-0.0465 (0.0308)	-0.1661*** (0.0307)	-0.0273 (0.0322)	-0.0348 (0.0556)	-0.1547*** (0.0220)	0.0351 (0.0727)
住房面积	0.0561*** (0.0094)	0.0002 (0.0122)	0.0570*** (0.0187)	0.0882*** (0.0205)	0.1126*** (0.0189)	0.0946*** (0.0337)	0.0635*** (0.0136)	0.0513 (0.0428)
村庄平均消费水平	0.6817*** (0.0148)	0.8801*** (0.0169)	0.8194*** (0.0243)	0.4749*** (0.0131)	0.4890*** (0.0141)	0.6805*** (0.0258)	0.7585*** (0.0171)	0.7834*** (0.0290)
家庭收入	0.1978*** (0.0086)	0.1735*** (0.0106)	0.2480*** (0.0161)	0.1816*** (0.0137)	0.2847*** (0.0159)	0.0610** (0.0238)	0.1730*** (0.0111)	0.1612*** (0.0321)
年龄	-0.0129*** (0.0033)	-0.0068* (0.0041)	0.0118* (0.0069)	-0.0039 (0.0068)	-0.0222*** (0.0066)	-0.0207* (0.0109)	0.0048 (0.0052)	-0.0501*** (0.0160)
年龄平方	0.0000 (0.0000)	-0.0001 (0.0000)	-0.0003*** (0.0001)	0.0000 (0.0001)	0.0001 (0.0001)	0.0003*** (0.0001)	-0.0002*** (0.0001)	0.0003* (0.0002)
性别	-0.0033 (0.0110)	0.0735*** (0.0146)	0.0143 (0.0230)	-0.0476** (0.0200)	-0.0301 (0.0230)	-0.1550*** (0.0370)	0.0444*** (0.0160)	-0.1190** (0.0514)
教育	0.0145*** (0.0014)	0.0150*** (0.0018)	0.0164*** (0.0028)	0.0178*** (0.0024)	0.0179*** (0.0028)	0.0204*** (0.0045)	0.0165*** (0.0019)	0.0736*** (0.0063)
民族	0.0253 (0.0182)	0.0122 (0.0247)	0.0288 (0.0349)	0.1735*** (0.0370)	-0.0750** (0.0348)	0.2836*** (0.0673)	-0.0374 (0.0239)	0.0982 (0.0848)
政治面貌	0.0515*** (0.0185)	0.0256 (0.0222)	0.1724*** (0.0368)	0.0230 (0.0348)	0.1255*** (0.0371)	0.0475 (0.0636)	0.2021*** (0.0234)	0.2239** (0.0903)
健康	-0.0482*** (0.0176)	-0.0078 (0.0251)	-0.0201 (0.0392)	0.0505* (0.0302)	-0.0774** (0.0359)	-0.2808*** (0.0520)	-0.0226 (0.0259)	-0.4111*** (0.0846)

续表

变量	(1) 总支出	(2) 食品	(3) 衣着	(4) 居住	(5) 耐用品	(6) 医疗	(7) 交通	(8) 文教
婚姻状况	0.1516*** (0.0192)	0.1242*** (0.0245)	0.1160*** (0.0425)	0.2077*** (0.0371)	0.1609*** (0.0388)	0.4435*** (0.0651)	0.1460*** (0.0291)	−0.0971 (0.0865)
就业状态	−0.1204*** (0.0163)	−0.1356*** (0.0203)	−0.0268 (0.0372)	−0.0992*** (0.0286)	−0.0013 (0.0343)	−0.2757*** (0.0541)	−0.0178 (0.0258)	0.0304 (0.0765)
医疗保险	0.0062 (0.0233)	0.0244 (0.0339)	0.1238** (0.0531)	−0.0552 (0.0410)	−0.0560 (0.0466)	0.3839*** (0.0876)	−0.0154 (0.0361)	0.2138** (0.1048)
宗教信仰	0.0123 (0.0192)	−0.0002 (0.0224)	0.0485 (0.0355)	0.0680* (0.0348)	0.1429*** (0.0382)	0.0485 (0.0554)	0.0320 (0.0267)	0.4249*** (0.0873)
家庭规模	0.1159*** (0.0031)	0.1041*** (0.0038)	0.1667*** (0.0063)	0.0902*** (0.0054)	0.1334*** (0.0060)	0.1797*** (0.0099)	0.1332*** (0.0044)	0.5701*** (0.0139)
少儿抚养比	−0.0203 (0.0335)	0.2500*** (0.0411)	0.3244*** (0.0587)	0.0205 (0.0748)	0.1502** (0.0662)	0.3628*** (0.1236)	−0.1749*** (0.0462)	3.1670*** (0.1531)
老人扶养比	−0.1203*** (0.0299)	−0.0265 (0.0405)	−0.5279*** (0.0777)	−0.0961* (0.0539)	−0.2359*** (0.0616)	0.2410** (0.0986)	−0.4281*** (0.0515)	−0.7801*** (0.1308)
金融资产	0.0109*** (0.0012)	0.0139*** (0.0015)	0.0336*** (0.0025)	0.0099*** (0.0021)	0.0351*** (0.0024)	0.0152*** (0.0040)	0.0184*** (0.0017)	0.0525*** (0.0055)
生产性固定资产	0.0086*** (0.0011)	0.0041*** (0.0015)	0.0103*** (0.0023)	0.0164*** (0.0021)	0.0228*** (0.0024)	0.0236*** (0.0041)	0.0164*** (0.0016)	0.0072 (0.0055)
家庭负债	0.0212*** (0.0010)	0.0076*** (0.0012)	0.0072*** (0.0020)	0.0311*** (0.0018)	0.0297*** (0.0020)	0.0383*** (0.0033)	0.0198*** (0.0013)	0.0214*** (0.0046)
不健康成员比	−0.0074 (0.0334)	−0.2151*** (0.0491)	−0.4005*** (0.0831)	0.0323 (0.0598)	−0.2334*** (0.0701)	1.8642*** (0.1085)	−0.2270*** (0.0530)	−1.4606*** (0.1544)
教育负担	0.6288*** (0.0353)	0.1492*** (0.0489)	0.4969*** (0.0694)	−0.0346 (0.0637)	0.1024 (0.0735)	−0.4210*** (0.1371)	0.0676 (0.0505)	9.2175*** (0.1650)
基础设施	0.0040 (0.0104)	0.0190 (0.0140)	0.0646*** (0.0217)	0.1090*** (0.0190)	0.0130 (0.0217)	0.0014 (0.0351)	−0.0450*** (0.0147)	−0.0112 (0.0490)
人均GDP	0.1415*** (0.0197)	0.2673*** (0.0259)	−0.0094 (0.0404)	0.0004 (0.0352)	0.0438 (0.0396)	0.1180* (0.0642)	0.0242 (0.0283)	1.0217*** (0.0934)
金融发展	−0.0461*** (0.0105)	−0.1338*** (0.0144)	−0.1864*** (0.0212)	0.1398*** (0.0186)	0.0779*** (0.0216)	−0.3789*** (0.0348)	−0.0248 (0.0155)	−1.2757*** (0.0491)

续表

变量	(1) 总支出	(2) 食品	(3) 衣着	(4) 居住	(5) 耐用品	(6) 医疗	(7) 交通	(8) 文教
自家重大事件					0.1597*** (0.0280)			
常数项	−0.1857 (0.2320)	−3.3361*** (0.2720)	−2.0142*** (0.4669)	1.3014*** (0.4150)	−0.4715 (0.4415)	−1.5139** (0.7431)	−0.2781 (0.3417)	−12.5324*** (1.0597)
观测值	18 471	19 592	19 297	19 446	19 174	19 194	19 343	17 913
R^2	0.398	0.311	0.249	0.182	0.248	0.135	0.319	0.364

注：*、** 和 *** 分别表示在 10%、5% 和 1% 的显著水平上显著，括号内数字为标准误。

(3) 内生性讨论与稳健性检验

关于位置效应的实证研究主要存在两类内生性问题：一是参照组选择的内生性问题，即参照组群体的一些特征可能通过各种机制对农民工家庭消费产生影响；二是遗漏重要的变量。如前所述，本章以农民工家庭所在村庄其他农民工家庭为参照组的选择符合外生条件。这是因为：第一，农民工在农村居住地一般为其祖辈生活所在地，同村庄农民工社会交往密切、生活方式相似、文化背景相同、居住地相近、就业方式和收入来源可比，因此，无论是从社会经济维度还是空间维度来看，同村庄农民工家庭都构成了有效的参照人群；第二，中国的农村土地制度以集体所有制为基础，农民工在农村的居住地可选择空间较小，有效避免了参照组内生性选择问题。关于控制变量方面，考虑到农民工家庭消费总支出中也包含部分地位性消费支出（如名牌服饰等），本研究在模型中加入参照组家庭的"平均消费水平"。此外，本研究参考既有国内外权威文献，对农民工家庭户主特征、家庭人口特征、家庭经济特征、家庭基础设施以及宏观经济变量等一一进行了控制，尽力避免遗漏重要变量可能导致的内生性问题。

尽管如此，为使研究结论更为可靠，本研究分别引入农民工县域参照组"平均住房价值/面积"和省域参照组"平均住房价值/面积"替代村庄参照组"平均住房价值/面积"进行稳健性检验。表 6.4 是引入县域参照组"平均住房价值/面积"、省域参照组"平均住房价值/面积"替代村庄参照组"平均住房价值/面积"进行稳健性检验的估计结果。限于篇幅，本研究仅展示被解释变量为农民工家庭"消费总支出"的估计结果。通过比较各类模型的估计结果发现，相关模型的估计结果并没有发生较大的变动，因此，本研究关于农民工住房攀比对家庭消费影响的估计结果是基本稳定和可靠的。

表 6.4　　农民工住房资产对家庭消费影响的稳健性检验

变量	(1)	(2)	(3)	(4)	(5)	(6)	(7)	(8)
	总支出							
县域平均住房价值	-0.0241*** (0.0046)				-0.0156*** (0.0045)			
省域平均住房价值		-0.0798*** (0.0148)				-0.0744*** (0.0151)		
县域平均住房面积			-0.1136*** (0.0144)				-0.0728*** (0.0123)	
省域平均住房面积				-0.1551*** (0.0222)				-0.1207*** (0.0209)
住房价值	0.0114*** (0.0013)	0.0113*** (0.0012)					0.0111*** (0.0013)	0.0109*** (0.0012)
住房面积			0.0597*** (0.0079)	0.0611*** (0.0070)	0.0343*** (0.0069)	0.0524*** (0.0069)		
县域平均消费水平	0.6725*** (0.0173)		0.6805*** (0.0176)		0.6640*** (0.0178)		0.6713*** (0.0170)	
省域平均消费水平		0.5997*** (0.0334)		0.6005*** (0.0349)		0.5708*** (0.0342)		0.6079*** (0.0339)
家庭收入	0.2144*** (0.0086)	0.2393*** (0.0091)	0.2156*** (0.0090)	0.2427*** (0.0096)	0.2193*** (0.0090)	0.2443*** (0.0096)	0.2121*** (0.0086)	0.2379*** (0.0091)
户主特征变量	控制	控制	控制	控制	控制	控制	控制	控制
家庭特征变量	控制	控制	控制	控制	控制	控制	控制	控制
宏观经济变量	控制	控制	控制	控制	控制	控制	控制	控制

续表

变量	(1)	(2)	(3)	(4)	(5)	(6)	(7)	(8)
	总支出							
常数项	-0.1879 (0.2166)	0.6261** (0.2939)	0.0437 (0.2257)	1.0964*** (0.3025)	-0.3376 (0.2245)	0.5595* (0.3017)	0.1861 (0.2193)	1.1129*** (0.2954)
观测值	24 288	25 818	22 463	24 070	22 610	24 074	24 116	25 812
R^2	0.380	0.344	0.383	0.346	0.382	0.345	0.380	0.344

注：*、** 和 *** 分别表示在 10%、5% 和 1% 的显著水平上显著，括号内数字为标准误；此外，回归中控制了户主特征变量（如年龄、性别和教育等）、家庭特征变量（如家庭规模、家庭收入、金融资产等）和宏观经济变量（人均 GDP 和金融发展）。详细结果参见附录 C 表 C.1。

6.3.2 按户主主观经济地位等级分组的估计结果

由于不同农民工家庭户主的主观经济地位存在着差异，为进一步探索不同社会等级的农民工家庭之间是否存在着向上攀比，本研究根据农民工家庭户主的主观经济地位将农民工家庭分成高地位家庭（户主主观经济地位>3）、中地位家庭（户主主观经济地位=3）和低地位家庭（户主主观经济地位<3），此处参照组为高地位农民工家庭。

（1）高地位农民工住房资产攀比对家庭消费影响的估计结果

表 6.5 是高地位农民工家庭所在村庄其他高地位农民工家庭平均住房价值对高地位农民工家庭消费影响的估计结果。① 可以发现，高地位农民工家庭所在村庄其他高地位家庭的平均住房价值每增加 1%，高地位农民工家庭消费总支出减少 0.03%，交通支出减少 0.063%。即高地位农民工家庭所在村庄其他高地位农民工家庭的平均住房价值对高地位农民工家庭消费总支出和交通支出存在着显著的抑制作用，但对食品支出、衣着支出、居住支出、耐用品支出、医疗支出以及文教支出的负向或正向影响均不显著。此外，除医疗支出外，高地位农民工家庭住房价值和家庭收入对高地位农民工家庭自身消费总支出及其他各项分类消费支出均存在着显著

---

① 此处是高地位农民工家庭所在村庄其他高地位农民工家庭（即前文所讨论的参照组）的平均住房价值对高地位家庭消费总支出及各项分类消费支出的估计结果，由于此处设置的参照组为所有高地位农民工家庭，为避免出现歧义，故在相关表述中以"其他高地位农民工家庭"替代前文"参照组"这一表述。

的促进作用。高地位农民工家庭所在村庄其他农民工家庭的平均消费水平对高地位农民工家庭的消费总支出及各项分类消费支出均存在着显著的促进作用。①

表 6.5　高地位农民工村庄平均住房价值对家庭消费影响的估计结果

变量	（1）总支出	（2）食品	（3）衣着	（4）居住	（5）耐用品	（6）医疗	（7）交通	（8）文教
村庄平均住房价值	-0.0299**	-0.0194	0.0061	-0.0207	0.0266	0.0605	-0.0634***	0.0905
	(0.0129)	(0.0161)	(0.0244)	(0.0209)	(0.0275)	(0.0456)	(0.0190)	(0.0593)
住房价值	0.0244***	0.0188***	0.0292***	0.0184**	0.0279***	0.0136	0.0201***	0.0315*
	(0.0041)	(0.0062)	(0.0087)	(0.0082)	(0.0077)	(0.0135)	(0.0059)	(0.0166)
村庄平均消费水平	0.6868***	0.8844***	0.7919***	0.4868***	0.4516***	0.6982***	0.7867***	0.7967***
	(0.0279)	(0.0341)	(0.0413)	(0.0234)	(0.0250)	(0.0466)	(0.0324)	(0.0537)
家庭收入	0.1972***	0.1850***	0.2529***	0.1744***	0.3152***	0.0367	0.1605***	0.1892***
	(0.0152)	(0.0185)	(0.0288)	(0.0227)	(0.0283)	(0.0426)	(0.0209)	(0.0589)
户主特征变量	控制	控制	控制	控制	控制	控制	控制	控制
家庭特征变量	控制	控制	控制	控制	控制	控制	控制	控制
宏观经济变量	控制	控制	控制	控制	控制	控制	控制	控制
常数项	-0.5072	-4.0503***	-2.5532***	1.6775**	0.3904	0.8189	-0.6751	-13.9585***
	(0.4430)	(0.5154)	(0.9053)	(0.6866)	(0.8008)	(1.3470)	(0.7040)	(1.9015)
观测值	6 105	6 509	6 423	6 459	6 321	6 404	6 434	6 010
R^2	0.385	0.285	0.246	0.185	0.244	0.140	0.318	0.365

注：*、**和***分别表示在10%、5%和1%的显著水平上显著，括号内数字为标准误；此外，回归中控制了户主特征变量（如年龄、性别和教育等）、家庭特征变量（如家庭规模、家庭收入、金融资产等）和宏观经济变量（人均GDP和金融发展）。详细结果参见附录C表C.2。

表 6.6 是高地位农民工家庭所在村庄其他高地位农民工家庭平均住房面积对高地位农民工家庭消费影响的估计结果。可以发现，高地位农民工

---

① 此处高地位农民工家庭所在村庄的"平均消费水平"这一变量与前面一致，即为除该高地位农民工家庭以外的同村庄所有地位等级农民工家庭消费水平的平均值。

家庭所在村庄其他高地位农民工家庭的平均住房面积每增加1%，高地位农民工家庭消费总支出减少0.088%，居住支出减少0.132%，交通支出减少0.195%。即高地位农民工家庭所在村庄其他高地位农民工家庭的平均住房面积对高地位农民工家庭消费总支出、居住支出和交通支出存在着显著的抑制作用，但对食品支出、衣着支出、耐用品支出、医疗支出以及文教支出的负向或正向影响均不显著。此外，高地位农民工家庭住房面积对高地位农民工家庭自身消费总支出、居住支出以及交通支出均存在着显著的促进作用；高地位农民工家庭所在村庄其他农民工家庭的平均消费水平对高地位农民工家庭消费总支出及各项分类消费支出的促进作用均显著存在；除医疗支出外，高地位农民工家庭收入对家庭自身消费总支出及其他各项分类消费支出均存在着显著的促进作用。

表6.6 高地位农民工村庄平均住房面积对家庭消费影响的估计结果

变量	（1）总支出	（2）食品	（3）衣着	（4）居住	（5）耐用品	（6）医疗	（7）交通	（8）文教
村庄平均住房面积	-0.0877*** (0.0296)	-0.0649 (0.0414)	0.0752 (0.0578)	-0.1319** (0.0523)	0.0647 (0.0601)	0.1220 (0.0992)	-0.1946*** (0.0416)	0.1237 (0.1346)
住房面积	0.0681*** (0.0179)	0.0208 (0.0254)	0.0212 (0.0357)	0.1066*** (0.0338)	0.0552 (0.0361)	0.0486 (0.0605)	0.0688** (0.0270)	0.0432 (0.0818)
村庄平均消费水平	0.6978*** (0.0275)	0.8823*** (0.0331)	0.8044*** (0.0444)	0.4817*** (0.0233)	0.4616*** (0.0256)	0.6601*** (0.0482)	0.7918*** (0.0323)	0.8161*** (0.0565)
家庭收入	0.2002*** (0.0161)	0.2010*** (0.0198)	0.2697*** (0.0296)	0.1676*** (0.0232)	0.3329*** (0.0295)	0.0573 (0.0439)	0.1577*** (0.0213)	0.1961*** (0.0605)
户主特征变量	控制	控制	控制	控制	控制	控制	控制	控制
家庭特征变量	控制	控制	控制	控制	控制	控制	控制	控制
宏观经济变量	控制	控制	控制	控制	控制	控制	控制	控制
常数项	-0.6222 (0.4604)	-4.0230*** (0.5436)	-3.4315*** (0.9485)	1.8042** (0.7384)	-0.0942 (0.8663)	-0.1463 (1.4208)	-0.2730 (0.7185)	-15.4157*** (2.0489)

续表

变量	（1）总支出	（2）食品	（3）衣着	（4）居住	（5）耐用品	（6）医疗	（7）交通	（8）文教
观测值	5 608	5 979	5 900	5 933	5 808	5 887	5 906	5 521
R^2	0.385	0.288	0.251	0.186	0.244	0.134	0.324	0.372

注：*、**和***分别表示在10%、5%和1%的显著水平上显著，括号内数字为标准误；此外，回归中控制了户主特征变量（如年龄、性别和教育等）、家庭特征变量（如家庭规模、家庭收入、金融资产等）和宏观经济变量（人均GDP和金融发展）。详细结果参见附录C表C.3。

本研究接下来分别引入高地位农民工家庭所在县域其他高地位家庭的"平均住房价值/面积"或省域其他高地位家庭的"平均住房价值/面积"替代村庄层面的"平均住房价值/面积"进行稳健性检验。表6.7是相关估计结果，限于篇幅，此处仅展示被解释变量为农民工家庭"消费总支出"的估计结果。通过比较各类模型的估计结果发现，除县域层面其他高地位农民工家庭的平均住房价值对高地位农民工家庭自身消费总支出的负向影响不显著外，其他相关模型的估计结果并没有发生较大的变动。

表6.7　高地位农民工平均住房资产对家庭消费影响的稳健性检验

变量	（1）	（2）	（3）	（4）	（5）	（6）	（7）	（8）
	总支出							
县域平均住房面积	-0.1063*** (0.0311)				-0.0728*** (0.0270)			
省域平均住房面积		-0.2077*** (0.0489)				-0.1725*** (0.0451)		
县域平均住房价值			-0.0082 (0.0144)				-0.0238 (0.0148)	
省域平均住房价值				-0.1096*** (0.0332)				-0.1043*** (0.0323)
住房面积	0.0478*** (0.0159)	0.0685*** (0.0158)	0.0261* (0.0144)	0.0585*** (0.0152)				
住房价值					0.0179*** (0.0032)	0.0191*** (0.0030)	0.0179*** (0.0032)	0.0194*** (0.0030)
县域平均消费水平	0.7114*** (0.0365)		0.6818*** (0.0377)		0.6972*** (0.0349)		0.6895*** (0.0364)	

续表

变量	(1)	(2)	(3)	(4)	(5)	(6)	(7)	(8)
	总支出							
省域平均消费水平		0.7095*** (0.0695)		0.6813*** (0.0689)		0.7069*** (0.0676)		0.6905*** (0.0671)
家庭收入	0.2217*** (0.0157)	0.2287*** (0.0172)	0.2251*** (0.0157)	0.2321*** (0.0172)	0.2166*** (0.0148)	0.2234*** (0.0162)	0.2190*** (0.0148)	0.2261*** (0.0162)
户主特征变量	控制	控制	控制	控制	控制	控制	控制	控制
家庭特征变量	控制	控制	控制	控制	控制	控制	控制	控制
宏观经济变量	控制	控制	控制	控制	控制	控制	控制	控制
常数项	-0.2444 (0.4715)	0.7177 (0.6316)	-0.4799 (0.4782)	0.0479 (0.6274)	-0.0508 (0.4517)	0.8340 (0.6123)	-0.3248 (0.4587)	0.2478 (0.6097)
观测值	6 302	6 528	6 322	6 528	6 812	7 058	6 838	7 058
R^2	0.357	0.317	0.356	0.316	0.359	0.318	0.358	0.318

注：*、**和***分别表示在10%、5%和1%的显著水平上显著，括号内数字为标准误；此外，回归中控制了户主特征变量（如年龄、性别和教育等）、家庭特征变量（如家庭规模、家庭收入、金融资产等）和宏观经济变量（人均GDP和金融发展）。详细结果参见附录C表C.4。

（2）中地位农民工住房资产向上攀比对家庭消费影响的估计结果

表6.8是高地位农民工家庭（即参照组）村庄平均住房价值对同村庄中地位农民工家庭消费影响的估计结果。可以发现，高地位农民工家庭村庄平均住房价值每增加1%，中地位农民工家庭食品支出减少0.025%，衣着支出减少0.032%，交通支出减少0.033%。即高地位农民工家庭村庄平均住房价值对同村庄中地位农民工家庭食品支出、衣着支出和交通支出存在着显著的抑制作用，但对同村庄中地位农民工家庭消费总支出、居住支出、医疗支出以及文教支出的负向或正向影响均不显著。此外，除医疗支出和文教支出外，中地位农民工家庭住房价值对家庭自身消费总支出及其他各项分类消费支出均存在着显著的促进作用；中地位农民工家庭所在村庄其他农民工家庭的平均消费水平对中地位农民工家庭消费总支出及各项分类消费支出的促进作用均显著存在；除医疗支出外，中地位农民工家庭收入对家庭自身消费总支出及其他各项分类消费支出均存在着显著的促进作用。

表 6.8　参照组村庄平均住房价值对中地位农民工家庭消费影响的估计结果

变量	(1) 总支出	(2) 食品	(3) 衣着	(4) 居住	(5) 耐用品	(6) 医疗	(7) 交通	(8) 文教
村庄平均住房价值	-0.0065 (0.0075)	-0.0251** (0.0104)	-0.0317** (0.0150)	-0.0074 (0.0148)	0.0556*** (0.0162)	0.0278 (0.0324)	-0.0330*** (0.0120)	-0.0205 (0.0362)
住房价值	0.0177*** (0.0033)	0.0078** (0.0037)	0.0258*** (0.0066)	0.0306*** (0.0077)	0.0268*** (0.0072)	0.0201 (0.0122)	0.0160*** (0.0050)	0.0085 (0.0140)
村庄平均消费水平	0.6746*** (0.0241)	0.9000*** (0.0272)	0.7604*** (0.0382)	0.4433*** (0.0217)	0.4793*** (0.0233)	0.6350*** (0.0453)	0.7583*** (0.0289)	0.8586*** (0.0598)
家庭收入	0.2072*** (0.0123)	0.1735*** (0.0141)	0.2839*** (0.0243)	0.2314*** (0.0214)	0.2821*** (0.0259)	-0.0227 (0.0366)	0.1869*** (0.0182)	0.1994*** (0.0526)
户主特征变量	控制	控制	控制	控制	控制	控制	控制	控制
家庭特征变量	控制	控制	控制	控制	控制	控制	控制	控制
宏观经济变量	控制	控制	控制	控制	控制	控制	控制	控制
常数项	-0.3275 (0.3759)	-3.6153*** (0.4153)	-1.8372*** (0.7007)	1.0211 (0.6742)	-1.0705 (0.7137)	-0.5561 (1.1683)	-0.9140* (0.5339)	-10.3775*** (1.6918)
观测值	7 187	7 593	7 482	7 539	7 443	7 447	7 501	6 921
R^2	0.387	0.318	0.229	0.175	0.226	0.125	0.322	0.344

注：*、**和***分别表示在10%、5%和1%的显著水平上显著，括号内数字为标准误；此外，回归中控制了户主特征变量（如年龄、性别和教育等）、家庭特征变量（如家庭规模、家庭收入、金融资产等）和宏观经济变量（人均GDP和金融发展）。详细结果参见附录C表C.5。

表6.9是高地位农民工家庭（即参照组）村庄平均住房面积对中地位农民工家庭消费影响的估计结果。可以发现，高地位农民工家庭村庄平均住房面积每增加1%，中地位农民工家庭消费总支出减少0.054%，居住支出减少0.111%，交通支出减少0.086%。即高地位农民工家庭村庄平均住房面积对中地位农民工家庭消费总支出、居住支出和交通支出存在着显著的抑制作用，但对食品支出、耐用品支出、医疗支出以及文教支出的负向或正向影响均不显著。此外，除医疗支出和文教支出外，中地位农民工家庭住房面积对家庭自身消费总支出及其他各项分类消费支出均存在着显著

促进作用；中地位农民工家庭所在村庄其他农民工家庭的平均消费水平对中地位农民工家庭消费总支出及各项分类消费支出的促进作用均显著存在；除医疗支出外，中地位农民工家庭收入对家庭自身消费总支出及其他各项分类消费支出均存在着显著的促进作用。

表 6.9　参照组村庄平均住房面积对中地位农民工家庭消费影响的估计结果

变量	(1) 总支出	(2) 食品	(3) 衣着	(4) 居住	(5) 耐用品	(6) 医疗	(7) 交通	(8) 文教
村庄平均住房面积	-0.0541*** (0.0205)	-0.0370 (0.0239)	-0.0410 (0.0404)	-0.1106*** (0.0387)	0.0133 (0.0435)	-0.1095 (0.0718)	-0.0858*** (0.0266)	0.0798 (0.0953)
住房面积	0.0339** (0.0141)	-0.0404** (0.0180)	0.0530* (0.0285)	0.0590** (0.0288)	0.1114*** (0.0302)	0.0473 (0.0520)	0.0307* (0.0181)	-0.0204 (0.0642)
村庄平均消费水平	0.6818*** (0.0248)	0.9056*** (0.0274)	0.7584*** (0.0409)	0.4490*** (0.0221)	0.4981*** (0.0248)	0.6372*** (0.0472)	0.7464*** (0.0274)	0.8401*** (0.0626)
家庭收入	0.2150*** (0.0126)	0.1768*** (0.0150)	0.2774*** (0.0252)	0.2402*** (0.0218)	0.2909*** (0.0263)	-0.0106 (0.0377)	0.2118*** (0.0176)	0.2121*** (0.0546)
户主特征变量	控制	控制	控制	控制	控制	控制	控制	控制
家庭特征变量	控制	控制	控制	控制	控制	控制	控制	控制
宏观经济变量	控制	控制	控制	控制	控制	控制	控制	控制
常数项	-0.3806 (0.3900)	-3.7201*** (0.4528)	-2.1319*** (0.7427)	1.1611* (0.7001)	-1.4369* (0.7407)	0.0336 (1.2351)	-1.0856** (0.5010)	-11.9071*** (1.8126)
观测值	6 534	6 897	6 797	6 848	6 764	6 766	8 011	6 284
R^2	0.389	0.316	0.228	0.175	0.231	0.127	0.329	0.356

注：*、** 和 *** 分别表示在 10%、5% 和 1% 的显著水平上显著，括号内数字为标准误；此外，回归中控制了户主特征变量（如年龄、性别和教育等）、家庭特征变量（如家庭规模、家庭收入、金融资产等）和宏观经济变量（人均 GDP 和金融发展）。详细结果参见附录 C 表 C.6。

本研究接下来分别引入高地位农民工家庭（参照组）"县域平均住房价值/面积"和"省域平均住房价值/面积"替代"村庄平均住房价值/面积"进行稳健性检验。表 6.10 是相关估计结果，限于篇幅，此处仅展示被解释变量为农民工家庭"消费总支出"的估计结果。通过比较各类模型的估计结果发现,除参照组省域平均住房价值对中地位农民工家庭消费总支出的负向影响并不显著外,参照组县域平均住房价值、县域平均住房面积以及省域平均住房面积对中地位农民工家庭消费总支出的抑制作用均显著存在。

表6.10　参照组平均住房资产对中地位家庭消费影响的稳健性检验

变量	(1)	(2)	(3)	(4)	(5)	(6)	(7)	(8)
	总支出							
县域平均住房面积	-0.0889*** (0.0210)				-0.0736*** (0.0192)			
省域平均住房面积		-0.1265*** (0.0294)				-0.1104*** (0.0282)		
县域平均住房价值			-0.0114* (0.0059)				-0.0207*** (0.0059)	
省域平均住房价值				-0.0132 (0.0164)				-0.0218 (0.0161)
住房面积	0.0501*** (0.0115)	0.0576*** (0.0099)	0.0356*** (0.0109)	0.0502*** (0.0097)				
住房价值					0.0148*** (0.0021)	0.0122*** (0.0017)	0.0153*** (0.0022)	0.0120*** (0.0017)
县域平均消费水平	0.6480*** (0.0262)		0.6361*** (0.0268)		0.6429*** (0.0252)		0.6438*** (0.0257)	
省域平均消费水平		0.5581*** (0.0512)		0.4931*** (0.0499)		0.5747*** (0.0494)		0.5256*** (0.0483)
家庭收入	0.2213*** (0.0132)	0.2512*** (0.0150)	0.2228*** (0.0132)	0.2517*** (0.0151)	0.2136*** (0.0127)	0.2447*** (0.0143)	0.2148*** (0.0127)	0.2453*** (0.0143)
户主特征变量	控制	控制	控制	控制	控制	控制	控制	控制
家庭特征变量	控制	控制	控制	控制	控制	控制	控制	控制
宏观经济变量	控制	控制	控制	控制	控制	控制	控制	控制

续表

变量	(1)	(2)	(3)	(4)	(5)	(6)	(7)	(8)
	总支出							
常数项	-0.0813 (0.3390)	0.7216* (0.4325)	-0.3053 (0.3389)	0.5665 (0.4420)	0.0974 (0.3301)	0.7142* (0.4223)	-0.1914 (0.3281)	0.4995 (0.4312)
观测值	9 697	11 138	9 710	11 142	10 387	11 883	10 407	11 887
R^2	0.372	0.351	0.372	0.350	0.370	0.350	0.370	0.349

注：*、**和***分别表示在10%、5%和1%的显著水平上显著，括号内数字为标准误；此外，回归中控制了户主特征变量（如年龄、性别和教育等）、家庭特征变量（如家庭规模、家庭收入、金融资产等）和宏观经济变量（人均GDP和金融发展）。详细结果参见附录C表C.7。

（3）低地位农民工住房资产向上攀比对家庭消费影响的估计结果

表6.11是高地位农民工家庭（即参照组）村庄平均住房价值对低地位农民工家庭消费影响的估计结果。可以发现，高地位农民工村庄平均住房价值每增加1%，低地位农民工家庭消费总支出减少0.025%，食品支出减少0.037%，衣着支出减少0.090%，交通支出减少0.046%。即高地位农民工家庭村庄平均住房价值对低地位农民工家庭消费总支出、食品支出、衣着支出和交通支出存在着显著的抑制作用，但对居住支出、医疗支出以及文教支出的负向或正向影响均不显著。此外，低地位农民工家庭住房价值对家庭自身消费总支出、居住支出、耐用品支出、医疗支出均存在着显著促进作用；低地位农民工家庭所在村庄其他农民工家庭的平均消费水平对低地位农民工家庭消费总支出及各项分类消费支出的促进作用均显著存在；除文教支出外，低地位农民工家庭收入对家庭自身消费总支出及其他各项分类消费支出均存在着显著的促进作用。

表6.11　参照组村庄平均住房价值对低地位家庭消费影响的估计结果

变量	(1) 总支出	(2) 食品	(3) 衣着	(4) 居住	(5) 耐用品	(6) 医疗	(7) 交通	(8) 文教
村庄平均住房价值	-0.0252** (0.0117)	-0.0368*** (0.0132)	-0.0904*** (0.0196)	0.0005 (0.0194)	-0.0133 (0.0255)	-0.0002 (0.0421)	-0.0455*** (0.0152)	-0.0359 (0.0460)
住房价值	0.0081** (0.0041)	0.0030 (0.0055)	0.0164 (0.0101)	0.0203* (0.0106)	0.0290*** (0.0078)	0.0267* (0.0148)	0.0055 (0.0055)	0.0047 (0.0187)

续表

变量	(1) 总支出	(2) 食品	(3) 衣着	(4) 居住	(5) 耐用品	(6) 医疗	(7) 交通	(8) 文教
村庄平均消费水平	0.6729*** (0.0364)	0.8368*** (0.0419)	0.9752*** (0.0606)	0.4796*** (0.0326)	0.4053*** (0.0335)	0.6593*** (0.0640)	0.8010*** (0.0414)	0.7430*** (0.0818)
家庭收入	0.1827*** (0.0210)	0.1486*** (0.0265)	0.1603*** (0.0382)	0.1509*** (0.0329)	0.2367*** (0.0350)	0.1371** (0.0550)	0.1464*** (0.0234)	-0.0057 (0.0696)
户主特征变量	控制	控制	控制	控制	控制	控制	控制	控制
家庭特征变量	控制	控制	控制	控制	控制	控制	控制	控制
宏观经济变量	控制	控制	控制	控制	控制	控制	控制	控制
常数项	0.0306 (0.5513)	-2.5045*** (0.6259)	-2.7650** (1.1218)	0.3270 (0.9411)	1.2528 (0.9865)	-3.3425* (1.7499)	-1.2912* (0.7711)	-12.1474*** (2.4012)
观测值	3 543	3 732	3 665	3 694	3 677	3 649	3 690	3 395
R^2	0.387	0.281	0.261	0.179	0.241	0.150	0.313	0.346

注：*、** 和 *** 分别表示在 10%、5% 和 1% 的显著水平上显著，括号内数字为标准误；此外，回归中控制了户主特征变量（如年龄、性别和教育等）、家庭特征变量（如家庭规模、家庭收入、金融资产等）和宏观经济变量（人均 GDP 和金融发展）。详细结果参见附录 C 表 C.8。

表 6.12 是高地位农民工家庭（即参照组）村庄平均住房面积对低地位农民工家庭消费影响的估计结果。可以发现，高地位农民工村庄平均住房面积每增加 1%，低地位农民工家庭仅衣着支出减少 0.114%，即高地位农民工家庭村庄平均住房价值仅对低地位农民工家庭衣着支出存在着显著的抑制作用，但对低地位农民家庭消费总支出及其他各项分类支出的负向或正向影响均不显著。此外，除耐用品支出外，低地位农民工家庭住房面积对家庭自身消费总支出及其他各项分类消费支出的影响均不显著；低地位农民工家庭所在村庄其他农民工家庭的平均消费水平对低地位农民工家庭消费总支出及各项分类消费支出的促进作用均显著存在；除文教支出外，低地位农民工家庭收入对家庭自身消费总支出及其他各项分类消费支出均存在着显著的促进作用。

表 6.12 参照组村庄平均住房面积对低地位家庭消费影响的估计结果

变量	(1) 总支出	(2) 食品	(3) 衣着	(4) 居住	(5) 耐用品	(6) 医疗	(7) 交通	(8) 文教
村庄平均住房面积	-0.0342 (0.0318)	-0.0221 (0.0386)	-0.1144* (0.0596)	-0.0473 (0.0585)	-0.0051 (0.0573)	-0.0003 (0.1098)	-0.0700 (0.0432)	0.0742 (0.1389)
住房面积	0.0317 (0.0213)	-0.0030 (0.0268)	0.0594 (0.0407)	0.0408 (0.0435)	0.1334*** (0.0375)	0.1141 (0.0757)	0.0350 (0.0275)	0.1178 (0.0911)
村庄平均消费水平	0.6545*** (0.0372)	0.8518*** (0.0425)	0.9635*** (0.0653)	0.4587*** (0.0333)	0.4100*** (0.0352)	0.6264*** (0.0684)	0.8133*** (0.0436)	0.7688*** (0.0841)
家庭收入	0.1782*** (0.0224)	0.1257*** (0.0273)	0.1123*** (0.0389)	0.1534*** (0.0339)	0.2275*** (0.0367)	0.1706*** (0.0583)	0.1262*** (0.0242)	-0.0901 (0.0708)
户主特征变量	控制	控制	控制	控制	控制	控制	控制	控制
家庭特征变量	控制	控制	控制	控制	控制	控制	控制	控制
宏观经济变量	控制	控制	控制	控制	控制	控制	控制	控制
常数项	-0.1262 (0.5816)	-2.4663*** (0.6472)	-2.4736** (1.2204)	0.4617 (1.0014)	0.5662 (1.0668)	-4.2543** (1.9208)	-1.4656* (0.8559)	-12.8907*** (2.6124)
观测值	3 171	3 327	3 276	3 305	3 285	3 258	3 291	3 034
R^2	0.385	0.284	0.254	0.179	0.246	0.147	0.306	0.352

注：*、** 和 *** 分别表示在 10%、5% 和 1% 的显著水平上显著，括号内数字为标准误；此外，回归中控制了户主特征变量（如年龄、性别和教育等）、家庭特征变量（如家庭规模、家庭收入、金融资产等）和宏观经济变量（人均 GDP 和金融发展）。详细结果参见附录 C 表 C.9。

接下来，本研究分别引入高地位农民工家庭（即参照组）"县域平均住房价值/面积"和"省域平均住房价值/面积"替代"村庄平均住房价值/面积"进行稳健性检验。表 6.13 是相关估计结果，限于篇幅，此处仅展示被解释变量为农民工家庭"消费总支出"的估计结果。通过比较各类模型的估计结果发现，除参照组县域平均住房价值对低地位农民工家庭消费总支出的正向影响并不显著外，参照组县域平均住房面积、省域平均住房价值以及省域平均住房面积对低地位农民工家庭消费总支出的抑制作用均显著存在。

表 6.13　　参照组平均住房资产对低地位家庭消费影响的稳健性检验

变量	(1)	(2)	(3)	(4)	(5)	(6)	(7)	(8)
				总支出				
县域平均住房面积	-0.0884*** (0.0271)				-0.0518** (0.0248)			
省域平均住房面积		-0.1505*** (0.0377)				-0.1136*** (0.0359)		
县域平均住房价值			0.0018 (0.0071)				0.0037 (0.0067)	
省域平均住房价值				-0.0468** (0.0187)				-0.0376** (0.0181)
住房面积	0.0412*** (0.0155)	0.0549*** (0.0127)	0.0273* (0.0148)	0.0479*** (0.0126)				
住房价值					0.0049* (0.0026)	0.0045** (0.0020)	0.0045* (0.0026)	0.0045** (0.0020)
县域平均消费水平	0.7082*** (0.0341)		0.6804*** (0.0349)		0.6969*** (0.0333)		0.6764*** (0.0340)	
省域平均消费水平		0.6075*** (0.0684)		0.5500*** (0.0648)		0.6082*** (0.0661)		0.5673*** (0.0632)
家庭收入	0.2118*** (0.0177)	0.2425*** (0.0183)	0.2120*** (0.0176)	0.2427*** (0.0183)	0.2110*** (0.0168)	0.2401*** (0.0175)	0.2110*** (0.0167)	0.2402*** (0.0175)
户主特征变量	控制	控制	控制	控制	控制	控制	控制	控制
家庭特征变量	控制	控制	控制	控制	控制	控制	控制	控制
宏观经济变量	控制	控制	控制	控制	控制	控制	控制	控制
常数项	-0.1853 (0.4521)	1.1852** (0.5719)	-0.3165 (0.4522)	0.8308 (0.5852)	0.1631 (0.4385)	1.4096** (0.5528)	0.0826 (0.4369)	1.0975* (0.5651)
观测值	5 228	6 372	5 241	6 373	5 653	6 835	5 669	6 836
R^2	0.392	0.366	0.391	0.366	0.388	0.363	0.388	0.363

注：*、**和***分别表示在10%、5%和1%的显著水平上显著，括号内数字为标准误；此外，回归中控制了户主特征变量（如年龄、性别和教育等）、家庭特征变量（如家庭规模、家庭收入、金融资产等）和宏观经济变量（人均GDP和金融发展）。详细结果参见附录C表C.10。

6.3.3 按收入分组的估计结果

如前所述，基于户主主观经济地位等级分组的实证检验结果并不完全一致，其原因可能在于，农民工家庭户主对于自身经济地位的主观认知使得样本选择存在着一定的偏差。基于此，本研究以农民工家庭人均纯收入的中位数为界，将农民工家庭细分为"高收入家庭"和"低收入家庭"并进行相关估计，以探明不同收入水平的农民工家庭之间是否存在着向上攀比。[①] 其中，参照组为"高收入"农民工家庭。

（1）高收入农民工住房攀比对家庭消费影响的估计结果

表 6.14 是高收入农民工家庭所在村庄其他高收入农民工家庭的平均住房价值对高收入农民工家庭消费影响的估计结果。可以发现，高收入农民工家庭所在村庄其他高收入农民工家庭的平均住房价值每增加 1%，高收入农民工家庭消费总支出减少 0.019%，食品支出减少 0.018%，衣着支出减少 0.028%，耐用品支出增加 0.042%，交通支出减少 0.049%。即高收入农民工家庭所在村庄其他高收入农民工家庭的平均住房价值对高收入农民工家庭消费总支出、食品支出、衣着支出和交通支出存在着显著的抑制作用，对耐用品支出存在着显著的促进作用，但对居住支出、医疗支出以及文教支出的负向或正向影响均不显著。此外，除医疗支出和文教娱乐支出外，高收入农民工家庭住房价值对家庭自身消费总支出及其他各项分类消费支出均存在着显著的促进作用。高收入农民工家庭所在村庄其他农民工家庭的平均消费水平对高收入农民工家庭消费总支出及各项分类消费支出的促进作用均显著存在。除医疗支出外，高收入农民工家庭收入对家庭自身消费总支出及其他各项分类消费支出均存在着显著的促进作用。

表 6.14　高收入农民工村庄平均住房价值对家庭消费影响的估计结果

变量	（1）总支出	（2）食品	（3）衣着	（4）居住	（5）耐用品	（6）医疗	（7）交通	（8）文教
村庄平均住房价值	-0.0192** (0.0090)	-0.0177* (0.0104)	-0.0280* (0.0165)	-0.0102 (0.0159)	0.0424** (0.0175)	0.0583 (0.0366)	-0.0493*** (0.0128)	0.0530 (0.0448)

---

① 事实上，改革开放以来，伴随着经济社会的快速发展和农民工收入水平的提高，农民工群体内部的收入差距也呈现出拉大趋势（种聪和岳希明，2023）。

续表

变量	（1）总支出	（2）食品	（3）衣着	（4）居住	（5）耐用品	（6）医疗	（7）交通	（8）文教
住房价值	0.0108*** (0.0025)	0.0048* (0.0029)	0.0099** (0.0050)	0.0130* (0.0067)	0.0113** (0.0053)	0.0015 (0.0098)	0.0087** (0.0039)	0.0071 (0.0117)
村庄平均消费水平	0.7284*** (0.0226)	0.9177*** (0.0236)	0.8535*** (0.0332)	0.5241*** (0.0215)	0.5440*** (0.0216)	0.7079*** (0.0402)	0.7959*** (0.0264)	0.8002*** (0.0437)
家庭收入	0.2507*** (0.0183)	0.1523*** (0.0207)	0.2106*** (0.0369)	0.2550*** (0.0351)	0.2927*** (0.0366)	-0.0581 (0.0621)	0.2248*** (0.0266)	0.4956*** (0.0797)
户主特征变量	控制	控制	控制	控制	控制	控制	控制	控制
家庭特征变量	控制	控制	控制	控制	控制	控制	控制	控制
宏观经济变量	控制	控制	控制	控制	控制	控制	控制	控制
常数项	-1.3957*** (0.3471)	-2.7690*** (0.3710)	-2.0113*** (0.6721)	-1.0979* (0.6539)	-1.1138 (0.6793)	-2.3800** (1.1896)	-1.5680*** (0.5160)	-14.4501*** (1.5837)
观测值	8 100	8 661	8 560	8 579	8 405	8 523	8 554	8 111
R^2	0.425	0.327	0.273	0.190	0.263	0.133	0.338	0.373

注：*、**和***分别表示在10%、5%和1%的显著水平上显著，括号内数字为标准误；此外，回归中控制了户主特征变量（如年龄、性别和教育等）、家庭特征变量（如家庭规模、家庭收入、金融资产等）和宏观经济变量（人均GDP和金融发展）。详细结果参见附录C表C.11。

表6.15是高收入农民工家庭所在村庄其他高收入农民工家庭的平均住房面积对高收入农民工家庭消费影响的估计结果。可以发现，高收入农民工所在村庄其他高收入农民工家庭的平均住房面积每增加1%，高收入农民工家庭消费总支出减少0.12%，食品支出减少0.077%，衣着支出减少0.082%，居住支出减少0.227%，交通支出减少0.136%。即高收入农民工家庭所在村庄其他高收入农民工家庭的平均住房面积对高收入农民工家庭消费总支出、食品支出、衣着支出、居住支出和交通支出均存在着显著的抑制作用，但对耐用品支出、医疗支出以及文教支出的负向或正向影响均不显著。此外，除食品支出和文教支出外，高收入农民工家庭住房面积对家庭自身消费总支出及其他各项分类消费支出均存在着显著促进作用。

高收入农民工所在村庄的其他农民工家庭的平均消费水平对高收入农民工家庭消费总支出及各项分类消费支出的促进作用均显著存在。除医疗支出外，高收入农民工家庭收入对家庭自身消费总支出及其他各项分类消费支出均存在着显著的促进作用。

表6.15 高收入农民工村庄平均住房面积对家庭消费影响的估计结果

变量	(1) 总支出	(2) 食品	(3) 衣着	(4) 居住	(5) 耐用品	(6) 医疗	(7) 交通	(8) 文教
村庄平均住房面积	-0.1202*** (0.0239)	-0.0765*** (0.0278)	-0.0815* (0.0447)	-0.2265*** (0.0518)	-0.0648 (0.0489)	0.0334 (0.0899)	-0.1362*** (0.0335)	-0.1187 (0.1128)
住房面积	0.0669*** (0.0141)	0.0271 (0.0184)	0.0546** (0.0268)	0.0946*** (0.0348)	0.1262*** (0.0289)	0.0891* (0.0539)	0.0542*** (0.0210)	0.0876 (0.0665)
村庄平均消费水平	0.7346*** (0.0222)	0.9108*** (0.0227)	0.8594*** (0.0352)	0.5332*** (0.0216)	0.5591*** (0.0227)	0.6874*** (0.0414)	0.7958*** (0.0260)	0.8254*** (0.0448)
家庭收入	0.2474*** (0.0189)	0.1540*** (0.0210)	0.1938*** (0.0383)	0.2672*** (0.0358)	0.2858*** (0.0378)	-0.0493 (0.0631)	0.2222*** (0.0279)	0.4946*** (0.0812)
户主特征变量	控制	控制	控制	控制	控制	控制	控制	控制
家庭特征变量	控制	控制	控制	控制	控制	控制	控制	控制
宏观经济变量	控制	控制	控制	控制	控制	控制	控制	控制
常数项	-1.0862*** (0.3623)	-2.6518*** (0.3907)	-1.7603** (0.7227)	-0.4579 (0.6918)	-1.1941* (0.7178)	-2.7768** (1.2569)	-1.1747** (0.5518)	-14.7145*** (1.6869)
观测值	7 512	8 026	7 935	7 958	7 797	7 908	7 928	7 504
R^2	0.425	0.328	0.269	0.195	0.266	0.131	0.342	0.377

注：*、**和***分别表示在10%、5%和1%的显著水平上显著，括号内数字为标准误；此外，回归中控制了户主特征变量（如年龄、性别和教育等）、家庭特征变量（如家庭规模、家庭收入、金融资产等）和宏观经济变量（人均GDP和金融发展）。详细结果参见附录C表C.12。

本研究接下来分别引入高收入农民工家庭所在县域其他高收入家庭的"平均住房价值/面积"或省域其他高收入家庭的"平均住房价值/面积"替代村庄层面的"平均住房价值/面积"进行稳健性检验。表6.16是相关估计结果,限于篇幅,此处仅展示被解释变量为农民工家庭"消费总支出"的估计结果。通过比较各类模型的估计结果发现,相关模型的估计结果并没有发生较大的变动,因此,本研究关于高收入农民工住房攀比对家庭自身消费影响的估计结果是基本稳定和可靠的。

表6.16　高收入农民工平均住房资产对家庭消费影响的稳健性检验

变量	(1)	(2)	(3)	(4)	(5)	(6)	(7)	(8)
	总支出							
县域平均住房面积	-0.1086*** (0.0188)				-0.0635*** (0.0162)			
省域平均住房面积		-0.1477*** (0.0297)				-0.1136*** (0.0281)		
县域平均住房价值			-0.0123** (0.0050)				-0.0195*** (0.0052)	
省域平均住房价值				-0.0550*** (0.0189)				-0.0635*** (0.0188)
住房面积	0.0696*** (0.0108)	0.0672*** (0.0095)	0.0443*** (0.0095)	0.0590*** (0.0092)				
住房价值					0.0095*** (0.0016)	0.0090*** (0.0014)	0.0099*** (0.0016)	0.0096*** (0.0015)
县域平均消费水平	0.6771*** (0.0231)		0.6619*** (0.0232)		0.6677*** (0.0224)		0.6692*** (0.0226)	
省域平均消费水平		0.5822*** (0.0454)		0.5408*** (0.0439)		0.5907*** (0.0443)		0.5736*** (0.0431)
家庭收入	0.2939*** (0.0149)	0.3346*** (0.0150)	0.3001*** (0.0148)	0.3375*** (0.0150)	0.2910*** (0.0147)	0.3306*** (0.0147)	0.2947*** (0.0145)	0.3333*** (0.0147)
户主特征变量	控制	控制	控制	控制	控制	控制	控制	控制
家庭特征变量	控制	控制	控制	控制	控制	控制	控制	控制
宏观经济变量	控制	控制	控制	控制	控制	控制	控制	控制
常数项	-0.4252 (0.3198)	0.4008 (0.3974)	-0.8687*** (0.3126)	-0.1930 (0.3962)	-0.3758 (0.3103)	0.3459 (0.3874)	-0.7643** (0.3001)	-0.2138 (0.3854)

续表

变量	(1)	(2)	(3)	(4)	(5)	(6)	(7)	(8)
	总支出							
观测值	10 348	11 675	10 458	11 677	10 999	12 383	11 122	12 386
R^2	0.395	0.346	0.393	0.345	0.394	0.347	0.393	0.347

注：*、**和***分别表示在10%、5%和1%的显著水平上显著，括号内数字为标准误；此外，回归中控制了户主特征变量（如年龄、性别和教育等）、家庭特征变量（如家庭规模、家庭收入、金融资产等）和宏观经济变量（人均GDP和金融发展）。详细结果参见附录C表C.13。

（2）低收入农民工住房向上攀比对家庭消费影响的估计结果

表6.17是高收入农民工家庭村庄平均住房价值对低收入农民工家庭消费影响的估计结果。可以发现，高收入农民工村庄平均住房价值每增加1%，低收入农民工家庭消费总支出减少0.021%，衣着支出减少0.035%，交通支出减少0.052%。即高收入农民工家庭村庄平均住房价值对低收入农民工家庭消费总支出、衣着支出和交通支出存在着显著的抑制作用，但对食品支出、居住支出、耐用品支出、医疗支出以及文教支出的负向或正向影响均不显著。此外，除文教支出外，低收入农民工家庭住房价值对家庭自身消费总支出及各项分类消费支出均存在着显著促进作用；低收入农民工家庭所在村庄其他农民工家庭的平均消费水平和低收入农民工家庭收入对低收入农民工家庭消费总支出及其他各项分类消费支出均存在着显著促进作用。

表6.17　参照组村庄平均住房价值对低收入家庭消费影响的估计结果

变量	(1) 总支出	(2) 食品	(3) 衣着	(4) 居住	(5) 耐用品	(6) 医疗	(7) 交通	(8) 文教
村庄平均住房价值	-0.0208** (0.0082)	-0.0107 (0.0108)	-0.0349** (0.0153)	-0.0034 (0.0129)	0.0247 (0.0157)	-0.0080 (0.0236)	-0.0515*** (0.0116)	0.0045 (0.0358)
住房价值	0.0185*** (0.0030)	0.0156*** (0.0043)	0.0298*** (0.0066)	0.0222*** (0.0062)	0.0393*** (0.0059)	0.0224** (0.0094)	0.0182*** (0.0043)	0.0127 (0.0118)
村庄平均消费水平	0.5994*** (0.0210)	0.8383*** (0.0243)	0.7591*** (0.0353)	0.3964*** (0.0171)	0.4010*** (0.0188)	0.6501*** (0.0350)	0.7261*** (0.0254)	0.7575*** (0.0450)

续表

变量	(1) 总支出	(2) 食品	(3) 衣着	(4) 居住	(5) 耐用品	(6) 医疗	(7) 交通	(8) 文教
家庭收入	0.1243*** (0.0140)	0.1268*** (0.0173)	0.2111*** (0.0260)	0.1099*** (0.0210)	0.1590*** (0.0249)	0.1076*** (0.0361)	0.1315*** (0.0183)	0.1162** (0.0501)
户主特征变量	控制	控制	控制	控制	控制	控制	控制	控制
家庭特征变量	控制	控制	控制	控制	控制	控制	控制	控制
宏观经济变量	控制	控制	控制	控制	控制	控制	控制	控制
常数项	1.4244*** (0.3487)	-2.9167*** (0.3874)	-0.3234 (0.7019)	3.1455*** (0.5627)	2.3199*** (0.6294)	0.3046 (0.9940)	0.4172 (0.5108)	-10.8507*** (1.4728)
观测值	10 304	10 830	10 618	10 766	10 665	10 549	10 682	9 660
R^2	0.326	0.268	0.212	0.139	0.183	0.138	0.273	0.355

注：*、** 和 *** 分别表示在 10%、5% 和 1% 的显著水平上显著，括号内数字为标准误；此外，回归中控制了户主特征变量（如年龄、性别和教育等）、家庭特征变量（如家庭规模、家庭收入、金融资产等）和宏观经济变量（人均 GDP 和金融发展）。详细结果参见附录 C 表 C.14。

表 6.18 是高收入农民工家庭村庄平均住房面积对低收入农民工家庭消费影响的估计结果。可以发现，高收入农民工村庄平均住房面积每增加 1%，低收入农民工家庭消费总支出减少 0.046%，居住支出减少 0.081%，交通支出减少 0.103%。即高收入农民工家庭村庄平均住房面积对低收入农民工家庭消费总支出、居住支出和交通支出存在着显著的抑制作用，但对食品支出、衣着支出、耐用品支出、医疗支出以及文教支出的负向或正向影响均不显著。此外，除食品支出和文教支出外，低收入农民工家庭住房面积对家庭自身消费总支出及各项分类消费支出均存在着显著促进作用；低收入农民工家庭所在村庄其他农民工家庭的平均消费水平和低收入农民工家庭收入对低收入农民工家庭消费总支出及其他各项分类消费支出均存在着显著的促进作用。

表 6.18　参照组村庄平均住房面积对低收入家庭消费影响的估计结果

变量	(1) 总支出	(2) 食品	(3) 衣着	(4) 居住	(5) 耐用品	(6) 医疗	(7) 交通	(8) 文教
村庄平均住房面积	-0.0460*** (0.0171)	-0.0223 (0.0224)	-0.0209 (0.0340)	-0.0812*** (0.0295)	0.0041 (0.0347)	0.0021 (0.0562)	-0.1031*** (0.0241)	0.0993 (0.0781)
住房面积	0.0422*** (0.0126)	-0.0218 (0.0155)	0.0570** (0.0254)	0.0631*** (0.0230)	0.1085*** (0.0249)	0.0702* (0.0416)	0.0552*** (0.0180)	0.0745 (0.0560)
村庄平均消费水平	0.5980*** (0.0212)	0.8534*** (0.0241)	0.7601*** (0.0377)	0.3867*** (0.0173)	0.4163*** (0.0198)	0.6191*** (0.0368)	0.7088*** (0.0267)	0.7570*** (0.0475)
家庭收入	0.1334*** (0.0149)	0.1373*** (0.0189)	0.2152*** (0.0275)	0.1162*** (0.0221)	0.1677*** (0.0262)	0.1341*** (0.0381)	0.1283*** (0.0193)	0.0870* (0.0521)
户主特征变量	控制	控制	控制	控制	控制	控制	控制	控制
家庭特征变量	控制	控制	控制	控制	控制	控制	控制	控制
宏观经济变量	控制	控制	控制	控制	控制	控制	控制	控制
常数项	1.1910*** (0.3658)	-2.9967*** (0.4106)	-1.0142 (0.7268)	3.2955*** (0.5991)	1.8666*** (0.6711)	0.2031 (1.0453)	0.5537 (0.5370)	-12.1155*** (1.5752)
观测值	9 309	9 768	9 591	9 716	9 635	9 511	9 642	8 682
R^2	0.324	0.269	0.213	0.135	0.181	0.134	0.267	0.363

注：*、**和***分别表示在10%、5%和1%的显著水平上显著，括号内数字为标准误；此外，回归中控制了户主特征变量（如年龄、性别和教育等）、家庭特征变量（如家庭规模、家庭收入、金融资产等）和宏观经济变量（人均GDP和金融发展）。详细结果参见附录C表C.15。

本研究接下来分别引入高收入农民工家庭"县域平均住房价值/面积"和"省域平均住房价值/面积"替代"村庄平均住房价值/面积"进行稳健性检验。表6.19是相关估计结果，限于篇幅，此处仅展示被解释变量为农民工家庭"消费总支出"的估计结果。通过比较各类模型的估计结果发现，相关模型的估计结果并没有发生较大的变动，因此，本研究关于高收入农民工住房资产攀比对低收入农民工家庭消费影响的估计结果是基本稳定和可靠的。

表 6.19　　参照组平均住房资产对低收入家庭消费影响的稳健性检验

变量	(1)	(2)	(3)	(4)	(5)	(6)	(7)	(8)
	总支出							
县域平均住房面积	-0.0859*** (0.0194)				-0.0665*** (0.0175)			
省域平均住房面积		-0.1486*** (0.0320)				-0.1218*** (0.0301)		
县域平均住房价值			-0.0188** (0.0085)				-0.0245*** (0.0085)	
省域平均住房价值				-0.0786*** (0.0215)				-0.0759*** (0.0212)
住房面积	0.0449*** (0.0111)	0.0557*** (0.0107)	0.0308*** (0.0104)	0.0476*** (0.0104)				
住房价值					0.0134*** (0.0023)	0.0133*** (0.0022)	0.0139*** (0.0024)	0.0131*** (0.0022)
县域平均消费水平	0.6316*** (0.0276)		0.6161*** (0.0288)		0.6236*** (0.0265)		0.6185*** (0.0277)	
省域平均消费水平		0.5315*** (0.0564)		0.5042*** (0.0553)		0.5364*** (0.0544)		0.5206*** (0.0535)
家庭收入	0.1205*** (0.0145)	0.1239*** (0.0151)	0.1208*** (0.0146)	0.1247*** (0.0151)	0.1162*** (0.0138)	0.1198*** (0.0142)	0.1160*** (0.0138)	0.1204*** (0.0142)
户主特征变量	控制	控制	控制	控制	控制	控制	控制	控制
家庭特征变量	控制	控制	控制	控制	控制	控制	控制	控制
宏观经济变量	控制	控制	控制	控制	控制	控制	控制	控制
常数项	1.2021*** (0.3710)	3.0213*** (0.5204)	1.0910*** (0.3714)	2.9640*** (0.5217)	1.5258*** (0.3597)	3.1811*** (0.5079)	1.4017*** (0.3587)	3.1693*** (0.5087)
观测值	11 761	12 027	11 778	12 027	12 724	13 043	12 772	13 043
R^2	0.294	0.259	0.293	0.259	0.292	0.258	0.291	0.257

注：*、** 和 *** 分别表示在10%、5%和1%的显著水平上显著，括号内数字为标准误；此外，回归中控制了户主特征变量（如年龄、性别和教育等）、家庭特征变量（如家庭规模、家庭收入、金融资产等）和宏观经济变量（人均 GDP 和金融发展）。详细结果参见附录 C 表 C.16。

6.4 本章小结及讨论

本研究在借鉴既有理论和研究成果基础上，采用中国家庭追踪调查2014年、2016年、2018年、2020年以及2022年的微观调查数据，就农民工住房资产攀比对家庭消费的影响进行了实证检验，主要研究结论如下：

第一，农民工家庭所在村庄参照组平均住房价值或平均住房面积对农民工家庭自身消费总支出存在着显著的抑制作用；农民工家庭所在村庄参照组平均住房价值对农民工家庭食品支出、衣着支出以及交通支出的负向效应均十分显著；农民工家庭所在村庄平均住房面积对家庭食品支出、居住支出以及交通支出也存在着显著的抑制作用。农民工家庭住房价值对自身消费总支出，以及除文教支出外的其他各项分类消费支出均存在着显著的促进作用。除食品支出和文教支出外，农民工家庭住房面积对自身消费总支出以及其他各项分类消费支出的正向效应均十分显著。此外，农民工家庭所在村庄参照组平均消费水平、农民工家庭收入对农民工家庭消费总支出及各项分类消费支出均存在着显著的促进作用。

第二，高地位农民工家庭所在村庄其他高地位农民工家庭的平均住房价值或平均住房面积对高地位农民工家庭消费总支出均存在着显著的负向效应；高地位农民工家庭村庄平均住房面积对同村庄中地位农民工家庭消费总支出存在着显著的抑制作用，但高地位农民工家庭村庄平均住房价值对同村庄中地位农民工家庭消费总支出的负向效应并不显著；高地位农民工家庭村庄平均住房价值对同村庄低地位农民工家庭消费总支出存在着显著的抑制作用，但高地位农民工家庭村庄平均住房面积对同村庄低地位农民工家庭消费总支出的负向效应并不显著。

第三，高收入农民工家庭所在村庄其他高收入农民工家庭的平均住房价值或平均住房面积对高收入农民工家庭消费总支出的负向效应均十分显著；农民工高收入家庭村庄平均住房价值或平均住房面积对同村庄低收入农民工家庭消费总支出的抑制作用均十分显著。

综上所述，一方面，农民工家庭所在村庄参照组平均住房资产对农民工家庭消费总支出存在着显著的抑制作用，这一结果不仅进一步证实了农民工住房资产地位寻求动机的存在，同时也表明农民工住房资产攀比对家庭消费存在着显著的挤出效应。即伴随着周围农民工家庭住房价值的增加或住房面积的扩大，农民工会提高对住房价值增加或住房面积扩大的要求，从而抑制了农民工家庭自身的消费需求。另一方面，按户主主观经济地位分组的估计结果显示，高地位农民工家庭平均住房价值对中地位或低地位农民工家庭消费总支出的影响与高地位农民工家庭平均住房面积对中地位或低地位农民工家庭消费总支出的影响并不一致，其原因可能在于农民工家庭户主对于自身经济地位的主观认知导致样本选择存在着一定的偏差。然而，以农民工家庭收入分组的估计结果表明，低收入农民工家庭对住房资产的期望会随着高收入农民工家庭住房资产的扩大而提高，并因此降低了农民工家庭自身的消费水平。即农民工家庭存在着向上攀比的地位寻求动机。

第 7 章

研究结论与政策建议

围绕"地位寻求视角下农民工住房资产对家庭消费的影响"这一研究主题，本研究在借鉴既有理论和研究成果的基础上，采用中国家庭追踪调查 2014 年、2016 年、2018 年、2012 年以及 2022 年的微观调查数据，首先就农民工住房资产与主观经济地位进行了考察，其次分析了农民工住房资产的地位寻求动机，并在此基础上就农民工住房资产攀比与家庭消费的关系进行了实证检验。本章对全书实证研究的主要结论进行了归纳，并基于本研究的主要结论提出了相关政策建议。

本研究认为，一方面，在中国的农村地区，由于受到传统"男尊女卑"思想的影响，"仅女儿"农民工家庭试图通过住房资产替代"儿子"来提升自身家庭的社会地位（可称为"替代效应"）。另一方面，由于我国男女性别比例的长期失衡，"有儿子"农民工家庭为了提升儿子在婚姻市场上的竞争力，会增加对住房资产的投资（可称为"竞争效应"）。因此，住房资产"替代效应"和"竞争效应"的存在使农民工住房资产的地位寻求动机非常明显，农民工住房资产已然成为家庭户主主观经济地位的重要影响因素。由于农民工住房已经成为一种地位性商品，农民工家庭之间住房资产的攀比不仅在一定程度上抑制了家庭消费的增长，而且还呈现出向上攀比的地位寻求特征。

7.1 研究结论

本研究主要研究结论分三部分：第一部分是"农民工住房资产与主观经济地位"，第二部分是"农民工住房资产的地位寻求动机"，第三部分是"农民工住房资产攀比与家庭消费"，具体研究结论如下。

7.1.1 农民工住房资产与主观经济地位

关于这一部分的研究结论主要从农民工住房资产对主观经济地位的影响展开，主要研究结论如下：

第一，无论是在农民工全样本家庭、"仅儿子"家庭、"有儿有女"家庭还是"仅女儿"家庭，住房价值均显著提升了农民工家庭户主的主观经济地位。而且，从住房价值对户主主观经济地位影响的系数值来看，基准回归和稳健性检验的结果显示，"仅儿子"农民工家庭住房价值对户主主观经济地位提升的影响最大，"有儿有女"家庭次之，"仅女儿"家庭最小；但内生性检验的结果表明，"仅女儿"农民工家庭住房价值对户主主观经济地位提升的影响最大，"仅儿子"家庭次之，"有儿有女"家庭最小。

第二，无论是在农民工全样本家庭、"仅儿子"家庭、"有儿有女"家庭还是"仅女儿"家庭，住房面积均显著提升了农民工家庭户主的主观经济地位。而且，从住房面积对户主主观经济地位影响的系数值来看，"仅女儿"农民工家庭住房价值对户主主观经济地位提升的影响最大，"仅儿子"家庭次之，"有儿有女"农民工家庭最小。

第三，在农民工全样本家庭、"仅儿子"家庭、"有儿有女"家庭以及"仅女儿"家庭，虽然就影响系数而言，农民工住房价值对户主主观经济地位提升的影响与农民工住房面积对户主主观经济地位提升的影响存在着一定差异，但实证结果一致显示，农民工住房价值或住房面积均显著提升了户主的主观经济地位。这一结果表明，住房资产已经成为评价农民工社会地位的重要依据，从而在一定程度上证实了农民工住房资产的地位寻求动机。

7.1.2 农民工住房资产的地位寻求动机

关于这一部分的研究结论主要从农民工住房资产的地位寻求动机展开，主要研究结论如下：

第一，无论是在农民工全样本家庭、"仅儿子"家庭、"有儿有女"家庭还是"仅女儿"家庭，农民工家庭所在村庄其他农民工家庭平均住房价值均显著促进了农民工家庭自身住房价值的增加。这一结果表明，我国农民工住房已经成为一种地位性商品。而且，从基于村庄层面数据估计的影响系数来看，"仅女儿"农民工家庭住房价值的地位寻求动机更大，"仅儿子"农民工家庭次之，"有儿有女"农民工家庭最小。

第二，无论是在农民工全样本家庭、"仅儿子"家庭、"有儿有女"家庭还是"仅女儿"家庭，农民工家庭所在村庄其他农民工家庭平均住房面积均显著促进了农民工家庭自身住房面积的增加。而且，从基于村庄层面数据估计的影响系数来看,"仅女儿"农民工家庭住房价值的地位寻求动机更大,"仅儿子"农民工家庭次之,"有儿有女"农民工家庭最小。这与采用"住房价值"作为衡量"农民工家庭住房资产财富积累"情况的估计结果基本一致。

第三,无论是在高性别比例地区还是在低性别比例地区,农民工家庭所在村庄其他农民工家庭的平均住房价值对农民工家庭自身住房价值增加的促进作用在农民工全样本家庭、"仅儿子"家庭、"有儿有女"家庭以及"仅女儿"家庭均显著存在。而且,就影响系数来看,在高性别比例地区,"仅儿子"农民工家庭的住房地位寻求动机最大,"有儿有女"家庭次之,"仅女儿"家庭最小;在低性别比例组,"仅女儿"农民工家庭的住房地位寻求动机最大,"仅儿子"家庭次之,"有儿有女"家庭最小。

7.1.3 农民工住房资产攀比与家庭消费

关于这一部分的研究结论主要从农民工住房资产攀比与家庭消费的关系展开,主要研究结论如下:

第一,农民工家庭所在村庄参照组平均住房价值或平均住房面积对农民工家庭自身消费总支出存在着显著的抑制作用;农民工家庭所在村庄参照组平均住房价值对农民工家庭食品支出、衣着支出以及交通支出的负向效应均十分显著;农民工家庭所在村庄平均住房面积对家庭食品支出、居住支出以及交通支出也存在着显著的抑制作用。农民工家庭住房价值对自身消费总支出,以及除文教支出外的其他各项分类消费支出均存在着显著的促进作用。除食品支出和文教支出外,农民工家庭住房面积对自身消费总支出以及其他各项分类消费支出的正向效应均十分显著。此外,农民工家庭所在村庄参照组平均消费水平、农民工家庭收入对农民工家庭消费总支出及各项分类消费支出均存在着显著的促进作用。

第二,高地位农民工家庭所在村庄其他高地位农民工家庭的平均住房价值或平均住房面积对高地位农民工家庭消费总支出均存在着显著的负向效应;高地位农民工家庭村庄平均住房面积对同村庄中地位农民工家庭消费总支出存在着显著的抑制作用,但高地位农民工家庭村庄平均住房价值对同村庄中地位农民工家庭消费总支出的负向效应并不显著;高地位农民工家庭村庄平均住房价值对同村庄低地位农民工家庭消费总支出存在着显著的抑制作用,但高地位农民工家庭村庄平均住房面积对同村庄低地位农民工家庭消费总支出的负向效应并不显著。

第三，高收入农民工家庭所在村庄其他高收入农民工家庭的平均住房价值或平均住房面积对高收入农民工家庭消费总支出的负向效应均十分显著；农民工高收入家庭村庄平均住房价值或平均住房面积对同村庄低收入农民工家庭消费总支出的抑制作用均十分显著。

7.2 政策建议

根据上述研究结论，总体上来看，农民工住房资产存在着地位寻求动机，且对家庭消费存在着显著的"挤出效应"。本研究的政策建议主要从缓解农民工住房资产的地位寻求动机、减少住房资产的挤出效应以及增强住房资产的资产效应，进而促进农民工家庭消费展开，具体来说：

第一，继续做好性别失衡问题的应对工作。一方面，加强宣传教育，通过媒体、学校等渠道普及性别平等理念，大力宣传"女儿也是传后人"、"男女平等"的典型案例，改变农民工家庭对子女性别的偏好。另一方面，各级政府要采取积极的应对措施，推动将男女平等基本国策融入公共政策体系建设，努力做好各项针对性社会保障工作，促使性别比例尽快回归正常。此外，对于一些性别失衡严重、男性婚配压力过大的地区，政府可适当鼓励人口流动，通过跨区域婚配来缓解婚恋市场竞争。

第二，持续破除"重男轻女"传统思想束缚。一方面，弱化"男性传宗接代"观念。通过宣传和公共讨论，重新定义"家族延续"的概念（如女儿同样可以传承家风）。推广"男到女家落户"（入赘）的婚姻模式，打破"女性必须嫁出去"的传统。另一方面，弱化"养儿防老"观念。通过推广普惠性养老制度，减少家庭对儿子的经济依赖。鼓励"女儿养老"的典型案例，改变"只有儿子能赡养父母"的偏见。保障女性财产继承权，避免土地、房产仅由儿子继承。

第三，缩小收入差距，缓解农民工家庭之间的攀比。从"就业支持、技能提升、权益保护、社会保障"等方面，通过完善劳动报酬保障机制、提升人力资本质量、优化就业服务体系、健全社会保障体系以及强化权益保护机制，着力提高农民工收入水平，缩小农民工家庭之间的收入差距，进而弱化由于攀比而形成的农民工住房地位寻求动机。

第四，制定农民工友好型的住房政策，降低住房资产成本。建议增加租赁住房的有效供给，特别是为农民工家庭提供可支付的保障性租赁房，并且建立长期稳定的租赁关系，缓解婚姻市场竞争带来的住房地位性商品寻求压力。此外，相关部门或者房地产商在制定基于需求方的激励政策时，应当适度考虑农民工家庭的住房需求，使政策精准定位，有助于增强政策效果。

第五，加快推进金融市场化改革，不断深化金融改革创新。相关部门应逐步放松对金融创新的管制，通过进一步完善房地产交易和抵押贷款市场，降低家庭房屋交易和抵押融资的成本，积极稳妥地推进抵押权益变现贷款产品的创新。政府部门要在保障农民基本居住权益的前提下，稳妥推进农村住房财产权抵押贷款工作，尽快破除农村地区居民住房财产权抵押担保贷款的相关障碍，有效盘活农村"沉睡资产"，为农民工也能够通过住房权益变现来增加消费支出提供制度保障。

第六，推进"再按揭/再融资"等住房资产金融产品的创新。西方国家的经验表明，住房"再按揭/再融资"机制是发挥居民家庭住房资产"财富效应"作用的重要前提。对持有城镇住房的农民工家庭而言，在不损害其居住权利的情况下，可以通过逐年出售其自住房屋产权来获取其房屋固定资产的收益，这可能会引导农民工家庭利用其房屋收益进行消费。因此，在加强科学、有效监管的同时，逐步推进"再按揭/再融资"等住房资产金融产品的创新。

此外，国家应尽力保持房地产市场的稳定，避免房地产市场的大幅度波动，使农民工家庭城镇住房资产能够稳定增值，进而促进农民工家庭消费的稳定增长。通过实行差异化的房地产政策，着力推进房地产金融改革，不仅是提升我国农民工家庭消费水平的有效方式，更是通过扩大内需促进经济高质量发展、应对中美贸易战的应有之义。

主要参考文献

[1] 蔡昉. 户籍制度改革的效应、方向和路径 [J]. 经济研究, 2023, 58 (10): 4—14.

[2] 蔡昉, 陈晓红, 张军, 等. 研究阐释党的十九届五中全会精神笔谈 [J]. 中国工业经济, 2020 (12): 5—27.

[3] 蔡宇涵, 黄阳华, 郑新业. 相对经济地位与生活满意度: 来自脱贫攻坚实践的证据 [J]. 经济研究, 2024 (4): 191—208.

[4] 晁钢令, 万广圣. 农民工家庭生命周期变异及对其家庭消费结构的影响 [J]. 管理世界, 2016 (11): 96—109.

[5] 陈斌开, 李涛. 中国城镇居民家庭资产—负债现状与成因研究 [J]. 经济研究, 2011 (S_1): 55—66.

[6] 陈昌盛, 许伟, 兰宗敏, 等. 我国消费倾向的基本特征、发展态势与提升策略 [J]. 管理世界, 2021, 37 (08): 46-58.

[7] 陈峰, 姚潇颖, 李鲲鹏. 中国中高收入家庭的住房财富效应及其结构性差异 [J]. 世界经济, 2013 (9): 139—160.

[8] 陈健, 陈杰, 高波. 信贷约束、房价与居民消费率 [J]. 金融研究, 2012 (4): 45—57.

[9] 陈健, 黄少安. 遗产动机与财富效应的权衡: 以房养老可行吗? [J]. 经济研究, 2013 (9): 56—70.

[10] 陈训波, 周伟. 家庭财富与中国城镇居民消费: 来自微观层面的证据 [J]. 中国经济问题, 2013 (2): 46—55.

[11] 陈彦斌. 情绪波动和资产价格波动 [J]. 经济研究, 2005 (3): 36—45.

[12] 陈彦斌. 中国城乡财富分布的比较分析 [J]. 金融研究, 2008 (12): 87—100.

[13] 陈彦斌, 周业安. 行为资产定价理论综述 [J]. 经济研究,

2004（6）：117—132.

［14］陈映芳."农民工"：制度安排与身份认同［J］.社会学研究，2005（3）：119—132.

［15］陈永伟，史宇鹏，权五燮.住房财富、金融市场参与和家庭资产组合选择［J］.金融研究，2015（4）：1—18.

［16］程抗，陈思瑶，李露，等.劳动合同签订对农民工家庭消费的影响研究［J］.财经理论与实践，2024，45（5）：142—151.

［17］迟福林.推进以人为核心的新型城镇化进程［J］.行政管理改革，2025（1）：4—11.

［18］崔颖，刘宏.教育对家庭资产选择的性别异质性影响及渠道分析［J］.世界经济文汇，2021（4）：1—22.

［19］丁继红，应美玲，杜在超.我国农村家庭消费行为研究：基于健康风险与医疗保障视角的分析［J］.金融研究，2013（10）：154—166.

［20］丁文，徐泰玲.当代中国家庭巨变［M］.济南：山东大学出版社，2001.

［21］董昕.住房、土地对中国乡—城人口迁移的影响：研究回顾与展望［J］.江淮论坛，2017（6）：23—28.

［22］董昕，周卫华.住房市场与农民工住房选择的区域差异［J］.经济地理，2014，34（12）：140—146.

［23］杜莉，沈建光，潘春阳.房价上升对城镇居民平均消费倾向的影响：基于上海市入户调查数据的实证研究［J］.金融研究，2013（3）：44—57.

［24］段军山，崔蒙雪.信贷约束、风险态度与家庭资产选择［J］.统计研究，2016，33（6）：62—71.

［25］凡勃伦.有闲阶级论［M］.蔡受百，译.北京：商务印书馆，2018.

［26］樊潇彦，袁志刚，万广华.收入风险对居民耐用品消费的影响［J］.经济研究，2007（4）：124—136.

［27］方福前.西方经济学新进展［M］.2版.北京：中国人民大学出版社，2010.

［28］方福前，俞剑.居民消费理论的演进与经验事实［J］.经济学动态，2014（3）：11—34.

[29] 方丽,田传浩. 筑好巢才能引好凤：农村住房投资与婚姻缔结 [J]. 经济学季刊, 2016（2）：571—596.

[30] 费孝通. 乡土中国生育制度 [M]. 北京：北京大学出版社, 1998：25.

[31] 冯长春,李天娇,曹广忠,等. 家庭式迁移的流动人口住房状况 [J]. 地理研究, 2017, 36（4）：633—646.

[32] 冯桂林,李淋. 我国当代农民工的消费行为研究 [J]. 江汉论坛, 1997（4）：74—78.

[33] 福塞尔. 格调：社会等级与生活品味 [M]. 梁丽真,等译. 北京：北京联合出版公司, 2017.

[34] 高春亮,周晓艳. 34个城市的住宅财富效应 [J]. 南开经济研究, 2007（1）：36—44.

[35] 高梦媛,郑欣. 文化自觉：从娱乐消费看新生代农民工的城市适应：基于长三角地区外来务工人员的考察 [J]. 中国青年研究, 2013（7）：72—78.

[36] 高明,刘玉珍. 跨国家庭金融比较：理论与政策意涵 [J]. 经济研究, 2013（2）：134—149.

[37] 高楠,梁平汉,何青. 过度自信、风险偏好和资产配置：来自中国城镇家庭的经验证据 [J]. 经济学（季刊）：2019, 18（3）：1081—1100.

[38] 高伟. 住有所居：农民工住房问题实证研究 [M]. 北京：人民出版社, 2020.

[39] 官浩. 收入对幸福感的影响研究：绝对水平和相对水平 [J]. 南开经济研究, 2010（5）：56—70.

[40] 郭士棋,梁平汉. 社会互动、信息渠道与家庭股市参与 [J]. 经济研究, 2014（S1）：116—131.

[41] 郭小琳,陈帅,赵宗胤,等. 县域农民工市民化影响家庭消费的微观机制研究：基于"中国家庭大数据库"的分析 [J]. 浙江大学学报（人文社会科学版）, 2025, 55（2）：5—21.

[42] 杭斌. 习惯形成下的农户缓冲储备行为 [J]. 经济研究, 2009（1）：96—105.

[43] 杭斌. 住房需求与城镇居民消费 [J]. 统计研究, 2014（9）：

31—36.

[44] 杭斌, 曹建美. 中国农户的人情支出行为研究 [J]. 统计与信息论坛, 2017, 32 (5): 116—122.

[45] 杭斌, 修磊. 收入不平等、信贷约束与家庭消费 [J]. 统计研究, 2016, 33 (8): 73—79.

[46] 杭斌, 修磊. 住房攀比与居民消费 [J]. 统计研究, 2015 (12): 54—61.

[47] 郝演苏, 周佳璇, 张建伟. 医疗保险、市民化与农业转移人口消费 [J]. 经济社会体制比较, 2022 (1): 91—104.

[48] 何大安. 行为经济人有限理性的实现程度 [J]. 中国社会科学, 2004 (4): 91—101.

[49] 何炤华, 杨菊华. 安居还是寄居? 不同户籍身份流动人口居住状况研究 [J]. 人口研究, 2013, 37 (6): 17—34.

[50] 何兴强, 李涛. 社会互动、社会资本和商业保险参与 [J]. 金融研究, 2009 (2): 116—132.

[51] 何兴强, 史卫, 周开国. 背景风险与居民风险金融资产投资 [J]. 经济研究, 2009 (12): 119—130.

[52] 何兴强, 杨锐锋. 房价收入比与家庭消费: 基于房产财富效应的视角 [J]. 经济研究, 2019, 54 (12): 102—117.

[53] 贺洋, 臧旭恒. 家庭财富、消费异质性与消费潜力释放 [J]. 经济学动态, 2016 (3): 56—66.

[54] 胡霞, 丁浩. 子女随迁政策对农民工家庭消费的影响机制研究 [J]. 经济学动态, 2016 (10): 25—38.

[65] 黄静, 屠梅曾. 房地产财富与消费: 来自于家庭微观调查数据的证据 [J]. 管理世界, 2009 (7): 35—45.

[56] 江静琳, 王正位, 廖理. 农村成长经历和股票市场参与 [J]. 经济研究, 2018, 53 (8): 84—99.

[57] 蒋姣, 赵昕东. 收入差距、社会地位与家庭消费结构 [J]. 云南财经大学学报, 2021 (1): 27—37.

[58] 金晓彤, 崔宏静. 新生代农民工社会认同建构的路径选择: 外显性炫耀与内隐性积累的文化消费模式对比分析 [J]. 江苏社会科学, 2014 (3): 70—75.

[59] 金晓彤,崔宏静,韩成."金玉其外"的消费选择背后：新生代农民工社会认同与炫耀性消费解析[J].经济体制改革,2015（1）：106—110.

[60] 金晓彤,韩成,聂盼盼.新生代农民工缘何进行地位消费？：基于城市认同视角的分析[J].中国农村经济,2017（3）：18—30.

[61] 金晓彤,杨潇.新生代农民工与同龄城市青年发展型消费的比较分析[J].中国农村经济,2016（2）：13—22.

[62] 金晓彤,周爽,赵太阳.新生代农民工的身份二元性及其返乡消费高可见性符号特征：基于城市异地务工青年的对比研究[J].人口与经济,2017（5）：116—126.

[63] 金烨,李宏彬,吴斌珍.收入差距与社会地位寻求：一个高储蓄率的原因[J].经济学（季刊）,2011,10（3）：887—912.

[64] 孔祥利,粟娟.我国农民工消费影响因素分析：基于全国28省区1860个样本调查数据[J].陕西师范大学学报（哲学社会科学版）,2013,42（1）：24—33.

[65] 况伟大.房价变动与中国城市居民消费[J].世界经济,2011（10）：21—34.

[66] 雷晓燕,周月刚.中国家庭的资产组合选择：健康状况与风险偏好[J].金融研究,2010（1）：31—45.

[67] 李凤,罗建东,路晓蒙,等.中国家庭资产状况、变动趋势及其影响因素[J].管理世界,2016（2）：45—56.

[68] 李剑.住房资产、价格波动与我国城镇居民消费行为：基于传导渠道的分析[J].财经研究,2015（8）：90—104.

[69] 李江一."房奴效应"导致居民消费低迷了吗？[J].经济学（季刊）,2017,17（1）：405—430.

[70] 李培林,田丰.中国新生代农民工：社会态度和行为选择[J].社会,2011,31（3）：1—23.

[71] 李涛.参与惯性和投资选择[J].经济研究,2007（8）：95—109.

[72] 李涛,陈斌开.家庭固定资产、财富效应与居民消费：来自中国城镇家庭的经验证据[J].经济研究,2014（3）：62—75.

[73] 李涛,方明,伏霖,等.客观相对收入与主观经济地位：基于

集体主义视角的经验证据［J］.经济研究，2019（12）：118—133.

［74］李涛，郭杰.风险态度与股票投资［J］.经济研究，2009（2）：56—67.

［75］李涛，张文韬.人格特征与股票投资［J］.经济研究，2015（3）：103—116.

［76］李涛.社会互动与投资选择［J］.经济研究，2006a（8）：45—57.

［77］李涛.社会互动、信任与股市参与［J］.经济研究，2006b（1）：34—45.

［78］李君甫，孙嫣源.住房公积金制度对流动人口购房的影响：基于国家卫计委2013年流动人口动态监测数据的研究［J］.公共行政评论，2018，11（2）：62—72.

［79］李心丹，肖斌卿，俞红海，等.家庭金融研究综述［J］.管理科学学报，2011（4）：74—85.

［80］李雪松，黄彦彦.房价上涨、多套房决策与中国城镇居民储蓄率［J］.经济研究，2015（9）：100—113.

［81］李勇辉，刘南南，李小琴.农地流转、住房选择与农民工市民化意愿［J］.经济地理，2019，39（11）：165—174.

［82］梁斌，陈茹.子女性别与家庭金融资产选择［J］.经济学（季刊），2022，22（4）：1299—1318.

［83］梁琪，郭娜，郝项超.房地产市场财富效应及其影响因素研究［J］.经济社会体制比较，2011（5）：179—184.

［84］刘成斌，周兵.中国农民工购房选择研究［J］.中国人口科学，2015（6）：100—108.

［85］刘传江.新生代农民工的特点、挑战与市民化［J］.人口研究，2010，34（2）：34—39.

［86］刘宏，张梓静，周广肃.企业年金与家庭经济决策［J］.金融研究，2024（2）：149—168.

［87］刘生龙，程文银，熊雪.新生代农民工与中国农村储蓄率下降［J］.中国农村经济，2016（3）：2—11.

［88］刘雯，杨晓维.中国农户地位寻求：储蓄动机研究［J］.经济评论，2016（1）：65—79.

[89] 刘潇,程志强,张琼. 居民健康与金融投资偏好 [J]. 经济研究, 2014 (S1): 77—88.

[90] 刘一伟. 住房公积金与农民工定居城市的关联度 [J]. 重庆社会科学, 2017 (1): 45—53.

[91] 刘楹. 家庭金融资产配置行为研究 [M]. 北京: 社会科学文献出版社, 2007.

[92] 龙志和,周浩民. 中国城镇居民预防性储蓄实证研究 [J]. 经济研究, 2000 (11): 33—38.

[93] 卢海阳. 社会保险对进城农民工家庭消费的影响 [J]. 人口与经济, 2014 (4): 33—42.

[94] 卢建新. 农村家庭资产与消费: 来自微观调查数据的证据 [J]. 农业技术经济, 2015 (1): 84—92.

[95] 卢亚娟,张菁晶. 农村家庭金融资产选择行为的影响因素研究: 基于CHFS微观数据的分析 [J]. 管理世界, 2018, 34 (5): 98—106.

[96] 陆文聪,余新平. 农村土地还权赋能的必要性及可行性 [J]. 改革, 2014 (3): 40—46.

[97] 罗丽,李晓峰. 个人工资水平、家庭迁移特征与农民工城市消费: 留城意愿的调节和中介作用分析 [J]. 农业技术经济, 2020 (3): 56—69.

[98] 骆祚炎. 城镇居民金融资产与不动产财富效应的比较分析 [J]. 数量经济技术经济研究, 2007 (11): 56—65.

[99] 骆祚炎. 居民金融资产结构性财富效应分析 [J]. 数量经济技术经济研究, 2008 (12): 97—110.

[100] 骆祚炎. 中国居民资产结构性财富效应的时间特征分析 [J]. 财贸经济, 2010 (4): 32—39.

[101] 马光荣,杨恩艳. 社会网络、非正规金融与创业 [J]. 经济研究, 2011, 46 (3): 83—94.

[102] 毛中根,桂河清,洪涛. 住房价格波动对城镇居民消费的影响分析 [J]. 管理科学学报, 2017 (4): 17—31.

[103] 孟亦佳. 认知能力与家庭资产选择 [J]. 经济研究, 2014 (S1): 132—142.

[104] 明娟,曾湘泉. 农民工家庭与城镇住户消费行为差异分析: 来自

中国城乡劳动力流动调查的证据［J］．中南财经政法大学学报，2014（4）：3—9.

［105］威尔金森．行为经济学［M］．贺京同，等译．北京：中国人民大学出版社，2012.

［106］聂富强，崔亮，艾冰．贫困家庭的金融选择：基于社会资本视角的分析［J］．财贸经济．2012（7）：49—55.

［107］钱龙，卢海阳，钱文荣．身份认同影响个体消费吗?：以农民工在城文娱消费为例［J］．南京农业大学学报（社会科学版），2015，15（6）：51—60.

［108］钱文荣，李宝值．不确定性视角下农民工消费影响因素分析：基于全国2679个农民工的调查数据［J］．中国农村经济，2013（11）：57—71.

［109］钱文荣，李宝值．初衷达成度、公平感知度对农民工留城意愿的影响及其代际差异：基于长江三角洲16个城市的调研数据［J］．管理世界，2013（9）：89—101.

［110］邱兆祥，王德祥，陈凯．基于地位寻求视角的中国居民高储蓄动机的实证分析［J］．金融理论与实践，2018（12）：1—11.

［111］任国英，汪津，李锐．地位寻求与城镇家庭购买耐用消费品借贷行为的研究［J］．中央财经大学学报，2020（7）：79—90.

［112］盛夏，李川，王擎．房地产市场、家庭杠杆率与消费：一个异质性代理人模型［J］．经济研究，2022，57（11）：157—173.

［113］史代敏，宋艳．居民家庭金融资产选择的实证研究［J］．统计研究，2005（10）：43—49.

［114］宋勃．房地产市场财富效应的理论分析和中国经验的实证检验［J］．经济科学，2007（5）：41—53.

［115］宋明月，臧旭恒．消费粘性视角下我国城镇居民财富效应检验［J］．经济评论，2016（2）：48—57.

［116］宋艳姣．城市外来流动人口购房意愿及其影响因素研究：以城市规模的异质性为视角［J］．华东师范大学学报（哲学社会科学版），2016，48（6）：157—163.

［117］粟娟，孔祥利．中国农民工消费结构特征及市民化趋势分析：基于全国28省1249份有效样本数据检验［J］．统计与信息论坛，2012，

27（12）：96—101.

［118］孙伟增，张思思. 房租上涨如何影响流动人口的消费与社会融入：基于全国流动人口动态监测调查数据的实证分析［J］. 经济学（季刊），2022，22（1）：153—174.

［119］唐有财. 流动儿童的城市融入：基于北京、广州、成都三城市的调查［J］. 青年研究，2009（1）：30—38.

［120］田子方，李涛，伏霖. 家庭关系与居民消费［J］. 经济研究，2022，57（6）：173—190.

［121］万晓莉，严予若，方芳. 房价变化、房屋资产与中国居民消费［J］. 经济学（季刊），2017（1）：525—544.

［122］汪建华，黄斌欢. 留守经历与新工人的工作流动：农民工生产体制如何使自身面临困境［J］. 社会，2014，34（5）：88—104.

［123］汪润泉，刘一伟. 住房公积金能留住进城流动人口吗？：基于户籍差异视角的比较分析［J］. 人口与经济，2017（1）：22—34.

［124］汪润泉，赵彤. 就业类型、职工养老保险与农民工城市消费［J］. 农业技术经济，2018（2）：77—88.

［125］王柏杰，何炼成，郭立宏. 房地产价格、财富与居民消费效应［J］. 经济学家，2011（5）：57—65.

［126］王春光. 新生代农村流动人口的社会认同与城乡融合的关系［J］. 社会学研究，2001（3）：63—76.

［127］王聪. 股市参与、参与程度及其影响因素［J］. 经济研究，2012（10）：97—107.

［128］王聪，柴时军，田存志，等. 家庭社会网络与股市参与［J］. 世界经济，2015（5）：105—124.

［129］王聪，田存志. 股市参与、参与程度及其影响因素［J］. 经济研究，2012（10）：97—107.

［130］王宁. "两栖"消费行为的社会学分析［J］. 中山大学学报（社会科学版），2005（4）：71—76.

［131］王宁，严霞. 两栖消费与两栖认同：对广州市 J 工业区服务业打工妹身体消费的质性研究［J］. 江苏社会科学，2011（4）：90—100.

［132］王先柱，王敏，吴义东. 住房公积金支持农民工住房消费的区域差异性研究［J］. 华东师范大学学报（哲学社会科学版），2018，50（2）：

148—158.

[133] 王湘红, 陈坚. 社会比较和相对收入对农民工家庭消费的影响: 基于 RUMiC 数据的分析 [J]. 金融研究, 2016 (12): 48—62.

[134] 王亚柯, 刘东亚. 信贷约束与家庭金融市场参与 [J]. 金融研究, 2023 (2): 171—188.

[135] 王艳华. 新生代农民工市民化的社会学分析 [J]. 中国青年研究, 2007 (5): 38—41.

[136] 王玉君. 农民工城市定居意愿研究: 基于十二个城市问卷调查的实证分析 [J]. 人口研究, 2013, 37 (4): 19—32.

[137] 王岳龙, 蔡玉龙, 唐宇晨. 房价升值预期、财富幻觉与家庭消费: 基于《国六条》的证据 [J]. 数量经济技术经济研究, 2023, 40 (9): 116—137.

[138] 王子龙, 许萧迪, 徐浩然. 房地产市场财富效应理论与实证研究 [J]. 财贸经济, 2008 (12): 116—122.

[139] 温兴祥. 失业、失业风险与农民工家庭消费 [J]. 南开经济研究, 2015 (6): 110—128.

[140] 温兴祥. 城市保障性住房获取对农业转移人口家庭消费的影响 [J]. 中国农村观察, 2025 (2): 50—68.

[141] 文乐, 周志鹏. 农民工留城意愿对农民工家庭消费的影响研究 [J]. 人口与发展, 2019, 25 (4): 53—64.

[142] 吴维平, 王汉生. 寄居大都市: 京沪两地流动人口住房现状分析 [J]. 社会学研究, 2002 (3): 92—110.

[143] 吴卫星, 齐天翔. 流动性、生命周期与投资组合相异性 [J]. 经济研究, 2007 (2): 97—110.

[144] 吴卫星, 丘艳春, 张琳琬. 中国居民家庭投资组合有效性 [J]. 世界经济, 2015 (1): 154—172.

[145] 吴卫星, 荣苹果, 徐芊. 健康与家庭资产选择 [J]. 经济研究, 2011 (S_1): 43—54.

[146] 吴卫星, 谭浩. 夹心层家庭结构和家庭资产选择: 基于城镇家庭微观数据的实证研究 [J]. 北京工商大学学报 (社会科学版), 2017, 32 (3): 1—12.

[147] 吴卫星, 易尽然, 郑建明. 中国居民家庭投资结构: 基于生命

周期、财富和住房的实证分析 [J]. 经济研究, 2010 (S₁): 72—81.

[148] 吴文峰, 王建琼. 农民工储蓄与消费行为分析: 以四川成都地区为例 [J]. 江西社会科学, 2012, 32 (7): 227—230.

[149] 西美尔. 时尚的哲学 [M]. 费勇, 等译. 北京: 文化艺术出版社, 2001: 70—93.

[150] 萧端, 吕俞璇. 教育背景与我国家庭股票市场参与: 基于CFPS微观数据的实证分析 [J]. 经济理论与经济管理, 2018 (6): 80—95.

[151] 肖争艳, 刘凯. 中国城镇家庭财产水平研究: 基于行为的视角 [J]. 经济研究. 2012 (4): 28—39.

[152] 肖忠意, 李瑞琴, 陈志英, 等. 创新创业制度环境、创业行为与家庭资产选择 [J]. 世界经济文汇, 2018 (4): 20—35.

[153] 肖作平, 张欣哲. 制度和人力资本对家庭金融市场参与的影响研究: 来自中国民营企业家的调查数据 [J]. 经济研究, 2012 (S1): 91—104.

[154] 解垩. 房产和金融资产对家庭消费的影响: 中国的微观证据 [J]. 财贸研究, 2012 (4): 73—82.

[155] 谢洁玉, 吴斌珍, 李宏彬, 等. 中国城市房价与居民消费 [J]. 金融研究, 2012 (6): 13—27.

[156] 谢平. 中国金融资产结构分析 [J]. 经济研究, 1992 (11): 30—37.

[157] 谢勇, 沈坤荣. 非农就业与农村居民储蓄率的实证研究 [J]. 经济科学, 2011 (4): 76—87.

[158] 谢宇, 张晓波, 李建新, 等. 中国民生发展报告2013 [M]. 北京: 北京大学出版社, 2013.

[159] 谢宇, 张晓波, 李建新, 等. 中国民生发展报告2014 [M]. 北京: 北京大学出版社, 2014.

[160] 斯密. 道德情操论 [M]. 蒋自强, 等译. 北京: 商务印书馆, 1997.

[161] 严金海, 丰雷. 中国住房价格变化对居民消费的影响研究 [J]. 厦门大学学报 (哲学社会科学版), 2012 (2): 71—78.

[162] 颜色, 朱国钟. "房奴效应"还是"财富效应"? 房价上涨对国民消费影响的一个理论分析 [J]. 管理世界, 2013 (3): 34—47.

[163] 杨菊华. 制度要素与流动人口的住房保障 [J]. 人口研究,

2018,42(1):60—75.

[164] 杨嫚.消费与身份构建：一项关于武汉新生代农民工手机使用的研究[J].新闻与传播研究,2011,18(6):65—74.

[165] 杨善华,朱伟志.手机：全球化背景下的"主动"选择：珠三角地区农民工手机消费的文化和心态解读[J].广东社会科学,2006(2):168—173.

[166] 杨婷怡,叶倩,雷宏振.农业转移人口住房实现模式与住房消费行为[J].西北农林科技大学学报（社会科学版）,2021,21(6):148—160.

[167] 杨晓维,刘雯.地位经济学研究动态[J].经济学动态,2016(6):100-108.

[168] 杨欣桐,易成栋.子女数量与家庭购房：分化与选择[J].财贸经济,2022,43(5):96—110.

[169] 杨耀武,阎晶晶,杨澄宇.房屋资产与居民消费[J].经济研究,2013(S_1):65—76.

[170] 杨耀武,杨澄宇.房产财富与金融财富如何影响居民消费？：理论解释与实证检验[J].经济科学,2019(2):92—103.

[171] 姚成胜,李嘉桐,万珍.农地转出、农民收入与家庭金融资产选择行为[J].经济社会体制比较,2016(6):125—133.

[172] 易纲.中国金融资产结构分析及政策含义[J].经济研究,1996(12):26—33.

[173] 易行健,李家山,万广华,等.财富差距的居民消费抑制效应：机制探讨与经验证据[J].数量经济技术经济研究,2023,20(6):27—47.

[174] 易行健,苏欣,周聪,等.房价预期与城镇居民家庭股市参与：理论探讨与微观经验证据[J].金融研究,2022(4):151—169.

[175] 尹志超,仇化,潘学峰.住房财富对中国城镇家庭消费的影响[J].金融研究,2021(2):114—132.

[176] 尹志超,宋全云,吴雨.金融知识、投资经验与家庭资产选择[J].经济研究,2014(4):62—75.

[177] 尹志超,吴雨,甘犁.金融可得性、金融市场参与和家庭资产选择[J].经济研究,2015(3):87—99.

［178］余华义，王科涵，黄燕芬. 中国住房分类财富效应及其区位异质性：基于35个大城市数据的实证研究［J］. 中国软科学，2017（2）：88—101.

［179］余华义，王科涵，黄燕芬. 房价对居民消费的跨空间影响：基于中国278个城市空间面板数据的实证研究［J］. 经济理论与经济管理，2020（8）：45—61.

［180］余晓敏，潘毅. 消费社会与"新生代打工妹"主体性再造［J］. 社会学研究，2008（3）：143—171.

［181］余新平. 中国城乡家庭固定资产选择对居民消费的影响研究［M］. 北京：中国财政经济出版社，2018.

［182］余新平，熊德平. 城镇居民住房资产对家庭消费的财富效应［J］. 管理世界，2017（6）：168－169.

［183］余新平，熊德平. 农户农地抵押贷款可得性：一个理论分析［J］. 宁波大学学报（人文科学版），2017（2）：91－977.

［184］臧旭恒. 居民资产与消费选择行为分析［M］. 上海：上海三联书店，上海人民出版社，2001.

［185］臧旭恒，张欣. 中国家庭资产配置与异质性消费者行为分析［J］. 经济研究，2018（3）：21—34.

［186］张传勇. 基于"模型—实证—模拟"框架的家庭金融研究综述［J］. 金融评论，2014，6（2）：102—109.

［187］张传勇，王丰龙. 住房财富与旅游消费：兼论高房价背景下提升新兴消费可行吗［J］. 财贸经济，2017，38（3）：83—98.

［188］张大永，曹红. 家庭财富与消费：基于微观调查数据的分析［J］. 经济研究，2012（S_1）：53—65.

［189］张海洋，耿广杰. 生活满意度与家庭金融资产选择［J］. 中央财经大学学报，2017（3）：48—58.

［190］张浩，易行健，周聪. 房产价值变动、城镇居民消费与财富效应异质性［J］. 金融研究，2017（8）：50—66.

［191］张吉鹏，葛鑫，毛盛志. 家庭住房需求和资产配置：基于包含人力资本和禀赋异质性的生命周期模型［J］. 经济研究，2021，56（7）：160—177.

［192］张琴，王艺容，余新平，等. 普惠金融缓解农户多维不平等的

效应研究［J］. 农业技术经济，2023（10）：111—128.

［193］张文宏，雷开春. 城市新移民社会融合的结构、现状与影响因素分析［J］. 社会学研究，2008（5）：117—141.

［194］张五六，赵昕东. 金融资产与实物资产对城镇居民消费影响的差异性研究［J］. 经济评论，2012（3）：93—101.

［195］张勋，刘晓，樊纲. 农业劳动力转移与家户储蓄率上升［J］. 经济研究，2014，49（4）：130—142.

［196］赵乃宝，王玉婷，许冰，等. 房产预期回报率视角下的中国家庭资产配置［J］. 经济研究，2023，58（1）：175—191.

［197］赵卫华. 独特化还是市民化：新生代农民工消费模式分析［J］. 北京社会科学，2015（3）：39—46.

［198］赵卫华，冯建斌，张林江. "单位嵌入型"住房公积金制度对农民工的影响分析［J］. 中共中央党校（国家行政学院）学报，2019，23（2）：128—135.

［199］赵西亮，梁文泉，李实. 房价上涨能够解释中国城镇居民高储蓄率吗？［J］. 经济学（季刊），2013，13（1）：81—102.

［200］赵杨，张屹山，赵文胜. 房地产市场与居民消费、经济增长之间的关系研究：基于1994—2011年房地产市场财富效应的实证分析［J］. 经济科学，2011（6）：30—41.

［201］郑功成，黄黎若莲. 中国农民工问题：理论判断与政策思路［J］. 中国人民大学学报，2006（6）：2—13.

［202］郑思齐. 住房需求的微观经济分析：理论与实证［M］. 北京：中国建筑工业出版社，2007.

［203］郑思齐，廖俊平，任荣荣，等. 农民工住房政策与经济增长［J］. 经济研究，2011（2）：73—86.

［204］种聪，岳希明. 农民工收入现状、关键问题与优化路径［J］. 南京农业大学学报（社会科学版），2023，23（6）：14—23.

［205］周闯，白兵. 自雇就业促进还是抑制农民工的消费［J］. 农业技术经济，2020（6）：103—115.

［206］周广肃，樊纲，马光荣. 收入不平等对中国家庭可见性支出的影响［J］. 财贸经济，2018，39（11）：21—35.

［207］周林刚. 地位结构、制度身份与农民工集体消费：基于深圳市

的实证分析[J]. 中国人口科学, 2007 (4): 88—94.

[208] 周铭山, 孙磊, 刘玉珍. 社会互动、相对财富关注及股市参与[J]. 金融研究, 2011 (2): 172—184.

[209] 周钦, 袁燕, 臧文斌. 医疗保险对中国城市和农村家庭资产选择的影响研究[J]. 经济学(季刊), 2015, 14 (3): 931—960.

[210] 周贤润. 新生代农民工的消费认同与主体建构[J]. 北京社会科学, 2021 (9): 121—128.

[211] 周亚虹, 邱子迅, 姜帅帅, 等. 数字经济发展与农村共同富裕: 电子商务与数字金融协同视角[J]. 经济研究, 2024, 59 (7): 54—71.

[212] 朱光伟, 杜在超, 张林. 关系、股市参与和股市回报[J]. 经济研究, 2014 (11): 87—101.

[213] 朱信凯. 中国农户位置消费行为研究[J]. 统计研究, 2001 (12): 15—19.

[214] 褚荣伟, 张晓冬. 中国农民工消费市场解读: 金字塔底层的财富[J]. 经济理论与经济管理, 2011 (7): 34—46.

[215] 祝仲坤, 冷晨昕. 农民工住房公积金制度的运行现状: 基于中国劳动力动态调查数据的分析[J]. 城市问题, 2017 (3): 80—86.

[216] 邹红, 黄慧丽. 居民家庭资产与消费的变动关系: 基于1999—2009年城镇季度数据的实证检验[J]. 中央财经大学学报, 2010 (10): 81—86.

[217] Agnew J, Balduzzi P, Sunden A. Portfolio choice and trading in a large 401 (k) plan [J]. American Economic Review, 2003, 93 (1): 193 - 215.

[218] Aladangady A. Housing wealth and consumption: evidence from geographically linked micro - data [J]. American Economic Review. 2017, 107 (11): 3415 - 3446.

[219] Alzuabi R, Brown S, Gray D, et al. Household saving, health, and healthcare utilization in Japan [J]. Oxford Economic Papers, 2022, 74 (2): 473 - 497.

[220] Andersen S, Nielsen K M. Participation constraints in the stock market: evidence from unexpected inheritance due to sudden death [J]. Review of Financial Studies, 2011, 24 (5): 1667 - 1697.

[221] Ando A, Modigliani F. The "life cycle" hypothesis of saving: ag-

gregate implications and tests [J]. American Economic Review, 1963, 53 (1): 55-84.

[222] Angerer X H, Lam P S. Income risk and portfolio choice: an empirical study [J]. The Journal of Finance, 2009, 64 (2): 1037-1055.

[223] Arrondel L, Lamarche P, Savignac F. Does inequality matter for the consumption-wealth channel? Empirical evidence [J]. European Economic Review, 2019, 111 (1): 139-165.

[224] Arrondel L, Masson A. Altruism, exchange or indirect reciprocity: what do the data on family transfers show? [M] // Serge-Christophe K, Jean M Y. Handbook of the economics of giving, altruism and reciprocity, volume 1: foundations. Amsterdam: North Holland, 2006: 971-1053.

[225] Arruñada B. Protestants and catholics: similar work ethic, different social ethic [J]. The Economic Journal, 2010, 120 (547): 890-918.

[226] Ashley R, Li G. Re-examining the impact of housing wealth and stock wealth on retail sales: does persistence in wealth changes matter? [J]. Journal of Housing Economics, 2014, 26: 109-118.

[227] Attanasio O P, Blow L, Hamilton R, et al. Booms and busts: consumption, house prices and expectations [J]. Economica, 2009, 76 (301): 20-50.

[228] Ball S, Eckel C, Grossman P J, et al. Status in markets [J]. The Quarterly Journal of Economics, 2001, 116 (1): 161-188.

[229] Bampinas G, Konstantinou P, Panagiotidis T. Inequality, demographics and the housing wealth effect: panel quantile regression evidence for the US [J]. Finance Research Letters, 2017, 23: 19-22.

[230] Banks J, Tanner S. Household portfolios in the United Kingdom [M] // Guiso L, Halliassos M, Jappelli T. Household portfolios. Cambridge, US: MIT Press, 2001: 219-250.

[231] Barber B M, Lee Y T, Liu Y J, et al. Just how much do individual investors lose by trading? [J]. Review of Financial studies, 2009, 22 (2): 609-632.

[232] Barber B M, Odean T. The internet and the investor [J]. Journal of Economic Perspectives, 2001, 15 (1): 41-54.

[233] Barrell R, Costantini M, Meco I. Housing wealth, financial wealth, and consumption: new evidence for Italy and the UK [J]. International Review of Financial Analysis, 2015, 42 (1): 316 - 323.

[234] Benjamin J D, Chinloy R, Jud G D. Real estate versus financial wealth in consumption [J]. Journal of Real Estate Finance and Economic, 2004, 29 (3): 341 - 354.

[235] Benzoni L, Collin - Dufresne P, Goldstein R S. Portfolio choice over the life - cycle when the stock and labor markets are cointegrated [J]. Journal of Finance, 2007, 62 (5): 2123 - 2167.

[236] Berger D, Guerrieri V. Lorenzoni G, et al. House prices and consumer spending [J]. The Review of Economic Studies, 2018, 85 (3): 1502 - 1542.

[237] Berkowitz M K, Qiu J. A further look at household portfolio choice and health status [J]. Journal of Banking & Finance, 2006, 30 (4): 1201 - 1217.

[238] Bertaut C C. Stockholding behavior of US households: evidence from the 1983 - 1989 survey of consumer finances [J]. Review of Economics and Statistics, 1998, 80 (2): 263 - 275.

[239] Bertaut C, Starr - Mccluer M. Household portfolios in the United States [M] //Guiso L, Haliassos M, Jappelli T. Household portfolios. Cambridge, Mass: MIT Press, 2002.

[240] Bhatia K, Mitchell, C. Household - specific housing capital gains and consumption: evidence from Canadian microdata [J]. Regional Science and Urban Economics, 2016, 56 (1): 19 - 33.

[241] Bhatt V, Kishor N K. Has wealth effect changed over time? Evidence from four industrial countries [M] //Recent Advances in Estimating Nonlinear Models. New York: Springer, 2014: 147 - 168.

[242] Bodie Z, Merton R C, Samuelson W F. Labor supply flexibility and portfolio choice in a Life - Cycle Model [J]. Journal of Economic Dynamics and Control, 1992, 16 (3 - 4): 427 - 449.

[243] Bonaparte Y, Kumar, A. Political activism, information costs, and stock market participation [J]. Journal of Financial Economics, 2013, 107 (3):760 - 786.

[244] Bostic R, Gabriel S, Painter G. Housing wealth, financial wealth, and consumption: new evidence from micro data [J]. Regional Science and Urban Economics, 2009, 39 (1): 79 - 89.

[245] Breeden D. An intertemporal asset pricing model with stochastic consumption and investment opportunities [J]. Journal of Financial Economics, 1979, 7 (3): 265 - 296.

[246] Breuer W, Salzmann A J. National culture and household finance [J]. Global Economy and Finance Journal, 2012, 5 (1): 37 - 52.

[247] Briggs J S, Cesarini D, Lindqvist E, et al. Windfall gains and stock market participation [R]. NBER Working Paper, 2015, No. 21673.

[248] Brown J R, Ivkovi Z, Smith P A, et al. Neighbors matter: causal community effects and stock market participation [J]. The Journal of Finance, 2008, 63 (3): 1509 - 1531.

[249] Brown M, Gørtz M, Leth - Petersen S. Housing wealth and consumption: a micro panel study [J]. Economic Journal, 2013, 123 (568): 401 - 428.

[250] Brown P H, Bulte E, Hang X. Positional spending and status seeking in rural China [J]. Journal of Development Economics, 2011 (1): 139 - 149.

[251] Brunner K, Meitzer A H. The place of financial intermediaries in the transmission of monetary impulses [J]. The American Economic Review, 1963, 53 (2): 372 - 382.

[252] Brunner K, Meitzer A H. Some further investigations of demand and supply functions for money [J]. Journal of Finance. 1964, 19 (2): 240 - 283.

[253] Burrows V. The impact of house prices on consumption in the UK: a new perspective [J]. Economica, 2018, 85 (337): 92 - 123.

[254] Cai F. Hukou system reform and unification of rural - urban social welfare [J]. China & World Economy, 2011, 19 (3): 33 - 48.

[255] Calcagno R, Fornero E, Rossi M C. The effect of house prices on household consumption in Italy [J]. The Journal of Real Estate Finance and Economics, 2009, 39 (3): 284 - 300.

[256] Calomiris C W, Longhofer S D, Miles W. The housing wealth effect: the crucial roles of demographics, wealth distribution and wealth shares

[J]. Critical Finance Review, 2012, 2 (1): 49 - 99.

[257] Calvet L E, Sodini P. Twin picks: disentangling the determinants of risk - taking in household portfolios [J]. The Journal of Finance, 2014, 69 (2): 867 - 906.

[258] Campbell J Y. Household finance [J]. The Journal of Finance, 2006, 61 (4): 1553 - 1604.

[259] Campbell J Y, Cocco J. Household risk management and optimal mortgage choice [R]. Cambridge, Mass: Harvard University, 2003.

[260] Campbell J Y, Cocco J F. How do house prices affect consumption? Evidence from micro data [J]. Journal of Monetary Economics, 2007, 54 (3): 591 - 621.

[261] Campbell S, Jiang D, Korniotis G. The human capital that matters: expected stock returns and high - income households [R]. Oxford City: University of Miami, 2011.

[262] Cardak B A, Wilkins R. The determinants of household risky asset holdings: Australian evidence on background risk and other factors [J]. Journal of banking & Finance, 2009, 33 (5): 850 - 860.

[263] Carrol C. Portfolios of the rich [M] //Guiso L, Haliassos M, Jappelli T. Household portfolios. Cambridge, Mass: MIT Press, 2002.

[264] Carroll C D. Precautionary saving and the marginal propensity to consume out of permanent income [J]. Journal of Monetary Economics, 2009, 56 (6):780 - 790.

[265] Carroll C D. Buffer - stock saving and the life cycle/permanent income hypothesis [J]. The Quarterly Journal of Economics, 1997, 112 (1): 1 - 55.

[266] Carroll C D, Otsuka M, Slacalek J. How large is the housing wealth effect: a new approach [J]. Journal of Money, Credit, and Banking, 2011, 43 (1): 55 - 79.

[267] Carroll C D, Summers L H. Consumption growth parallels income growth: some new evidence [R]. NBER Working Paper, 1989, No. 3090.

[268] Carroll R, Holtz - Eakin D, Rider M, et al. Income taxes and entrepreneurs' use of labour [J]. Journal of Labour Economics, 2000, 18 (2): 324 - 351.

[269] Case K E, Quigley J M, Shiller R J. Comparing wealth effects: the stock market versus the housing market [J]. Advances in Microeconomics, 2005, 5 (1): 1-32.

[270] Charness G, Gneezy U. Strong evidence for gender differences in risk taking [J]. Journal of Economic Behavior & Organization, 2012, 83 (1): 50-58.

[271] Chen B, Lu M, Zhong N. How urban segregation distorts Chinese migrants' consumption? [J]. World development, 2015, 70: 133-146.

[272] Chen J, Guo F, Zhang W. How important are wealth effects on China's consumer spending? [J]. Chinese Economy, 2010, 43 (2): 5-22.

[273] Chen J, Hardin W, Hu M. Housing wealth, income, and consumption: China and homeownership heterogeneity [J]. Real Estate Economics, 2020, 48 (2): 373-405.

[274] Chen X. Why do migrant households consume so little? [J]. China Economic Review, 2018, 49: 197-209.

[275] Chetty R, Sandor L, Szeidl A. The effect of housing on portfolio choice [J]. Journal of Finance, 2017, 72 (3): 1171-1212.

[276] Chetty V K. Econometrics of joint production: a comment [J]. Econometrica, 1969, 37 (4): 731.

[277] Christelis D, Jappelli T, Padula M. Cognitive abilities and portfolio choice [J]. European Economic Review, 2010, 54 (1): 18-38.

[278] Chu Z, Wang Z, Xiao J J, et al. Financial literacy, portfolio choice and financial well-being [J]. Social Indicators Research, 2017, 132: 799-820.

[279] Clark W A V, Deurloo M C, Dieleman F M. Housing consumption and residential mobility [J]. Annals of the Association of American Geographers, 1984, 74 (1): 29-43.

[280] Clark W A V, Deurloo M C, Dieleman F M. Tenure changes in the context of micro-level family and macro-level economic shifts [J]. Urban Studies, 1994, 31 (1): 137-154.

[281] Cloyne J, Huber K, Ilzetzki E, et al. The effect of house prices on household borrowing: a new approach [J]. American Economic Review,

2019, 109 (6): 2104 - 2136.

[282] Cocco J F. Portfolio choice in the presence of housing [J]. Review of Financial studies, 2005, 18 (2): 535 - 567.

[283] Cole S, Paulson A, Shastry G K. Smart money? The effect of education on financial outcomes [J]. Review of Financial Studies, 2014, 27 (7): 2022 - 2051.

[284] Cooper D. House price fluctuations: the role of housing wealth as borrowing collateral [J]. Review of Economics and Statistics, 2013, 95 (4): 1183 - 1197.

[285] Cooper R, Zhu G Z. Household finance over the life - cycle: what does education contribute? [J]. Review of Economic Dynamics, 2016, 20: 63 - 89.

[286] Corneo G, Jeanne O. Conspicuous consumption, snobbism and conformism [J]. Journal of Public Economics, 1997, 66 (1): 55 - 71.

[287] Corradin S, Fillat J L, Vergara - Alert C. Optimal portfolio choice with predictability in house prices and transaction Costs [J]. Review of Financial Studies, 2014, 27 (3): 823 - 880.

[288] Deaton A. Saving and liquidity constraints [J]. Econometrica, 1991, 59 (5): 1221 - 1248.

[289] Delis M D, Mylonidis N. Trust, happiness, and households' financial decisions [J]. Journal of Financial Stability, 2015, 20: 82 - 92.

[290] Direr A. Interdependent preferences and aggregate saving [J]. Annals of Economics and Statistics, 2001, 63 - 64: 297 - 308.

[291] Dong Z, Hui E C M, Jia S H. How does housing price affect consumption in China: Wealth effect or substitution effect? [J]. Cities, 2017, 64: 1 - 8.

[292] Dreger C, Wang T, Zhang Y. Understanding Chinese consumption: the impact of hukou [J]. Development and Change, 2015, 46 (6): 1331 - 1344.

[293] Duesenberry J. Income, saving and the theory of consumer behavior [M]. Cambridge, Mass: Harvard University Press, 1949.

[294] Duesenberry J S. Income - consumption relations and their implica-

tions [M] // Metzier L A. Income, employment and public policy. New York: WW Norton & Company, 1948: 54 – 81.

[295] Edwards R D. Health risk and portfolio choice [J]. Journal of Business & Economic Statistics, 2008, 26 (4): 472 – 485.

[296] Eichholtz P, Lindenthal T. Demographics, human capital, and the demand for housing [J]. Journal of Housing Economics, 2014, 26: 19 – 32.

[297] El – Attar M, Poschke M. Trust and the choice between housing and financial assets: evidence from Spanish households [J]. Review of Finance, 2011, 15 (4): 727 – 756.

[298] Engelhardt G V. House prices and home owner saving behavior [J]. Regional Science and Urban Economics, 1996, 26 (3): 313 – 336.

[299] Erdal M B. 'A place to stay in Pakistan': Why migrants build houses in their country of origin [J]. Population, Space and Place, 2012, 18 (5):629 – 641.

[300] Fan E, Zhao R. Health status and portfolio choice: causality or heterogeneity? [J]. Journal of Banking & Finance, 2009, 33 (6): 1079 – 1088.

[301] Faig M, Shum P. Portfolio choice in the presence of personal illiquid projects [J]. The Journal of Finance, 2002, 57 (1): 303 – 328.

[302] Fisher L A, Otto G, Voss G M. The response of Australian consumption to housing wealth [J]. Journal of Macroeconomics, 2010, 32 (1): 284 – 299.

[303] Frank R H. The demand for unobservable and other non – positional goods [J]. American Economic Review, 1985 (75): 101 – 116.

[304] Fratantoni M C. Homeownership and investment in risky assets [J]. Journal of Urban Economics, 1998, 44 (1): 27 – 42.

[305] Friedman M. A theory of the consumption [M]. Princeton: Princeton University Press, 1957.

[306] Gali J. Keeping up with the Joneses: consumption externalities, portfolio choice, and asset prices [J]. Journal of Money, Credit and Banking, 1994, 26 (1): 1 – 8.

[307] Gan H, Lu S, Lu W, et al. Beauty and stock market participation [J]. Journal of Banking & Finance, 2023, 155, 106994.

[308] Gan J. Housing wealth and consumption growth: evidence from a

large panel of households [J]. Review of Financial Studies, 2010, 23 (6): 2229 – 2267.

[309] Gaudecker H M V. How does household portfolio diversification vary with financial literacy and financial advice? [J]. The Journal of Finance. 2015, 70 (2): 489 – 507.

[310] Georgarakos D, Pasini G. Trust, sociability, and stock market participation [J]. Review of Finance, 2011, 15 (4): 693 – 725.

[311] Gholipour H F, Tajaddini R. Housing wealth, financial wealth, and consumption expenditure: the role of consumer confidence [J]. The Journal of Real Estate Finance and Economics, 2017, 54: 216 – 236.

[312] Giannetti M, Wang T Y. Corporate scandals and household stock market participation [J]. Journal of Finance, 2016, 71 (6): 2591 – 2636.

[313] Graham J C, Harvey C R, Huang H. Investor competence, trading frequency, and home bias [J]. Management Science, 2009, 55 (7): 1094 – 1106.

[314] Grant C, Peltonen T A. Housing and equity wealth effects of Italian household [R]. European Central Bank Working Paper, 2008, No. 857.

[315] Gröbel S, Ihle D. Saving behavior and housing wealth: evidence from German micro data [J]. Jahrbücher für Nationalökonomie und Statistik, 2018, 238 (6): 501 – 539.

[316] Guiso L, Jappelli T. Awareness and stock market participation [J]. Review of Finance, 2005, 9 (4): 537 – 567.

[317] Guiso L, Jappelli T. Financial literacy and portfolio diversification [R]. CSEF Working Paper, 2009, No. 212.

[318] Guiso L, Jappelli T. Household portfolios in Italy. Household portfolios [M] // Guiso L, Haliassos M, Jappelli T. Household portfolios. Cambridge, Mass: MIT Press, 2002: 251 – 289.

[319] Guiso L, Paiella M. Risk aversion, wealth, and background risk [J]. Journal of the European Economic association, 2008, 6 (6): 1109 – 1150.

[320] Guiso L, Jappelli T, Terlizzese D. Income risk, borrowing constraints, and portfolio choice [J]. The American Economic Review, 1996, 86 (2):158 – 172.

[321] Guiso L, Zaccaria L. From patriarchy to partnership: gender equality and household finance [J]. Journal of Financial Economics, 2023, 147: 573 – 595.

[322] Guren A M, Mckay A, Nakamura E, et al. Housing wealth effects: the long view [J]. The Review of Economic Studies, 2021, 88 (2): 669 – 707.

[323] Haliassos M, Bertaut C. Why do so few hold stocks [J]. The Economic Journal, 1995, 105 (432): 1110 – 1129.

[324] Hall R E. Stochastic implications of the life cycle – permanent income hypothesis: theory and evidence [J]. Journal of Political Economy, 1978, 86 (6): 971 – 987.

[325] Heaton J, Lucas D. Portfolio choice and asset prices: the importance of entrepreneurial risk [J]. The Journal of Finance, 2000a, 55 (3): 1163 – 1198.

[326] Heaton J, Lucas D. Portfolio choice in the presence of background risk [J]. The Economic Journal, 2000b, 110 (1): 1 – 26.

[327] Heimer R Z. Friends do let friends buy stocks actively [J]. Journal of Economic Behavior & Organization, 2014, 107: 527 – 540.

[328] Helderman A, Ham M V, Mulder C H. Migration and home ownership [J]. Tijdschrift voor Economische en Sociale Geografie, 2006, 97 (2): 111 – 125.

[329] Henderson J V, Ioannides Y M. A model of housing tenure choice [J]. American Economic Review, 1983, 73 (1): 98 – 113.

[330] Hicks J R. Annual survey of economic theory: the theory of monopoly [J]. Econometrica, 1935, 3 (1): 1 – 20.

[331] Hirsch F. Social limits to growth [M]. Cambridge, Mass: Harvard University Press, 1976.

[332] Hong H, Kubik J D, Stein J C. Social interaction and stock – market participation [J]. The Journal of Finance, 2004, 59 (1): 137 – 163.

[333] Hopkins E, Kornienko T. Running to keep in the same place: Consumer choice as a game of status [J]. American Economic Review, 2004, 94 (4):1085 – 1107.

[334] Huang W, Gooi L M. Social support and household stock market participation [J]. Economics Letters, 2023, 233: 111408.

[335] Huang Y, Clark W A. Housing tenure choice in transitional urban China: a multilevel analysis [J]. Urban studies, 2002, 39 (1): 7 - 32.

[336] Huang Y, Tao R. Housing migrants in Chinese cities: current status and policy design [J]. Environment and Planning C: Government and Policy, 2015, 33 (3): 640 - 660.

[337] Hugonnier J, Pelgrin F, St - Amour P. Health and (other) asset holdings [J]. The Review of Economic Studies, 2013, 80 (2): 663 - 710.

[338] Ioannides Y M, Rosenthal S S. Estimating the consumption and investment demands for housing and their effect on housing tenure status [J]. Review of Economics and Statistics, 1994, 76 (1): 127 - 141.

[339] Ioannides Y M, Zabel J E. Interactions, neighborhood selection and housing demand [J]. Journal of Urban Economics, 2008, 63: 229 - 252.

[340] Ireland N J. On limiting the market for status signals [J]. Journal of public Economics, 1994, 53 (1): 91 - 110.

[341] Iwaisako T. Household portfolios in Japan [R]. NBER Working Paper, 2003, No. 9647.

[342] Iwaisako T, Mitchell O S, Piggott J. Strategic asset allocation in Japan: an empirical evaluation [R]. PRC Working Paper, 2004, No. 2005 - 1.

[343] Jiang D, Lim S. Trust, consumer debt, and household finance [R]. Working Paper, 2013.

[344] Jiang Z, Peng C, Yan H. Personality differences and investment decision - making [J]. Journal of Financial Economics, 2024, 153: 103776.

[345] Jonathan R. State education service or prisoner's dilemma: the 'hidden hand' as source of education policy [J]. Educational Philosophy and Theory, 1990, 22 (1): 16 - 24.

[346] Keynes J M. The general theory of employment, interest and money [M]. Macmillan: Cambridge University Press, 1936.

[347] Khalifa S, Seck O, Tobing E. Financial wealth effect: evidence from threshold estimation [J]. Applied Economics Letters, 2011, 18 (13): 1303 - 1305.

[348] Khalifa S, Seck O, Tobing E. Housing wealth effect: evidence from threshold estimation [J]. Journal of Housing Economics, 2013, 22 (1): 25 – 35.

[349] Kim H B, Park J H, Lee S K, et al. Do expectations of future wealth increase outbound tourism? Evidence from Korea [J]. Tourism Management, 2012, 33 (5): 1141 – 1147.

[350] Kiohos A, Babalos V, Koulakiotis A. Wealth effect revisited: novel evidence on long term co – memories between real estate and stock markets [J]. Finance Research Letters, 2017, 20 (2): 217 – 222.

[351] Knight J, Gunatilaka R. Income inequality and happiness: which inequalities matter in China? [J]. China Economic Review, 2022, 72: 101765.

[352] Knüpfer S, Rantapuska E, Sarvimäki M. Formative experiences and portfolio choice: evidence from the finnish great depression [J]. The Journal of Finance, 2017, 72 (1): 133 – 166.

[353] Koivu T. Monetary policy, asset prices and consumption in China [J]. Economic Systems, 2012, 36 (2): 307 – 325.

[354] Kuznets S. National income and taxable capacity national income and taxable capacity [J]. The American Economic Review, 1942, 32 (1): 37 – 75.

[355] Layard R. Human satisfactions and public policy [J]. Economic Journal, 1980, 90: 735 – 750.

[356] Liang pinghan, Guo shiqi. Social interaction, Internet access and stock market participation: an empirical study in China [J]. Journal of Comparative Economics, 2015, 43, 883 – 901.

[357] Liao W C, Zhao D, Sing T F. Risk attitude and housing wealth effect [J]. Journal of Real Estate Finance and Economics, 2014, 48 (3): 467 – 491.

[358] Lintner J. The valuation of risk assets and selection of risky investments in stock portfolios and capital budgets [J]. Review of Economics and Statistics, 1965, 47 (1): 13 – 37.

[359] Logan J R, Fang Y, Zhang Z. Access to housing in urban China [J]. International Journal of Urban and Regional Research, 2009, 33 (4): 914 –

935.

[360] Lucas R. Asset prices in an exchange economy [J]. Econometrica, 1978, 46 (6): 1429 – 1445.

[361] Lusardi A. Financial literacy: an essential tool for informed consumer choice? [R]. NBER Working Paper, 2008, No. 14084.

[362] Malmendier U, Nagel S. Depression babies: do macroeconomic experiences affect risk taking? [J]. The Quarterly Journal of Economics, 2011, 126 (1): 373 – 416.

[363] Mankiw N, Zeldes S P. The consumption of stockholders and non-stockholders [J]. Journal of Financial Economics, 1991, 29 (91): 97 – 112.

[364] Markowitz H. Portfolio selection [J]. The Journal of Finance, 1952, 7 (1): 77 – 91.

[365] Markowitz H. Portfolio selection: efficient diversification of investments [M]. New York: John Wiley & Sons. 1959.

[366] Marshall A. Principles of economics [M]. London: Macmillan, 1962.

[367] Mazambani D, Chigusiwa L, Mudavanhu V, et al. The effect of stock market wealth on private consumption in Zimbabwe [J]. International Journal of Economic Sciences and Applied Research, 2011, 4 (2): 125 – 142.

[368] Mehra R, Prescott E. The equity premium: a puzzle [J]. Journal of Monetary Economics, 1985, 15 (2): 145 – 162.

[369] Merton R. An intertemporal capital asset pricing model [J]. Econometrica, 1973, 41 (5): 867 – 887.

[370] Merton R. Lifetime portfolio selection under uncertainty: the continuous time case [J]. The Review of Economics and Statistics, 1969, 51 (3): 247 – 257.

[371] Modigliani F. Consumer spending and monetary policy: the linkages [C]. Federal Reserve Bank of Boston Conference Series5, 1971: 9 – 84.

[372] Modigliani F, Brumberg R. Utility analysis and the consumption function: an interpretation of cross-section data [M] // Kurihara K K. Post-

keynesian economics. New Brunswick: Rutgers University Press, 1954.

［373］Mossin J. Equilibrium in a capital asset market［J］. Econometrica, 1966, 34 (2): 768 – 783.

［374］Nadeem M M, Qamar M, Nazir I, et al. How investors' attitudes shape stock market participation in the presence of financial self – efficacy［J］. Frontiers in Psychology, 2020, 11: 553351.

［375］Olsen E O. A competitive theory of the housing market［J］. American Economic Review. 1969, 59 (4): 612 – 622.

［376］Osili U O. Migrants and housing investments: theory and evidence from Nigeria［J］. Economic Development and Cultural Change, 2004, 52 (4): 821 – 849.

［377］Painter G, Yang X, Zhong N. Housing wealth as precautionary saving:evidence from urban China［J］. Journal of Financial and Quantitative Analysis, 2022, 57 (2): 761 – 789.

［378］Patacchini E, Venanzoni G. Peer effects in the demand for housing quality［J］. Journal of Urban Economics, 2014, 83: 6 – 17.

［379］Paxson C. Constraints and portfolio choice［J］. The Quarterly Journal of Economics, 1990, 105 (2): 535 – 543.

［380］Peltonen T A, Sousa R M, Vansteenkiste I S. Wealth effects in emerging market economies［J］. International Review of Economics and Finance, 2012, 24: 155 – 166.

［381］Peress J. Wealth, information acquisition, and portfolio choice［J］. Review of Financial Studies, 2004, 17 (3): 879 – 914.

［382］Pham T. Economic growth and status – seeking through personal wealth［J］. European Journal of Political Economy, 2005, 21 (2): 407 – 427.

［383］Pollak R A. Interdependent preferences［J］. The American Economic Review, 1976, 66 (3): 309 – 320.

［384］Pool V K, Stoffman N, Yonker S E. The people in your neighborhood: social interactions and mutual fund portfolios［J］. The Journal of Finance, 2015, 6: 2679 – 2732.

［385］Poterba J M, Samwick A A. Taxation and household portfolio composition: US evidence from the 1980s and 1990s［J］. Journal of Public Economics, 2003, 87 (1): 5 – 38.

[386] Powdthavee N. Feeling richer or poorer than others: a cross – section and panel analysis of subjective economic ladder in Indonesia [J]. Asian Economic Journal, 2007, 21 (2): 169 – 194.

[387] Powdthavee N. How important is rank to individual perception of economic standing? A Within – community Analysis [J]. Journal of Economic Inequality, 2009, 7 (3): 225 – 248.

[388] Puri M, Robinson D T. Optimism and economic choice [J]. Journal of Financial Economics, 2007, 86 (1): 71 – 99.

[389] Rason S. Markets or democracy for education [J]. British Journal of Education Studies, 1993, 41 (4): 333 – 351.

[390] Ravallion M, Lokshin M. Subjective economic welfare [R]. Washington D C: World Bank Publications, 1999.

[391] Ravallion M, Lokshin M. Self – rated economic welfare in Russia [J]. European Economic Review, 2002, 46 (8): 1453 – 1473.

[392] Renneboog L, Spaenjers C. Religion, economic attitudes, and household finance [J]. Oxford Economic Papers, 2012, 64 (1): 103 – 127.

[393] Robson A J. Status, the distribution of wealth, private and social attitudes to risk [J]. Econometrica, 1992, 60 (4): 837 – 857.

[394] Roiste M D, Fasianos A, Kirkby R, et al. Are housing wealth effects asymmetric in booms and busts? Evidence from New Zealand [J]. The Journal of Real Estate Finance and Economics, 2021, 62: 578 – 628.

[395] Romer C D. The great crash and the onset of the great depression [J]. The Quarterly Journal of Economics, 1990, 105 (3): 915 – 927.

[396] Rosen H S, Wu S. Portfolio choice and health status [J]. Journal of Financial Economics, 2004, 72 (3): 457 – 484.

[397] Samuelson P. Lifetime portfolio selection by dynamic stochastic programming [J]. Review of Economics and Statistics, 1969 (51): 239 – 246.

[398] Sargeson S. Subduing "the rural house – building craze": attitudes towards housing construction and land use controls in four Zhejiang villages [J]. The China Quarterly, 2002, 172: 927 – 955.

[399] Sharpe W F. A simplified model for portfolio analysis [J]. Ma-

nagement, 1963, 9 (2): 277 – 293.

[400] Sharpe W. Capital asset prices: a theory of market equilibrium under conditions of risk [J]. The Journal of Finance, 1964, 19 (3): 425 – 442.

[401] Shiller R. The use of volatility measures in assessing market efficiency [J]. The Journal of Finance, 1981, 36 (2): 291 – 304.

[402] Shum P, Faig M. What explains household stock holdings? [J]. Journal of Banking & Finance, 2006, 30 (9): 2579 – 2597.

[403] Sinai T, Souleles N S. Owner – occupied housing as a hedge against rent risk [J]. Quarterly Journal of Economics, 2005, 120 (2): 763 – 789.

[404] Singh B. How important is the stock market wealth effect on consumption in India? [J]. Empirical Economics, 2012, 42 (3): 915 – 927.

[405] Spaenjers C, Spira S M. Subjective life horizon and portfolio choice [J]. Journal of Economic Behavior & Organization, 2015, 116: 94 – 106.

[406] Stango V, Zinman J. Exponential growth bias and household finance [J]. The Journal of Finance, 2009, 64 (6): 2807 – 2849.

[407] Sun L B, Nijite D. Wealth effects on consumer spending: investigation of casual dining and quick service restaurant [J]. Journal of Foodservice Business Research, 2012, 15 (3): 215 – 225.

[408] Tang S, Feng J, Li M. Housing tenure choices of rural migrants in urban destinations: a case study of Jiangsu province, China [J]. Housing Studies, 2017, 32 (3): 361 – 378.

[409] Tao L, Hui E C, Wong F K, et al. Housing choices of migrant workers in China: beyond the Hukou perspective [J]. Habitat International, 2015, 49: 474 – 483.

[410] Tobin J. Liquidity preference as behavior toward risk [J]. Review of Economic Studies, 1958, 25 (2): 65 – 86.

[411] Tobing E. How do housing wealth effects vary with age? [J]. Applied Economics Letters, 2012, 19 (7): 649 – 652.

[412] Thornton A, Lin H S. Social change and the family in Taiwan [M]. Chicago, IL: The University of Chicago Press, 1994.

[413] Treeck T V. Did Inequality cause the US financial crisis? [J]. Jour-

nal of Economic Surveys, 2014, 28 (3): 421 - 448.

[414] Treeck T V, Sturn S. Income Inequality as a cause of the great recession? A survey of current debates [R]. ILO, Conditions of Work and Employment Branch, 2012.

[415] Tsai I C. Wealth effect and investor sentiment [J]. North American Journal of Economics & Finance, 2016, 38: 111 - 123.

[416] Tversky A, Kabneman D. Availability: a heurstic for judging frequency and probability [J]. Cognitive Psychology, 1973, 5 (2): 207 - 232.

[417] Van Long N, Shimomura K. Relative wealth, status - seeking, and catching - up [J]. Journal of Economic Behavior & Organization, 2004, 53 (4): 529 - 542.

[418] Van Rooij M C, Lusardi A, Alessie R J. Financial literacy, retirement planning and household wealth [J]. The Economic Journal, 2012, 122 (560): 449 - 478.

[419] Vissing - Jorgensen A. Towards an explanation of household portfolio choice heterogeneity: nonfinancial income and participation cost structures [R]. Boston: NBER Working Paper, 2002, No. 8884.

[420] Walden M L. Where did we indulge: consumer spending during the asset boom? [J]. Monthly Labor Review, 2013, 136 (4): 24 - 40.

[421] Wang Y P, Wang Y, Wu J. Housing migrant workers in rapidly urbanizing regions: a study of the Chinese model in Shenzhen [J]. Housing Studies, 2010, 25 (1): 83 - 100.

[422] Weber M. Economy and society [M]. Berkeley: University of California Press, 1978.

[423] Weil P. The equity premium puzzle and the risk - free rate puzzle [J]. Journal of Monetary Economics, 1989, 24 (3): 401 - 421.

[424] Weil P. Precautionary savings and the permanent income hypothesis [J]. The Review of Economic Studies, 1993, 60 (2): 367 - 383.

[425] Wei S, Zhang X. The competitive saving motive: evidence from rising sex ratios and savings rates in China [J]. Journal of Political Economy, 2011, 119 (3): 511 - 564.

[426] Wei S J, Zhang X, Liu Y. Status competition and housing prices [R].

National Bureau of Economic Research, 2012, No. w18000.

[427] Wei S, Zhang X, Liu Y. Home ownership as status competition: some theory and evidence [J]. Journal of Development Economics, 2017, 127: 169–186.

[428] Weiss Y, Fershtman C. Social status and economic performance: a survey [J]. European Economic Review, 1998, 42 (3–5): 801–820.

[429] Wu L, Zhang W. Rural migrants' homeownership in Chinese urban destinations: do institutional arrangements still matter after Hukou reform? [J]. Cities, 2018, 79: 151–158.

[430] Wu W. Sources of migrant housing disadvantage in urban China [J]. Environment and planning A, 2004, 36 (7): 1285–1304.

[431] Xu Z, Ma J, Li D, et al. Religious beliefs and stock market participation: evidence from urban households in China [J]. Research in International Business and Finance, 2022, 63: 101795.

[432] Yamashita T. Owner-occupied housing and investment in stocks: an empirical test [J]. Journal of Urban Economics, 2003, 53 (2): 220–237.

[433] Yang K. A preliminary study on the use of mobile phones amongst migrant workers in Beijing [J]. Knowledge, Technology & Policy, 2008, 21: 65–72.

[434] Yao R, Zhang H H. Optimal consumption and portfolio choices with risky housing and borrowing constraints [J]. Review of Financial Studies, 2005, 18 (1): 197–239.

[435] Zang B, Lv P, Warren C M. Housing prices, rural-urban migrants' settlement decisions and their regional differences in China [J]. Habitat International, 2015, 50: 149–159.

[436] Zeldes S P. Consumption and liquidity constraints: an empirical investigation [J]. The Journal of Political Economy, 1989, 97 (2): 305–346.

[437] Zhang X, Qu M, Jin Z. Exploring the determinants of migrant workers' willingness to buy houses in cities: a case study in Xi'an, China [J]. Sustainability, 2017, 10 (1): 62.

附录 A

表 A.1　农民工住房资产对主观经济地位影响的内生性检验

变量	(1)	(2)	(3)	(4)	(5)	(6)	(7)	(8)
	主观经济地位							
	全样本	仅儿子	有儿有女	仅女儿	全样本	仅儿子	有儿有女	仅女儿
住房价值	0.0189***	0.0193*	0.0174*	0.0324**				
	(0.0053)	(0.0110)	(0.0097)	(0.0149)				
住房面积					0.1728***	0.1541**	0.1544***	0.3561***
					(0.0303)	(0.0626)	(0.0538)	(0.0932)
年龄	0.0312***	0.0434*	0.0323	0.0109	0.0237**	0.0411	0.0410	-0.0096
	(0.0116)	(0.0262)	(0.0270)	(0.0379)	(0.0121)	(0.0270)	(0.0286)	(0.0399)
年龄平方	0.0140	0.0003	0.0148	0.0468	0.0221*	0.0029	0.0081	0.0680
	(0.0120)	(0.0268)	(0.0256)	(0.0415)	(0.0126)	(0.0277)	(0.0271)	(0.0437)
性别	-0.1651***	-0.2953***	-0.0857	-0.1540	-0.1687***	-0.3016***	-0.0831	-0.1352
	(0.0447)	(0.0906)	(0.0805)	(0.1231)	(0.0466)	(0.0934)	(0.0859)	(0.1285)
教育	-0.0157***	-0.0038	-0.0231**	-0.0265	-0.0184***	-0.0081	-0.0269***	-0.0225
	(0.0056)	(0.0117)	(0.0095)	(0.0168)	(0.0058)	(0.0121)	(0.0102)	(0.0175)
政治面貌	0.6063***	0.7144***	0.5207***	0.7266***	0.6141***	0.7522***	0.4961***	0.7177***
	(0.0785)	(0.1716)	(0.1251)	(0.2452)	(0.0815)	(0.1758)	(0.1338)	(0.2521)
健康	0.2569***	0.3183***	0.2576***	0.2075	0.2458***	0.3020***	0.2430**	0.2199
	(0.0528)	(0.1124)	(0.0892)	(0.1615)	(0.0550)	(0.1160)	(0.0947)	(0.1686)
婚姻状态	0.1416**	0.2022	0.0263	0.3354	0.1584**	0.2302	0.2160	0.2919
	(0.0651)	(0.1541)	(0.1371)	(0.2093)	(0.0685)	(0.1650)	(0.1476)	(0.2220)
乐观	0.7377***	0.7780***	0.8407***	0.7966***	0.7446***	0.7755***	0.8618***	0.7938***
	(0.0201)	(0.0423)	(0.0356)	(0.0596)	(0.0210)	(0.0435)	(0.0381)	(0.0621)
就业	0.1099*	0.1661	0.1767*	-0.0694	0.1200**	0.1793	0.1697	-0.0703
	(0.0585)	(0.1204)	(0.1065)	(0.1585)	(0.0610)	(0.1245)	(0.1135)	(0.1666)

续表

变量	(1)	(2)	(3)	(4)	(5)	(6)	(7)	(8)
	主观经济地位							
	全样本	仅儿子	有儿有女	仅女儿	全样本	仅儿子	有儿有女	仅女儿
智力水平	-0.0221 (0.0136)	-0.0276 (0.0272)	-0.0304 (0.0232)	-0.0437 (0.0378)	-0.0207 (0.0142)	-0.0212 (0.0281)	-0.0285 (0.0246)	-0.0289 (0.0396)
家庭规模	0.0379*** (0.0118)	0.0386 (0.0243)	0.0160 (0.0198)	0.0853** (0.0388)	0.0350*** (0.0124)	0.0298 (0.0251)	0.0214 (0.0212)	0.0881** (0.0418)
少儿抚养比	-0.1479 (0.1144)	-0.2773 (0.2753)	-0.0753 (0.2356)	0.1947 (0.3516)	-0.0970 (0.1191)	-0.1323 (0.2851)	0.0114 (0.2499)	0.1346 (0.3659)
老人扶养比	-0.0605 (0.1206)	0.2264 (0.2560)	-0.0907 (0.2075)	-0.3563 (0.3859)	-0.0490 (0.1261)	0.3005 (0.2661)	-0.0509 (0.2197)	-0.4686 (0.4044)
家庭收入	0.0758*** (0.0223)	0.0812* (0.0488)	0.0733* (0.0429)	0.1385** (0.0659)	0.0823*** (0.0232)	0.0946* (0.0501)	0.0995** (0.0455)	0.1526** (0.0681)
金融资产	-0.0049 (0.0040)	-0.0201** (0.0084)	-0.0009 (0.0072)	-0.0052 (0.0115)	-0.0035 (0.0042)	-0.0204** (0.0086)	0.0004 (0.0076)	-0.0070 (0.0120)
生产性固定资产	0.0194*** (0.0045)	0.0269*** (0.0090)	0.0127* (0.0075)	0.0098 (0.0125)	0.0156*** (0.0046)	0.0226** (0.0092)	0.0068 (0.0080)	0.0018 (0.0131)
家庭负债	-0.0028 (0.0036)	-0.0082 (0.0072)	0.0034 (0.0061)	-0.0166 (0.0104)	-0.0029 (0.0037)	-0.0081 (0.0074)	0.0002 (0.0065)	-0.0157 (0.0108)
cut1	2.9588*** (0.3686)	3.5378*** (0.8504)	3.1426*** (0.8636)	3.3869*** (1.1515)	3.4648*** (0.4014)	4.1172*** (0.9191)	4.4845*** (0.9440)	4.3832*** (1.2685)
cut2	4.5332*** (0.3700)	5.0962*** (0.8548)	4.7599*** (0.8660)	5.0730*** (1.1550)	5.0499*** (0.4031)	5.6784*** (0.9245)	6.1197*** (0.9476)	6.0642*** (1.2727)
cut3	7.4746*** (0.3760)	8.1193*** (0.8695)	7.5880*** (0.8755)	8.3468*** (1.1710)	8.0382*** (0.4098)	8.7240*** (0.9415)	9.0186*** (0.9598)	9.4049*** (1.2913)
cut4	9.1159*** (0.3795)	9.7798*** (0.8779)	9.1866*** (0.8815)	10.1323*** (1.1809)	9.7010*** (0.4136)	10.3539*** (0.9505)	10.6599*** (0.9670)	11.2377*** (1.3028)
var(cons[headpid])	1.5067*** (0.0894)	1.7895*** (0.2183)	1.5810*** (0.1748)	2.0017*** (0.3064)	1.5464*** (0.0937)	1.7554*** (0.2219)	1.7185*** (0.1917)	2.1086*** (0.3271)
观测值	16 118	4 074	5 357	2 291	15 062	3 824	4 896	2 151
R^2	—	—	—	—	—	—	—	—

注：*、**和***分别表示在10%、5%和1%的显著水平上显著；括号内数字为标准误。

表 A.2　农民工住房资产对主观经济地位影响的稳健性检验 I

变量	(1)	(2)	(3)	(4)
	主观经济地位			
	有儿子	有女儿	有儿子	有女儿
住房价值	0.0097***	0.0080***		
	(0.0023)	(0.0025)		
住房面积			0.0667***	0.0682***
			(0.0125)	(0.0140)
年龄	0.0129**	0.0126**	0.0116**	0.0138**
	(0.0053)	(0.0057)	(0.0055)	(0.0060)
年龄平方	0.0060	0.0069	0.0074	0.0061
	(0.0052)	(0.0057)	(0.0054)	(0.0059)
性别	-0.0523***	-0.0674***	-0.0580***	-0.0646***
	(0.0188)	(0.0207)	(0.0195)	(0.0215)
教育	-0.0112***	-0.0125***	-0.0119***	-0.0127***
	(0.0023)	(0.0025)	(0.0024)	(0.0026)
政治面貌	0.2388***	0.2269***	0.2368***	0.2145***
	(0.0330)	(0.0362)	(0.0341)	(0.0374)
健康	0.1070***	0.0666***	0.1067***	0.0675***
	(0.0218)	(0.0242)	(0.0225)	(0.0250)
婚姻状态	0.0639**	0.0590*	0.0894***	0.1014***
	(0.0319)	(0.0358)	(0.0335)	(0.0373)
乐观	0.3220***	0.3280***	0.3242***	0.3258***
	(0.0076)	(0.0085)	(0.0079)	(0.0089)
就业	0.0713***	0.0617**	0.0762***	0.0589**
	(0.0238)	(0.0260)	(0.0247)	(0.0270)
智力水平	-0.0202***	-0.0186***	-0.0184***	-0.0164***
	(0.0054)	(0.0059)	(0.0055)	(0.0061)
家庭规模	0.0072	0.0080	0.0063	0.0103*
	(0.0046)	(0.0052)	(0.0048)	(0.0055)
少儿抚养比	-0.0871	-0.0237	-0.0657	0.0070
	(0.0549)	(0.0592)	(0.0568)	(0.0613)
老人扶养比	-0.0459	-0.1035*	-0.0290	-0.0958*
	(0.0484)	(0.0543)	(0.0501)	(0.0561)

续表

变量	(1)	(2)	(3)	(4)
	主观经济地位			
	有儿子	有女儿	有儿子	有女儿
家庭收入	0.0271***	0.0238**	0.0319***	0.0279**
	(0.0099)	(0.0108)	(0.0103)	(0.0111)
金融资产	−0.0007	0.0003	0.0005	0.0019
	(0.0017)	(0.0019)	(0.0018)	(0.0020)
生产性固定资产	0.0067***	0.0043**	0.0050***	0.0026
	(0.0018)	(0.0020)	(0.0018)	(0.0020)
家庭负债	−0.0012	0.0003	−0.0006	0.0005
	(0.0015)	(0.0016)	(0.0015)	(0.0017)
lns1_1_1_cons	−0.5904***	−0.5807***	−0.5899***	−0.5727***
	(0.0207)	(0.0221)	(0.0214)	(0.0226)
lnsig_e_cons	−0.1688***	−0.1836***	−0.1756***	−0.1935***
	(0.0080)	(0.0088)	(0.0084)	(0.0093)
常数项	0.5473***	0.6175***	−0.5899***	−0.5727***
	(0.1733)	(0.1904)	(0.0214)	(0.0226)
观测值	18 208	14 731	16 832	13 631
R^2	—	—	—	—

注：*、**和***分别表示在10%、5%和1%的显著水平上显著；括号内数字为标准误。

表 A.3　　农民工住房资产对主观经济地位影响的稳健性检验 Ⅱ

变量	(1)	(2)	(3)	(4)	(5)	(6)	(7)	(8)
	主观经济地位							
	全样本	仅儿子	有儿有女	仅女儿	全样本	仅儿子	有儿有女	仅女儿
住房价值	0.0096***	0.0111***	0.0087***	0.0062				
	(0.0016)	(0.0032)	(0.0032)	(0.0039)				
住房面积					0.0684***	0.0760***	0.0585***	0.0891***
					(0.0097)	(0.0191)	(0.0164)	(0.0265)
年龄	0.0100***	0.0069	0.0136*	−0.0001	0.0083**	0.0035	0.0143*	0.0029
	(0.0034)	(0.0075)	(0.0080)	(0.0102)	(0.0035)	(0.0078)	(0.0084)	(0.0105)
年龄平方	0.0085**	0.0118	0.0051	0.0222**	0.0104***	0.0151*	0.0048	0.0195*
	(0.0036)	(0.0076)	(0.0075)	(0.0112)	(0.0037)	(0.0080)	(0.0079)	(0.0115)

续表

变量	(1)	(2)	(3)	(4)	(5)	(6)	(7)	(8)
	主观经济地位							
	全样本	仅儿子	有儿有女	仅女儿	全样本	仅儿子	有儿有女	仅女儿
性别	-0.0589***	-0.0448	-0.0567**	-0.0806**	-0.0611***	-0.0572**	-0.0576**	-0.0708*
	(0.0144)	(0.0276)	(0.0253)	(0.0358)	(0.0148)	(0.0285)	(0.0263)	(0.0370)
教育	-0.0089***	-0.0096***	-0.0112***	-0.0145***	-0.0091***	-0.0104***	-0.0120***	-0.0125**
	(0.0018)	(0.0035)	(0.0030)	(0.0048)	(0.0018)	(0.0036)	(0.0031)	(0.0049)
政治面貌	0.2376***	0.2802***	0.2067***	0.2694***	0.2283***	0.2867***	0.1980***	0.2465***
	(0.0259)	(0.0517)	(0.0424)	(0.0692)	(0.0267)	(0.0532)	(0.0439)	(0.0714)
健康	0.1048***	0.1844***	0.0608**	0.0946*	0.1101***	0.1861***	0.0596**	0.1013**
	(0.0174)	(0.0346)	(0.0280)	(0.0485)	(0.0180)	(0.0358)	(0.0290)	(0.0496)
婚姻状态	0.0412**	0.0863*	0.0444	0.0697	0.0493**	0.0807*	0.0976**	0.0853
	(0.0205)	(0.0460)	(0.0441)	(0.0619)	(0.0213)	(0.0484)	(0.0461)	(0.0641)
乐观	0.2988***	0.2995***	0.3391***	0.3006***	0.3000***	0.3048***	0.3400***	0.2946***
	(0.0060)	(0.0116)	(0.0101)	(0.0158)	(0.0062)	(0.0120)	(0.0106)	(0.0162)
就业	0.0475***	0.0688*	0.0756**	0.0509	0.0508***	0.0730*	0.0793**	0.0330
	(0.0182)	(0.0360)	(0.0318)	(0.0449)	(0.0189)	(0.0374)	(0.0331)	(0.0465)
智力水平	-0.0169***	-0.0234***	-0.0188***	-0.0158	-0.0150***	-0.0182**	-0.0191***	-0.0076
	(0.0042)	(0.0082)	(0.0071)	(0.0106)	(0.0044)	(0.0085)	(0.0073)	(0.0110)
家庭规模	0.0108***	0.0095	0.0031	0.0244**	0.0098**	0.0033	0.0056	0.0257**
	(0.0037)	(0.0072)	(0.0061)	(0.0112)	(0.0039)	(0.0076)	(0.0064)	(0.0118)
少儿抚养比	-0.0827**	-0.1549*	-0.0708	0.0533	-0.0680*	-0.1403	-0.0478	0.0994
	(0.0362)	(0.0851)	(0.0757)	(0.1024)	(0.0374)	(0.0880)	(0.0787)	(0.1055)
老人扶养比	-0.0571	-0.0153	-0.0702	-0.2122*	-0.0457	0.0133	-0.0603	-0.2268**
	(0.0383)	(0.0750)	(0.0633)	(0.1097)	(0.0396)	(0.0780)	(0.0654)	(0.1131)
家庭收入	0.0231***	0.0282*	0.0283**	0.0146	0.0258***	0.0339**	0.0321**	0.0173
	(0.0072)	(0.0148)	(0.0134)	(0.0183)	(0.0075)	(0.0153)	(0.0139)	(0.0186)
金融资产	-0.0003	-0.0030	0.0003	0.0010	0.0009	-0.0028	0.0023	0.0016
	(0.0013)	(0.0026)	(0.0023)	(0.0034)	(0.0014)	(0.0027)	(0.0024)	(0.0035)
生产性固定资产	0.0073***	0.0096***	0.0043*	0.0038	0.0061***	0.0084***	0.0023	0.0032
	(0.0014)	(0.0027)	(0.0024)	(0.0036)	(0.0015)	(0.0028)	(0.0025)	(0.0037)
家庭负债	-0.0022*	-0.0055**	0.0017	-0.0036	-0.0012	-0.0041*	0.0019	-0.0035
	(0.0011)	(0.0022)	(0.0019)	(0.0029)	(0.0012)	(0.0023)	(0.0020)	(0.0030)

续表

变量	(1)	(2)	(3)	(4)	(5)	(6)	(7)	(8)
	主观经济地位							
	全样本	仅儿子	有儿有女	仅女儿	全样本	仅儿子	有儿有女	仅女儿
lns1_1_1_cons	-0.6331***	-0.6165***	-0.5761***	-0.5730***	-0.6364***	-0.6106***	-0.5766***	-0.5427***
	(0.0164)	(0.0338)	(0.0273)	(0.0376)	(0.0169)	(0.0346)	(0.0283)	(0.0372)
lnsig_e_cons	-0.1774***	-0.171***	-0.167***	-0.2359***	-0.1848***	-0.1778***	-0.1743***	-0.2538***
	(0.0060)	(0.0127)	(0.0108)	(0.0166)	(0.0063)	(0.0133)	(0.0113)	(0.0174)
常数项	0.7559***	0.6756***	0.5413**	0.9925***	0.5061***	0.4316	0.2196	0.4651
	(0.1104)	(0.2457)	(0.2580)	(0.3154)	(0.1198)	(0.2658)	(0.2792)	(0.3448)
观测值	29 072	7 793	10 415	4 316	26 896	7 243	9 589	4 042
R^2	—	—	—	—	—	—	—	—

注：*、** 和 *** 分别表示在10%、5%和1%的显著水平上显著；括号内数字为标准误。

附录 B

表 B.1 农民工住房面积的地位寻求动机估计结果

变量	(1) 住房价值 全样本	(2) 住房价值 仅儿子	(3) 住房价值 有儿有女	(4) 住房价值 仅女儿
村庄平均住房面积	0.1635*** (0.0097)	0.1576*** (0.0159)	0.1501*** (0.0140)	0.1622*** (0.0248)
上一期住房面积	0.8420*** (0.0057)	0.8543*** (0.0096)	0.8485*** (0.0082)	0.8144*** (0.0160)
家庭收入	0.0004 (0.0046)	0.0013 (0.0079)	0.0047 (0.0066)	-0.0109 (0.0124)
年龄	0.0067*** (0.0021)	0.0073* (0.0038)	0.0037 (0.0035)	0.0186*** (0.0055)
年龄平方	-0.0061*** (0.0020)	-0.0063* (0.0036)	-0.0034 (0.0032)	-0.0176*** (0.0056)
性别	0.0013 (0.0069)	-0.0058 (0.0110)	0.0015 (0.0105)	0.0270 (0.0168)
教育	0.0006 (0.0008)	0.0021 (0.0014)	-0.0010 (0.0012)	0.0013 (0.0022)
民族	-0.0212* (0.0121)	0.0022 (0.0207)	-0.0359** (0.0175)	-0.0278 (0.0300)
政治面貌	0.0185 (0.0115)	0.0559*** (0.0210)	0.0008 (0.0153)	0.0017 (0.0308)
健康	0.0018 (0.0083)	0.0146 (0.0136)	-0.0042 (0.0119)	0.0109 (0.0206)
婚姻状态	-0.0013 (0.0108)	-0.0068 (0.0187)	-0.0064 (0.0174)	0.0309 (0.0276)

续表

变量	（1）	（2）	（3）	（4）
	住房价值			
	全样本	仅儿子	有儿有女	仅女儿
乐观	0.0019	0.0013	-0.0000	0.0021
	(0.0032)	(0.0051)	(0.0046)	(0.0076)
医疗保险	0.0170	-0.0022	0.0130	0.0638*
	(0.0138)	(0.0224)	(0.0206)	(0.0374)
家庭规模	0.0014	-0.0003	-0.0010	0.0132*
	(0.0027)	(0.0050)	(0.0040)	(0.0079)
男性数量	0.0098**	0.0133	0.0098	0.0101
	(0.0045)	(0.0083)	(0.0072)	(0.0144)
金融资产	0.0011	0.0001	0.0013	0.0017
	(0.0007)	(0.0011)	(0.0010)	(0.0017)
是否自营工商业	0.0336***	0.0375**	0.0215	0.0530**
	(0.0115)	(0.0187)	(0.0171)	(0.0264)
社会互动	0.0038***	0.0025	0.0032	0.0036
	(0.0015)	(0.0024)	(0.0022)	(0.0037)
人均GDP	0.0225*	0.0446**	0.0026	0.0352
	(0.0125)	(0.0204)	(0.0191)	(0.0291)
金融发展	-0.0190**	-0.0224*	-0.0133	-0.0305*
	(0.0075)	(0.0124)	(0.0111)	(0.0176)
常数项	-0.4834***	-0.7767***	-0.1479	-0.7763**
	(0.1392)	(0.2246)	(0.2230)	(0.3285)
lns1_1_1 Constant	-2.8649***	-3.7073**	-3.2716***	-2.2751***
	(0.1996)	(1.4468)	(0.6493)	(0.1650)
lnsig_e Constant	-1.3554***	-1.4291***	-1.3064***	-1.4833***
	(0.0124)	(0.0209)	(0.0171)	(0.0344)
N	7 488	2 367	3 700	1 200
R^2	—	—	—	—

注：*、**和***分别表示在10%、5%和1%的显著水平上显著，括号内数字为标准误。

表 B.2　　　　　农民工住房资产地位寻求动机估计的内生性检验

变量	(1)	(2)	(3)	(4)	(5)	(6)	(7)	(8)
	住房价值				住房面积			
	全样本	仅儿子	有儿有女	仅女儿	全样本	仅儿子	有儿有女	仅女儿
上一期村庄平均住房价值	0.5844*** (0.0376)	0.5532*** (0.0733)	0.6201*** (0.0499)	0.5225*** (0.0970)				
上一期住房价值	0.2389*** (0.0113)	0.2242*** (0.0196)	0.2839*** (0.0166)	0.2586*** (0.0298)				
上一期村庄平均住房价值					0.0836*** (0.0105)	0.0817*** (0.0173)	0.0833*** (0.0153)	0.0812*** (0.0261)
上一期住房面积					0.8530*** (0.0063)	0.8659*** (0.0107)	0.8531*** (0.0091)	0.8106*** (0.0172)
家庭收入	0.2767*** (0.0426)	0.2994*** (0.0833)	0.2852*** (0.0542)	0.1715 (0.1265)	-0.0045 (0.0050)	-0.0072 (0.0086)	0.0029 (0.0073)	-0.0074 (0.0125)
年龄	0.1322*** (0.0192)	0.1712*** (0.0380)	0.0389 (0.0283)	0.1471*** (0.0545)	0.0143*** (0.0022)	0.0150*** (0.0040)	0.0025 (0.0038)	0.0257*** (0.0057)
年龄平方	-0.1148*** (0.0186)	-0.1512*** (0.0367)	-0.0330 (0.0263)	-0.1352** (0.0560)	-0.0123*** (0.0022)	-0.0125*** (0.0039)	-0.0018 (0.0036)	-0.0227*** (0.0059)
性别	-0.0916 (0.0644)	-0.2392** (0.1185)	-0.0458 (0.0853)	0.0509 (0.1670)	-0.0040 (0.0075)	-0.0191 (0.0121)	0.0027 (0.0115)	0.0201 (0.0181)
教育	0.0040 (0.0078)	0.0031 (0.0148)	0.0182* (0.0098)	-0.0185 (0.0223)	-0.0002 (0.0009)	0.0027* (0.0015)	-0.0008 (0.0013)	-0.0000 (0.0024)
民族	-0.1781* (0.1075)	-0.3523 (0.2168)	-0.1254 (0.1324)	0.0333 (0.3024)	-0.0175 (0.0133)	-0.0001 (0.0234)	-0.0347* (0.0191)	-0.0062 (0.0332)
政治面貌	0.1685 (0.1065)	0.2683 (0.2246)	0.0783 (0.1251)	0.4388 (0.3099)	0.0247** (0.0124)	0.0633*** (0.0230)	0.0050 (0.0168)	-0.0062 (0.0325)
健康	0.0327 (0.0779)	-0.1045 (0.1453)	0.0513 (0.0974)	-0.0706 (0.2151)	0.0075 (0.0091)	0.0185 (0.0149)	-0.0049 (0.0131)	0.0362* (0.0214)
婚姻状态	0.4797*** (0.0980)	0.4663** (0.1930)	0.2807** (0.1387)	0.3903 (0.2732)	0.0202* (0.0116)	-0.0070 (0.0205)	0.0003 (0.0189)	0.0694** (0.0291)
乐观	0.0549* (0.0294)	0.0852 (0.0536)	0.0542 (0.0377)	0.0337 (0.0803)	0.0001 (0.0034)	0.0037 (0.0055)	-0.0018 (0.0051)	-0.0021 (0.0079)

续表

变量	（1）	（2）	（3）	（4）	（5）	（6）	（7）	（8）
	住房价值				住房面积			
	全样本	仅儿子	有儿有女	仅女儿	全样本	仅儿子	有儿有女	仅女儿
医疗保险	-0.0079	-0.1227	0.2296	0.0072	0.0178	0.0259	0.0112	0.0320
	(0.1285)	(0.2315)	(0.1691)	(0.3782)	(0.0151)	(0.0242)	(0.0229)	(0.0374)
家庭规模	0.1395 ***	0.1175 **	0.1152 ***	0.1310	0.0079 ***	-0.0002	0.0060	0.0229 ***
	(0.0250)	(0.0529)	(0.0320)	(0.0799)	(0.0030)	(0.0055)	(0.0044)	(0.0083)
男性数量	0.0826 **	0.0961	0.0768	0.2391	0.0105 **	0.0239 ***	0.0065	0.0023
	(0.0421)	(0.0887)	(0.0587)	(0.1472)	(0.0049)	(0.0093)	(0.0080)	(0.0153)
金融资产	0.0013	-0.0072	-0.0015	0.0046	0.0014 *	0.0003	0.0016	0.0004
	(0.0066)	(0.0119)	(0.0084)	(0.0178)	(0.0008)	(0.0012)	(0.0011)	(0.0017)
是否自营工商业	0.2063 *	0.1347	0.1295	0.6801 **	0.0444 ***	0.0550 ***	0.0373 **	0.0430
	(0.1083)	(0.1994)	(0.1387)	(0.2794)	(0.0126)	(0.0204)	(0.0190)	(0.0277)
社会互动	0.0616 ***	0.1062 ***	0.0336 *	0.0304	0.0028 *	0.0032	0.0025	0.0029
	(0.0136)	(0.0255)	(0.0172)	(0.0386)	(0.0016)	(0.0026)	(0.0024)	(0.0037)
人均GDP	-0.1491	0.3476	-0.4938 ***	0.2392	0.0022	0.0321	-0.0128	0.0223
	(0.1183)	(0.2247)	(0.1556)	(0.3064)	(0.0134)	(0.0223)	(0.0207)	(0.0311)
金融发展	-0.2074 ***	-0.3576 ***	-0.1929 **	-0.2316	-0.0133	-0.0179	-0.0136	-0.0238
	(0.0711)	(0.1318)	(0.0911)	(0.1884)	(0.0082)	(0.0136)	(0.0123)	(0.0177)
常数项	-4.1908 ***	-9.7238 ***	1.1911	-6.9250 **	-0.1554	-0.5505 **	0.3392	-0.5300
	(1.2390)	(2.3112)	(1.7351)	(3.1370)	(0.1500)	(0.2457)	(0.2431)	(0.3485)
lns1_1_1 Constant	-8.1544	-0.5682	-16.4897	-9.7088	-3.3670 ***	-3.1794 ***	-16.001 ***	-1.9373 ***
	(67.5494)	(0.3624)	(307.6802)	(224.4658)	(0.7040)	(0.7968)	(0.2193)	(0.1143)
lnsig_e Constant	0.9739 ***	0.9671 ***	0.8704 ***	1.0248 ***	-1.2298 ***	-1.3277 ***	-1.1833 ***	-1.5139 ***
	(0.0077)	(0.0211)	(0.0109)	(0.0196)	(0.0126)	(0.0238)	(0.0115)	(0.0401)
N	8 460	2 646	4 230	1 329	7 746	2 458	3 809	1 246
R^2	—	—	—	—	—	—	—	—

注：*、** 和 *** 分别表示在10%、5%和1%的显著水平上显著，括号内数字为标准误。

表 B.3　　农民工住房资产地位寻求动机稳健性检验（县域）

变量	(1) 全样本	(2) 仅儿子	(3) 有儿有女	(4) 仅女儿	(5) 全样本	(6) 仅儿子	(7) 有儿有女	(8) 仅女儿
	住房价值				住房面积			
县域平均住房价值	0.8828*** (0.0365)	0.9018*** (0.0797)	0.9404*** (0.0598)	0.8897*** (0.1121)				
上一期住房价值	0.2700*** (0.0095)	0.2529*** (0.0168)	0.3251*** (0.0142)	0.3115*** (0.0241)				
县域平均住房面积					0.1931*** (0.0105)	0.1973*** (0.0173)	0.1775*** (0.0158)	0.1290*** (0.0254)
上一期住房面积					0.8100*** (0.0056)	0.8242*** (0.0092)	0.8363*** (0.0080)	0.7901*** (0.0148)
家庭收入	0.2861*** (0.0450)	0.3189*** (0.0857)	0.2799*** (0.0561)	0.3771*** (0.1303)	0.0017 (0.0048)	−0.0109 (0.0084)	0.0040 (0.0068)	−0.0103 (0.0122)
年龄	0.1235*** (0.0190)	0.1365*** (0.0351)	0.0227 (0.0285)	0.1580*** (0.0538)	0.0065*** (0.0021)	0.0096*** (0.0035)	−0.0033 (0.0035)	0.0149*** (0.0053)
年龄平方	−0.1010*** (0.0189)	−0.1174*** (0.0350)	−0.0134 (0.0269)	−0.1448** (0.0566)	−0.0058*** (0.0021)	−0.0082** (0.0034)	0.0027 (0.0033)	−0.0127** (0.0056)
性别	−0.1891*** (0.0695)	−0.2992** (0.1216)	−0.1298 (0.0919)	−0.1564 (0.1721)	0.0039 (0.0076)	−0.0053 (0.0120)	0.0133 (0.0112)	0.0338* (0.0176)
教育	0.0061 (0.0084)	0.0045 (0.0153)	0.0137 (0.0106)	−0.0066 (0.0234)	0.0003 (0.0009)	0.0029* (0.0015)	−0.0010 (0.0013)	0.0019 (0.0024)
民族	−0.0878 (0.1187)	−0.1871 (0.2280)	−0.1887 (0.1451)	0.1152 (0.3139)	−0.0224 (0.0137)	−0.0040 (0.0236)	−0.0443** (0.0188)	−0.0220 (0.0327)
政治面貌	0.1795 (0.1153)	0.6247*** (0.2282)	0.0630 (0.1351)	0.2835 (0.3194)	0.0353*** (0.0127)	0.0655*** (0.0225)	0.0108 (0.0165)	−0.0308 (0.0320)
健康	−0.0481 (0.0871)	−0.0824 (0.1550)	−0.0370 (0.1053)	−0.1646 (0.2332)	0.0071 (0.0094)	0.0250* (0.0152)	−0.0046 (0.0129)	0.0137 (0.0225)
婚姻状态	0.7747*** (0.1026)	0.4489** (0.2014)	0.3821** (0.1489)	0.5398* (0.2863)	0.0040 (0.0114)	−0.0250 (0.0205)	−0.0168 (0.0184)	0.0521* (0.0292)
乐观	0.0850*** (0.0321)	0.1007* (0.0561)	0.0444 (0.0401)	0.0698 (0.0837)	−0.0001 (0.0035)	0.0010 (0.0055)	−0.0003 (0.0049)	−0.0049 (0.0080)
医疗保险	−0.0983 (0.1325)	−0.2074 (0.2288)	0.2285 (0.1765)	−0.7564** (0.3684)	0.0183 (0.0142)	0.0199 (0.0224)	0.0063 (0.0215)	0.0379 (0.0357)

续表

变量	(1)	(2)	(3)	(4)	(5)	(6)	(7)	(8)
	住房价值				住房面积			
	全样本	仅儿子	有儿有女	仅女儿	全样本	仅儿子	有儿有女	仅女儿
家庭规模	0.1481***	0.0993*	0.1314***	0.1643*	0.0071**	0.0020	0.0023	0.0289***
	(0.0277)	(0.0560)	(0.0346)	(0.0862)	(0.0030)	(0.0055)	(0.0043)	(0.0084)
男性数量	0.1398***	0.1541*	0.1027	0.3361**	0.0101**	0.0157*	0.0092	-0.0076
	(0.0463)	(0.0933)	(0.0634)	(0.1586)	(0.0051)	(0.0092)	(0.0078)	(0.0156)
金融资产	-0.0041	-0.0156	-0.0080	-0.0012	0.0010	0.0004	0.0013	-0.0002
	(0.0072)	(0.0124)	(0.0090)	(0.0189)	(0.0008)	(0.0012)	(0.0011)	(0.0018)
是否自营工商业	0.1726	0.1877	0.1966	0.0456	0.0388***	0.0418**	0.0370**	0.0578**
	(0.1120)	(0.1970)	(0.1416)	(0.2807)	(0.0120)	(0.0191)	(0.0175)	(0.0267)
社会互动	0.0689***	0.1208***	0.0256	0.0027	0.0054***	0.0066**	0.0029	0.0046
	(0.0143)	(0.0261)	(0.0181)	(0.0390)	(0.0015)	(0.0026)	(0.0022)	(0.0037)
人均GDP	-0.6048***	-0.2075	-0.8514***	-0.4695	-0.0035	0.0220	-0.0109	0.0489
	(0.1257)	(0.2321)	(0.1662)	(0.3224)	(0.0134)	(0.0217)	(0.0199)	(0.0301)
金融发展	-0.3699***	-0.4138***	-0.2485**	-0.4964**	-0.0060	-0.0052	-0.0116	-0.0398**
	(0.0766)	(0.1354)	(0.0967)	(0.1944)	(0.0081)	(0.0132)	(0.0118)	(0.0181)
常数项	-3.5909***	-8.0142***	0.9447	-5.5896*	-0.2876*	-0.6453***	0.1156	-0.5797*
	(1.3075)	(2.3075)	(1.8231)	(3.1882)	(0.1528)	(0.2391)	(0.2391)	(0.3456)
lns1_1_1 Constant	-10.9082	-0.6562	-1.0180	-15.6079	-2.4180***	-2.6477***	-2.8847***	-2.0453***
	(178.6546)	(0.5153)	(0.6817)	(456.4891)	(0.1191)	(0.2838)	(0.3866)	(0.1264)
lnsig_e Constant	1.1321***	1.0893***	0.9712***	1.1644***	-1.1951***	-1.2949***	-1.1938***	-1.3475***
	(0.0071)	(0.0198)	(0.0162)	(0.0177)	(0.0120)	(0.0221)	(0.0167)	(0.0309)
N	9 922	3 088	4 669	1 620	9 079	2 866	4 211	1 504
R^2	—	—	—	—	—	—	—	—

注：*、**和***分别表示在10%、5%和1%的显著水平上显著，括号内数字为标准误。

表 B.4　　　　农民工住房资产地位寻求动机稳健性检验（省域）

变量	(1)	(2)	(3)	(4)	(5)	(6)	(7)	(8)
	住房价值				住房面积			
	全样本	仅儿子	有儿有女	仅女儿	全样本	仅儿子	有儿有女	仅女儿
省域平均住房价值	1.6049***	1.1540***	1.1899***	1.8184***				
	(0.1064)	(0.1750)	(0.1582)	(0.2427)				

续表

变量	(1)	(2)	(3)	(4)	(5)	(6)	(7)	(8)
	住房价值				住房面积			
	全样本	仅儿子	有儿有女	仅女儿	全样本	仅儿子	有儿有女	仅女儿
上一期住房价值	0.2689*** (0.0095)	0.2865*** (0.0164)	0.3343*** (0.0142)	0.2998*** (0.0239)				
省域平均住房面积					0.1259*** (0.0168)	0.0957*** (0.0262)	0.1928*** (0.0274)	0.1217*** (0.0377)
上一期住房面积					0.8375*** (0.0053)	0.8538*** (0.0087)	0.8609*** (0.0077)	0.8154*** (0.0136)
家庭收入	0.3259*** (0.0469)	0.4064*** (0.0872)	0.3295*** (0.0585)	0.3943*** (0.1352)	-0.0068 (0.0050)	-0.0160* (0.0088)	-0.0054 (0.0073)	-0.0206 (0.0128)
年龄	0.1527*** (0.0196)	0.1244*** (0.0352)	0.0522* (0.0293)	0.1678*** (0.0555)	0.0068*** (0.0021)	0.0120*** (0.0036)	-0.0016 (0.0036)	0.0131** (0.0053)
年龄平方	-0.1223*** (0.0196)	-0.1038*** (0.0352)	-0.0366 (0.0277)	-0.1375** (0.0589)	-0.0054*** (0.0021)	-0.0099*** (0.0036)	0.0019 (0.0034)	-0.0107* (0.0057)
性别	-0.3141*** (0.0731)	-0.3847*** (0.1235)	-0.2120** (0.0956)	-0.3147* (0.1799)	0.0033 (0.0078)	-0.0090 (0.0125)	0.0006 (0.0118)	0.0438** (0.0174)
教育	0.0186** (0.0089)	0.0166 (0.0156)	0.0259** (0.0110)	0.0130 (0.0247)	0.0007 (0.0010)	0.0035** (0.0016)	0.0000 (0.0014)	0.0020 (0.0023)
民族	-0.1332 (0.1250)	-0.2726 (0.2298)	-0.2158 (0.1514)	0.0386 (0.3303)	-0.0075 (0.0140)	-0.0092 (0.0241)	-0.0215 (0.0199)	-0.0096 (0.0327)
政治面貌	0.1402 (0.1207)	0.4937** (0.2283)	-0.0200 (0.1405)	0.3485 (0.3337)	0.0305** (0.0128)	0.0550** (0.0228)	0.0146 (0.0174)	-0.0372 (0.0314)
健康	-0.0191 (0.0928)	-0.0620 (0.1585)	0.0005 (0.1103)	-0.1415 (0.2468)	-0.0063 (0.0099)	0.0122 (0.0159)	-0.0182 (0.0137)	0.0062 (0.0237)
婚姻状态	0.9054*** (0.1059)	0.4971** (0.2030)	0.2943* (0.1553)	0.5204* (0.3000)	0.0130 (0.0115)	-0.0131 (0.0212)	-0.0207 (0.0195)	0.0852*** (0.0294)
乐观	0.0986*** (0.0338)	0.1071* (0.0572)	0.0583 (0.0419)	0.0395 (0.0876)	0.0008 (0.0036)	0.0028 (0.0057)	-0.0034 (0.0052)	-0.0029 (0.0084)
医疗保险	-0.1484 (0.1349)	-0.1435 (0.2291)	0.2708 (0.1829)	-0.8521** (0.3705)	0.0159 (0.0145)	0.0374 (0.0232)	-0.0090 (0.0228)	0.0271 (0.0364)
家庭规模	0.1863*** (0.0293)	0.1286** (0.0573)	0.1645*** (0.0361)	0.2700*** (0.0897)	0.0111*** (0.0032)	0.0041 (0.0058)	0.0091** (0.0045)	0.0249*** (0.0086)

续表

变量	(1)	(2)	(3)	(4)	(5)	(6)	(7)	(8)
	住房价值				住房面积			
	全样本	仅儿子	有儿有女	仅女儿	全样本	仅儿子	有儿有女	仅女儿
男性数量	0.1247**	0.1230	0.1061	0.1901	0.0097*	0.0189*	0.0058	0.0012
	(0.0490)	(0.0955)	(0.0664)	(0.1659)	(0.0053)	(0.0097)	(0.0083)	(0.0159)
金融资产	-0.0012	-0.0100	-0.0120	0.0016	0.0015*	0.0007	0.0017	0.0005
	(0.0076)	(0.0127)	(0.0094)	(0.0199)	(0.0008)	(0.0013)	(0.0012)	(0.0019)
是否自营工商业	0.2402**	0.1680	0.3411**	0.0747	0.0425***	0.0375*	0.0478***	0.0571**
	(0.1167)	(0.1993)	(0.1462)	(0.2886)	(0.0124)	(0.0197)	(0.0183)	(0.0275)
社会互动	0.0773***	0.1325***	0.0169	0.0236	0.0061***	0.0059**	0.0029	0.0061
	(0.0150)	(0.0266)	(0.0189)	(0.0410)	(0.0016)	(0.0027)	(0.0024)	(0.0040)
人均GDP	-1.3919***	-0.4769*	-1.1018***	-1.8081***	-0.0010	0.0187	-0.0055	0.0637**
	(0.1604)	(0.2771)	(0.2063)	(0.4258)	(0.0140)	(0.0225)	(0.0213)	(0.0307)
金融发展	-0.4665***	-0.4773***	-0.3428***	-0.4751**	-0.0054	-0.0010	-0.0088	-0.0320*
	(0.0808)	(0.1381)	(0.1023)	(0.2036)	(0.0086)	(0.0138)	(0.0126)	(0.0194)
常数项	-5.6752***	-9.4661***	-0.9761	-3.8303	-0.1023	-0.3228	-0.1356	-0.7620*
	(1.3943)	(2.3579)	(1.9888)	(3.3488)	(0.1833)	(0.2860)	(0.2956)	(0.3980)
lns1_1_1 Constant	-9.9325	-0.9163	-13.9007	-5.7998	-4.0513	-3.1132***	-13.8035	-3.0176***
	(108.6119)	(0.9602)	(256.4257)	(128.6839)	(3.0766)	(0.7830)	(410.5042)	(0.8233)
lnsig_e Constant	1.2109***	1.1396***	1.0402***	1.2415***	-1.0694***	-1.1998***	-1.0940***	-1.1553***
	(0.0069)	(0.0198)	(0.0103)	(0.0189)	(0.0107)	(0.0210)	(0.0107)	(0.0261)
N	10 511	3 246	4 801	1 730	9 677	3 018	4 354	1 616
R^2	—	—	—	—	—	—	—	—

注：*、** 和 *** 分别表示在10%、5%和1%的显著水平上显著，括号内数字为标准误。

表 B.5　农民工住房资产地位寻求动机稳健性检验（剔除滞后变量）

变量	(1)	(2)	(3)	(4)	(5)	(6)	(7)	(8)
	住房价值				住房面积			
	全样本	仅儿子	有儿有女	仅女儿	全样本	仅儿子	有儿有女	仅女儿
村庄平均住房价值	1.0537***	0.9738***	1.0495***	1.0668***				
	(0.0226)	(0.0425)	(0.0329)	(0.0570)				
村庄平均住房面积					0.7433***	0.7272***	0.7793***	0.6427***
					(0.0109)	(0.0198)	(0.0175)	(0.0261)

续表

变量	(1)	(2)	(3)	(4)	(5)	(6)	(7)	(8)
	住房价值				住房面积			
	全样本	仅儿子	有儿有女	仅女儿	全样本	仅儿子	有儿有女	仅女儿
家庭收入	0.1207***	0.1811***	0.1997***	0.2621***	0.0029	0.0116	0.0054	-0.0011
	(0.0255)	(0.0524)	(0.0376)	(0.0725)	(0.0039)	(0.0077)	(0.0067)	(0.0103)
年龄	0.1288***	0.1573***	0.1118***	0.0259	0.0158***	0.0210***	0.0140***	0.0111*
	(0.0112)	(0.0229)	(0.0183)	(0.0321)	(0.0024)	(0.0048)	(0.0045)	(0.0063)
年龄平方	-0.1134***	-0.1372***	-0.0985***	-0.0133	-0.0128***	-0.0181***	-0.0110***	-0.0075
	(0.0111)	(0.0224)	(0.0174)	(0.0342)	(0.0024)	(0.0047)	(0.0042)	(0.0067)
性别	-0.2155***	-0.2658***	-0.1739***	-0.0986	-0.0207*	-0.0343*	-0.0126	0.0052
	(0.0436)	(0.0829)	(0.0633)	(0.1108)	(0.0108)	(0.0192)	(0.0169)	(0.0251)
教育	0.0079	0.0077	0.0137*	-0.0156	0.0025**	0.0017	0.0033*	-0.0006
	(0.0053)	(0.0104)	(0.0074)	(0.0150)	(0.0012)	(0.0023)	(0.0019)	(0.0032)
民族	-0.0790	-0.1421	-0.0470	-0.1063	0.0295	0.0507	0.0497*	-0.0146
	(0.0708)	(0.1387)	(0.0963)	(0.1820)	(0.0183)	(0.0336)	(0.0277)	(0.0419)
政治面貌	0.2340***	0.1938	0.1616	0.4459**	0.0280	0.1258***	-0.0387	0.0006
	(0.0787)	(0.1572)	(0.1044)	(0.2149)	(0.0181)	(0.0347)	(0.0282)	(0.0452)
健康	0.0921*	0.0874	0.1335*	0.0983	0.0142*	0.0267*	0.0055	0.0336*
	(0.0508)	(0.1011)	(0.0707)	(0.1475)	(0.0079)	(0.0148)	(0.0129)	(0.0199)
婚姻状态	0.4218***	0.1712	0.3157***	0.8896***	0.0676***	0.0484*	0.0192	0.1211***
	(0.0673)	(0.1378)	(0.1116)	(0.1966)	(0.0135)	(0.0260)	(0.0254)	(0.0329)
乐观	0.0885***	0.0832**	0.0924***	0.0434	0.0055**	0.0057	0.0053	0.0075
	(0.0184)	(0.0355)	(0.0265)	(0.0511)	(0.0028)	(0.0051)	(0.0047)	(0.0068)
医疗保险	0.1105	0.1138	0.1172	-0.2514	0.0220*	-0.0061	0.0142	0.0435
	(0.0787)	(0.1530)	(0.1148)	(0.2326)	(0.0117)	(0.0209)	(0.0197)	(0.0295)
家庭规模	0.1640***	0.1375***	0.1041***	0.1824***	0.0194***	0.0168***	0.0132***	0.0384***
	(0.0136)	(0.0281)	(0.0206)	(0.0438)	(0.0023)	(0.0045)	(0.0040)	(0.0070)
男性数量	0.0707***	0.0924**	0.1121***	0.0621	0.0081***	0.0144***	0.0082	0.0029
	(0.0162)	(0.0377)	(0.0325)	(0.0594)	(0.0024)	(0.0052)	(0.0058)	(0.0092)
金融资产	0.0048	0.0042	0.0014	-0.0144	0.0008	0.0018*	0.0002	0.0003
	(0.0041)	(0.0080)	(0.0059)	(0.0112)	(0.0006)	(0.0011)	(0.0010)	(0.0014)
是否自营工商业	0.1573**	0.1754	0.1229	0.1865	0.0423***	0.0176	0.0443**	0.0795***
	(0.0664)	(0.1244)	(0.0975)	(0.1684)	(0.0107)	(0.0184)	(0.0181)	(0.0243)

续表

变量	(1)	(2)	(3)	(4)	(5)	(6)	(7)	(8)
	住房价值				住房面积			
	全样本	仅儿子	有儿有女	仅女儿	全样本	仅儿子	有儿有女	仅女儿
社会互动	0.0887***	0.0934***	0.0664***	0.0514**	0.0087***	0.0072***	0.0090***	0.0058**
	(0.0089)	(0.0168)	(0.0121)	(0.0242)	(0.0013)	(0.0023)	(0.0021)	(0.0029)
人均GDP	-0.4468***	-0.2844*	-0.4813***	-0.4576**	0.0338*	0.0103	0.0009	0.0706*
	(0.0803)	(0.1566)	(0.1181)	(0.2084)	(0.0180)	(0.0329)	(0.0292)	(0.0411)
金融发展	0.0487	-0.0259	-0.0743	0.0146	-0.0143**	-0.0048	-0.0147	-0.0110
	(0.0418)	(0.0853)	(0.0633)	(0.1135)	(0.0070)	(0.0127)	(0.0118)	(0.0161)
常数项	-3.8709***	-5.4424***	-3.0191**	-1.9819	0.0077	0.1344	0.2862	0.1482
	(0.8264)	(1.5837)	(1.2706)	(2.0929)	(0.1962)	(0.3548)	(0.3281)	(0.4532)
lns1_1_1 Constant	0.1845***	0.1208**	0.0767*	0.1416*	-0.7104***	-0.7035***	-0.7011***	-0.7316***
	(0.0281)	(0.0594)	(0.0463)	(0.0841)	(0.0082)	(0.0145)	(0.0125)	(0.0200)
lnsig_e Constant	0.8357***	0.8779***	0.7608***	0.8544***	-1.4440***	-1.5724***	-1.4010***	-1.6641***
	(0.0076)	(0.0143)	(0.0121)	(0.0209)	(0.0079)	(0.0165)	(0.0131)	(0.0230)
观测值	20 683	5 737	8 582	2 976	19 053	5 294	7 799	2 787
R^2	—	—	—	—	—	—	—	—

注：*、**和***分别表示在10%、5%和1%的显著水平上显著，括号内数字为标准误。

表 B.6　农民工住房资产地位寻求动机稳健性检验（县域，剔除滞后变量）

变量	(1)	(2)	(3)	(4)	(5)	(6)	(7)	(8)
	住房价值				住房面积			
	全样本	仅儿子	有儿有女	仅女儿	全样本	仅儿子	有儿有女	仅女儿
县域平均住房价值	0.9730***	1.0546***	1.0612***	1.0299***				
	(0.0235)	(0.0529)	(0.0445)	(0.0683)				
县域平均住房面积					0.7264***	0.7103***	0.7979***	0.5969***
					(0.0113)	(0.0205)	(0.0196)	(0.0272)
家庭收入	0.1938***	0.2357***	0.2485***	0.3222***	0.0042	0.0052	0.0099	-0.0102
	(0.0280)	(0.0552)	(0.0414)	(0.0780)	(0.0038)	(0.0075)	(0.0068)	(0.0091)
年龄	0.1614***	0.1967***	0.1236***	0.0746**	0.0155***	0.0240***	0.0133***	0.0078
	(0.0121)	(0.0231)	(0.0198)	(0.0359)	(0.0023)	(0.0044)	(0.0043)	(0.0059)
年龄平方	-0.1301***	-0.1679***	-0.0961***	-0.0413	-0.0108***	-0.0194***	-0.0093**	-0.0020
	(0.0123)	(0.0234)	(0.0189)	(0.0389)	(0.0023)	(0.0044)	(0.0041)	(0.0064)

续表

变量	(1)	(2)	(3)	(4)	(5)	(6)	(7)	(8)
	住房价值				住房面积			
	全样本	仅儿子	有儿有女	仅女儿	全样本	仅儿子	有儿有女	仅女儿
性别	-0.3107***	-0.3561***	-0.3337***	-0.2304*	-0.0371***	-0.0521***	-0.0236	-0.0194
	(0.0498)	(0.0910)	(0.0726)	(0.1285)	(0.0106)	(0.0189)	(0.0171)	(0.0242)
教育	0.0141**	0.0206*	0.0137	0.0178	0.0037***	0.0030	0.0054***	0.0015
	(0.0062)	(0.0115)	(0.0086)	(0.0175)	(0.0012)	(0.0023)	(0.0020)	(0.0030)
民族	-0.1149	-0.1258	-0.0536	-0.0474	0.0225	0.0297	0.0567**	-0.0237
	(0.0836)	(0.1595)	(0.1132)	(0.2205)	(0.0187)	(0.0347)	(0.0284)	(0.0426)
政治面貌	0.1519*	0.3642**	0.1486	0.2709	0.0338*	0.1313***	-0.0300	-0.0104
	(0.0899)	(0.1711)	(0.1211)	(0.2505)	(0.0178)	(0.0327)	(0.0287)	(0.0431)
健康	0.0947	0.0552	0.1241	0.1886	0.0245***	0.0337**	0.0181	0.0453**
	(0.0599)	(0.1144)	(0.0812)	(0.1761)	(0.0084)	(0.0154)	(0.0135)	(0.0206)
婚姻状态	0.8286***	0.3727**	0.5984***	0.9266***	0.1010***	0.0844***	0.0409	0.1766***
	(0.0738)	(0.1526)	(0.1264)	(0.2248)	(0.0127)	(0.0256)	(0.0254)	(0.0311)
乐观	0.0985***	0.0917**	0.1181***	0.0136	0.0013	-0.0016	0.0039	-0.0005
	(0.0211)	(0.0391)	(0.0299)	(0.0589)	(0.0029)	(0.0051)	(0.0049)	(0.0069)
医疗保险	0.2201***	0.0886	0.3917***	-0.3759	0.0188*	-0.0162	0.0220	0.0401
	(0.0845)	(0.1567)	(0.1256)	(0.2434)	(0.0113)	(0.0196)	(0.0199)	(0.0266)
家庭规模	0.2540***	0.2166***	0.1694***	0.2994***	0.0273***	0.0238***	0.0161***	0.0561***
	(0.0159)	(0.0319)	(0.0235)	(0.0520)	(0.0024)	(0.0047)	(0.0042)	(0.0071)
男性数量	0.0527***	0.0673	0.1239***	0.0512	0.0086***	0.0161***	0.0150**	0.0008
	(0.0190)	(0.0424)	(0.0371)	(0.0716)	(0.0025)	(0.0054)	(0.0060)	(0.0095)
金融资产	0.0099**	0.0048	-0.0007	0.0086	0.0012*	0.0024**	0.0004	0.0003
	(0.0047)	(0.0087)	(0.0066)	(0.0127)	(0.0006)	(0.0011)	(0.0010)	(0.0014)
是否自营工商业	0.3267***	0.1913	0.3833***	0.2262	0.0401***	0.0171	0.0337*	0.0857***
	(0.0726)	(0.1300)	(0.1047)	(0.1878)	(0.0104)	(0.0175)	(0.0179)	(0.0234)
社会互动	0.1168***	0.1206***	0.0873***	0.0397	0.0103***	0.0092***	0.0091***	0.0096***
	(0.0097)	(0.0179)	(0.0133)	(0.0266)	(0.0013)	(0.0023)	(0.0022)	(0.0029)
人均GDP	-0.8800***	-0.8197***	-0.8651***	-0.8177***	-0.0192	-0.0370	-0.0201	0.0471
	(0.0877)	(0.1663)	(0.1316)	(0.2305)	(0.0169)	(0.0305)	(0.0284)	(0.0385)
金融发展	0.0250	-0.0278	-0.0793	-0.1261	-0.0013	0.0090	-0.0020	-0.0112
	(0.0465)	(0.0905)	(0.0701)	(0.1251)	(0.0068)	(0.0123)	(0.0118)	(0.0154)

续表

变量	（1）	（2）	（3）	（4）	（5）	（6）	（7）	（8）
	住房价值				住房面积			
	全样本	仅儿子	有儿有女	仅女儿	全样本	仅儿子	有儿有女	仅女儿
常数项	-1.3848	-3.2891**	-1.4479	-0.4062	0.4951**	0.5749*	0.2311	0.6016
	(0.9172)	(1.6741)	(1.4158)	(2.3455)	(0.1931)	(0.3422)	(0.3330)	(0.4426)
lns1_1_1 Constant	0.4515***	0.4111***	0.3834***	0.5060***	-0.6364***	-0.6187***	-0.6356***	-0.6604***
	(0.0219)	(0.0448)	(0.0315)	(0.0570)	(0.0076)	(0.0131)	(0.0119)	(0.0179)
lnsig_e Constant	1.0464***	1.0413***	0.9152***	1.0824***	-1.3040***	-1.4460***	-1.2759***	-1.5169***
	(0.0066)	(0.0130)	(0.0107)	(0.0178)	(0.0070)	(0.0145)	(0.0119)	(0.0195)
观测值	25 086	7 055	9 889	3 816	23 170	6 525	9 040	3 565
R^2	—	—	—	—	—	—	—	—

注：*、**和***分别表示在10%、5%和1%的显著水平上显著，括号内数字为标准误。

表 B.7　农民工住房资产地位寻求动机稳健性检验（省域，剔除滞后变量）

变量	（1）	（2）	（3）	（4）	（5）	（6）	（7）	（8）
	住房价值				住房面积			
	全样本	仅儿子	有儿有女	仅女儿	全样本	仅儿子	有儿有女	仅女儿
省域平均住房价值	1.8375***	1.5112***	1.4177***	1.7196***				
	(0.0763)	(0.1306)	(0.1230)	(0.1818)				
省域平均住房面积					0.6806***	0.6367***	0.7973***	0.5433***
					(0.0213)	(0.0375)	(0.0388)	(0.0471)
家庭收入	0.2120***	0.3188***	0.2902***	0.3474***	-0.0047	0.0012	0.0040	-0.0168
	(0.0292)	(0.0572)	(0.0433)	(0.0801)	(0.0041)	(0.0080)	(0.0072)	(0.0103)
年龄	0.1917***	0.2070***	0.1440***	0.0946**	0.0201***	0.0314***	0.0151***	0.0037
	(0.0126)	(0.0238)	(0.0205)	(0.0380)	(0.0024)	(0.0046)	(0.0046)	(0.0064)
年龄平方	-0.1505***	-0.1695***	-0.1089***	-0.0470	-0.0120***	-0.0235***	-0.0083*	0.0056
	(0.0129)	(0.0242)	(0.0197)	(0.0414)	(0.0025)	(0.0047)	(0.0045)	(0.0069)
性别	-0.4453***	-0.5191***	-0.4422***	-0.3670***	-0.0657***	-0.0880***	-0.0556***	-0.0304
	(0.0524)	(0.0947)	(0.0758)	(0.1360)	(0.0114)	(0.0200)	(0.0187)	(0.0254)
教育	0.0303***	0.0398***	0.0320***	0.0449**	0.0046***	0.0052**	0.0088***	0.0006
	(0.0065)	(0.0121)	(0.0090)	(0.0185)	(0.0013)	(0.0024)	(0.0021)	(0.0033)
民族	-0.0637	-0.1782	-0.0911	0.0790	0.0661***	0.0690*	0.1038***	0.0085
	(0.0882)	(0.1667)	(0.1185)	(0.2350)	(0.0199)	(0.0369)	(0.0310)	(0.0446)

续表

变量	(1)	(2)	(3)	(4)	(5)	(6)	(7)	(8)
	住房价值				住房面积			
	全样本	仅儿子	有儿有女	仅女儿	全样本	仅儿子	有儿有女	仅女儿
政治面貌	0.1642*	0.3145*	0.1231	0.2875	0.0233	0.1265***	-0.0384	-0.0228
	(0.0940)	(0.1775)	(0.1267)	(0.2655)	(0.0189)	(0.0344)	(0.0312)	(0.0468)
健康	0.1159*	0.0740	0.1341	0.1153	0.0212**	0.0264	0.0111	0.0303
	(0.0639)	(0.1196)	(0.0853)	(0.1880)	(0.0091)	(0.0166)	(0.0145)	(0.0240)
婚姻状态	1.0229***	0.5077***	0.4738***	0.9293***	0.1273***	0.0901***	0.0293	0.1642***
	(0.0761)	(0.1588)	(0.1327)	(0.2379)	(0.0131)	(0.0271)	(0.0274)	(0.0345)
乐观	0.1111***	0.1009**	0.1282***	0.0117	0.0010	0.0042	0.0020	-0.0046
	(0.0224)	(0.0407)	(0.0314)	(0.0623)	(0.0031)	(0.0055)	(0.0052)	(0.0079)
医疗保险	0.2611***	0.2222	0.4098***	-0.2166	0.0300**	0.0007	0.0186	0.0770***
	(0.0868)	(0.1598)	(0.1304)	(0.2480)	(0.0117)	(0.0205)	(0.0210)	(0.0298)
家庭规模	0.2859***	0.2368***	0.2102***	0.4145***	0.0418***	0.0333***	0.0279***	0.0780***
	(0.0170)	(0.0336)	(0.0247)	(0.0552)	(0.0026)	(0.0050)	(0.0045)	(0.0080)
男性数量	0.0851***	0.0935**	0.1397***	0.0434	0.0096***	0.0232***	0.0192***	-0.0015
	(0.0203)	(0.0444)	(0.0392)	(0.0768)	(0.0028)	(0.0058)	(0.0065)	(0.0108)
金融资产	0.0116**	0.0077	0.0004	0.0083	0.0018***	0.0027**	0.0013	0.0016
	(0.0049)	(0.0091)	(0.0069)	(0.0135)	(0.0007)	(0.0012)	(0.0011)	(0.0016)
是否自营工商业	0.3623***	0.2540*	0.5059***	0.0587	0.0582***	0.0341*	0.0572***	0.0966***
	(0.0762)	(0.1348)	(0.1089)	(0.1947)	(0.0111)	(0.0187)	(0.0189)	(0.0260)
社会互动	0.1440***	0.1495***	0.0949***	0.0704**	0.0105***	0.0091***	0.0076***	0.0094***
	(0.0101)	(0.0183)	(0.0138)	(0.0277)	(0.0014)	(0.0024)	(0.0023)	(0.0033)
人均GDP	-1.8438***	-1.4094***	-1.3896***	-1.7101***	-0.0476***	-0.0430	-0.0484	0.0213
	(0.1103)	(0.2028)	(0.1630)	(0.3012)	(0.0177)	(0.0314)	(0.0304)	(0.0408)
金融发展	-0.0164	-0.0048	-0.0768	-0.1551	0.0117	0.0256**	0.0170	-0.0063
	(0.0495)	(0.0939)	(0.0744)	(0.1311)	(0.0072)	(0.0129)	(0.0125)	(0.0171)
常数项	-3.8724***	-4.8506***	-1.8599	-1.5800	0.7304***	0.5901	0.3363	1.0960**
	(0.9875)	(1.7629)	(1.5418)	(2.4920)	(0.2379)	(0.4179)	(0.4249)	(0.5308)
lns1_1_1 Constant	0.5232***	0.5244***	0.4276***	0.6352***	-0.5353***	-0.5245***	-0.5221***	-0.5962***
	(0.0212)	(0.0397)	(0.0320)	(0.0519)	(0.0073)	(0.0126)	(0.0115)	(0.0178)
lnsig_e Constant	1.1298***	1.0918***	0.9811***	1.1573***	-1.2004***	-1.3503***	-1.2027***	-1.3011***
	(0.0063)	(0.0127)	(0.0105)	(0.0174)	(0.0067)	(0.0139)	(0.0116)	(0.0185)

续表

变量	（1）	（2）	（3）	（4）	（5）	（6）	（7）	（8）
	住房价值				住房面积			
	全样本	仅儿子	有儿有女	仅女儿	全样本	仅儿子	有儿有女	仅女儿
N	26 629	7 491	10 195	4 103	24 814	6 993	9 393	3 858
R^2	—	—	—	—	—	—	—	—

注：*、** 和 *** 分别表示在10%、5%和1%的显著水平上显著，括号内数字为标准误。

表 B.8　　考虑性别比例差异的农民工住房资产地位寻求动机估计

变量	（1）	（2）	（3）	（4）	（5）	（6）	（7）	（8）
	住房价值（性别比 > 中位数）				住房价值（性别比 ≤ 中位数）			
	全样本	仅儿子	有儿有女	仅女儿	全样本	仅儿子	有儿有女	仅女儿
村庄平均住房价值	0.9600*** (0.0497)	0.9352*** (0.0956)	0.9344*** (0.0588)	0.9262*** (0.1675)	0.8366*** (0.0476)	0.8123*** (0.0840)	0.7178*** (0.0645)	1.0596*** (0.1278)
上一期住房价值	0.2538*** (0.0148)	0.2450*** (0.0273)	0.2584*** (0.0202)	0.2952*** (0.0440)	0.2414*** (0.0139)	0.2020*** (0.0241)	0.3115*** (0.0218)	0.2539*** (0.0320)
家庭收入	0.1355** (0.0625)	0.0889 (0.1222)	0.2185*** (0.0760)	0.2513 (0.1988)	0.2250*** (0.0525)	0.1966* (0.1040)	0.2997*** (0.0657)	-0.0268 (0.1523)
年龄	0.1157*** (0.0270)	0.1741*** (0.0556)	-0.0421 (0.0370)	0.1219 (0.0853)	0.0882*** (0.0240)	0.1877*** (0.0494)	0.0960*** (0.0370)	0.1165* (0.0613)
年龄平方	-0.0982*** (0.0261)	-0.1534*** (0.0535)	0.0353 (0.0345)	-0.1060 (0.0882)	-0.0859*** (0.0231)	-0.1698*** (0.0472)	-0.0929*** (0.0343)	-0.1114* (0.0619)
性别	-0.1436 (0.0922)	-0.2475 (0.1790)	-0.0091 (0.1143)	-0.0916 (0.2653)	-0.0084 (0.0778)	-0.1359 (0.1410)	0.0865 (0.1086)	-0.1456 (0.1808)
教育	-0.0007 (0.0107)	-0.0135 (0.0211)	0.0240* (0.0128)	-0.0500 (0.0345)	0.0028 (0.0096)	0.0175 (0.0183)	-0.0066 (0.0126)	0.0102 (0.0248)
民族	-0.3115** (0.1589)	-0.3565 (0.3308)	-0.1409 (0.1924)	-0.3711 (0.4387)	0.0277 (0.1240)	-0.1149 (0.2458)	0.0258 (0.1558)	-0.1441 (0.3403)
政治面貌	0.3236** (0.1443)	0.4263 (0.3025)	0.1563 (0.1615)	0.7326 (0.5194)	0.0980 (0.1347)	0.2130 (0.3014)	-0.0168 (0.1629)	0.1124 (0.3279)
健康	0.0386 (0.1075)	-0.0106 (0.2102)	-0.0292 (0.1267)	0.1261 (0.3318)	0.0327 (0.0963)	0.0104 (0.1785)	0.1203 (0.1263)	-0.0597 (0.2352)
婚姻状态	0.6231*** (0.1358)	0.5049* (0.2823)	0.3202* (0.1810)	0.5604 (0.4030)	0.2721** (0.1227)	0.1445 (0.2345)	0.3344* (0.1841)	0.4018 (0.3177)

续表

变量	(1) 住房价值（性别比＞中位数） 全样本	(2) 仅儿子	(3) 有儿有女	(4) 仅女儿	(5) 住房价值（性别比≤中位数） 全样本	(6) 仅儿子	(7) 有儿有女	(8) 仅女儿
乐观	0.0949** (0.0404)	0.1431* (0.0773)	0.0161 (0.0486)	0.2222* (0.1221)	0.0468 (0.0371)	0.0370 (0.0689)	0.0738 (0.0497)	-0.0449 (0.0888)
医疗保险	-0.1115 (0.1751)	0.1577 (0.3425)	-0.0109 (0.2135)	-0.6251 (0.6069)	-0.1750 (0.1621)	-0.1650 (0.2919)	-0.1086 (0.2244)	-0.3147 (0.4208)
家庭规模	0.1118*** (0.0345)	0.1404* (0.0750)	0.0937** (0.0422)	-0.0001 (0.1188)	0.1014*** (0.0313)	0.0356 (0.0654)	0.0847** (0.0414)	0.1580* (0.0927)
男性数量	0.0972* (0.0584)	-0.0107 (0.1271)	0.1132 (0.0772)	0.4108* (0.2201)	0.0453 (0.0517)	0.1751 (0.1069)	0.0431 (0.0751)	0.0490 (0.1665)
金融资产	-0.0039 (0.0091)	-0.0251 (0.0170)	0.0027 (0.0110)	-0.0110 (0.0271)	-0.0034 (0.0082)	0.0042 (0.0148)	-0.0070 (0.0110)	-0.0106 (0.0206)
是否自营工商业	0.0708 (0.1461)	0.3188 (0.2904)	-0.1886 (0.1753)	0.3989 (0.4102)	-0.0523 (0.1375)	-0.2586 (0.2467)	0.1060 (0.1893)	0.3833 (0.3219)
社会互动	0.0388** (0.0187)	0.0535 (0.0357)	0.0303 (0.0226)	-0.0436 (0.0619)	0.0885*** (0.0169)	0.1214*** (0.0329)	0.0445** (0.0223)	0.0824** (0.0408)
人均GDP	-0.2882 (0.1761)	-0.0159 (0.3385)	-0.2818 (0.2205)	-0.0819 (0.4974)	-0.3765** (0.1471)	0.2008 (0.2804)	-0.5388*** (0.1947)	-0.9577** (0.3824)
金融发展	-0.2386** (0.0963)	-0.2511 (0.1805)	-0.3364*** (0.1193)	-0.4810* (0.2788)	-0.0089 (0.0987)	-0.3887** (0.1858)	0.0349 (0.1296)	0.3993* (0.2390)
常数项	-5.4831*** (1.8890)	-9.0716** (3.6125)	-0.9787 (2.4716)	-7.3742 (5.2410)	-3.1909** (1.4572)	-10.276*** (2.7776)	-1.6986 (2.1178)	1.2865 (3.5264)
lns1_1_1 Constant	-13.6652 (240.0694)	-0.2099 (0.3963)	-14.1347 (338.2033)	-10.2669 (344.8867)	-7.8073 (87.1187)	-1.5146 (3.8302)	-10.7643 (270.4945)	-10.1735 (318.4916)
lnsig_e Constant	0.9509*** (0.0109)	0.9414*** (0.0429)	0.8180*** (0.0149)	1.0512*** (0.0293)	0.8083*** (0.0113)	0.8390*** (0.0398)	0.7235*** (0.0166)	0.7902*** (0.0277)
观测值	4 269	1 277	2 268	605	3 916	1 268	1 851	675
R^2	—	—	—	—	—	—	—	—

注：*、**和***分别表示在10%、5%和1%的显著水平上显著，括号内数字为标准误。

表 B.9 考虑性别比例差异的农民工住房资产地位寻求动机稳健性检验（县域）

变量	（1）	（2）	（3）	（4）	（5）	（6）	（7）	（8）
	住房价值（性别比＞中位数）				住房价值（性别比≤中位数）			
	全样本	仅儿子	有儿有女	仅女儿	全样本	仅儿子	有儿有女	仅女儿
县域平均住房价值	0.9193***	0.8091***	1.0320***	1.0445***	0.8096***	1.0173***	0.7125***	0.7865***
	(0.0503)	(0.1039)	(0.0740)	(0.2109)	(0.0540)	(0.1332)	(0.1055)	(0.1279)
上一期住房价值	0.2780***	0.2713***	0.3156***	0.3576***	0.2474***	0.2331***	0.3358***	0.2596***
	(0.0134)	(0.0251)	(0.0191)	(0.0354)	(0.0134)	(0.0221)	(0.0213)	(0.0328)
家庭收入	0.3032***	0.3172**	0.3615***	0.4027**	0.2987***	0.3389***	0.2248***	0.4079**
	(0.0661)	(0.1320)	(0.0821)	(0.2003)	(0.0607)	(0.1100)	(0.0761)	(0.1698)
年龄	0.0939***	0.1078**	-0.0552	0.0593	0.1521***	0.1589***	0.1132***	0.2366***
	(0.0281)	(0.0535)	(0.0400)	(0.0843)	(0.0255)	(0.0453)	(0.0403)	(0.0692)
年龄平方	-0.0679**	-0.0884*	0.0587	-0.0510	-0.1349***	-0.1413***	-0.0963**	-0.2212***
	(0.0280)	(0.0536)	(0.0379)	(0.0900)	(0.0252)	(0.0449)	(0.0378)	(0.0718)
性别	-0.2059*	-0.2485	-0.1623	-0.1588	-0.1097	-0.3151**	-0.0540	-0.0487
	(0.1061)	(0.1970)	(0.1334)	(0.2740)	(0.0912)	(0.1496)	(0.1259)	(0.2182)
教育	0.0096	0.0014	0.0289*	-0.0263	-0.0008	0.0098	-0.0047	-0.0017
	(0.0124)	(0.0234)	(0.0149)	(0.0365)	(0.0114)	(0.0196)	(0.0149)	(0.0302)
民族	-0.2523	-0.1365	-0.3427	-0.1170	0.0561	-0.2059	-0.1035	0.2662
	(0.1870)	(0.3776)	(0.2264)	(0.4662)	(0.1503)	(0.2712)	(0.1850)	(0.4224)
政治面貌	0.3222*	0.7689**	0.1514	0.5054	0.0269	0.4168	-0.0605	0.0850
	(0.1671)	(0.3319)	(0.1892)	(0.5201)	(0.1589)	(0.3130)	(0.1920)	(0.3952)
健康	-0.1196	-0.2047	-0.1522	0.0473	0.0156	-0.0080	0.1167	-0.3028
	(0.1284)	(0.2421)	(0.1480)	(0.3646)	(0.1166)	(0.1944)	(0.1481)	(0.2980)
婚姻状态	1.0669***	0.8896***	0.4756**	0.5170	0.4354***	0.0767	0.3009	0.5968
	(0.1497)	(0.3149)	(0.2067)	(0.4328)	(0.1399)	(0.2519)	(0.2142)	(0.3803)
乐观	0.1090**	0.1644*	0.0003	0.1671	0.0377	0.0138	0.0906	-0.0411
	(0.0465)	(0.0849)	(0.0557)	(0.1303)	(0.0439)	(0.0734)	(0.0578)	(0.1070)
医疗保险	-0.1372	-0.2524	0.3149	-0.9792*	-0.0537	-0.2193	0.1186	-0.4488
	(0.1877)	(0.3388)	(0.2366)	(0.5875)	(0.1849)	(0.3055)	(0.2642)	(0.4630)
家庭规模	0.1809***	0.1748**	0.1356***	0.0898	0.1206***	0.0286	0.1299***	0.2618**
	(0.0405)	(0.0860)	(0.0490)	(0.1294)	(0.0375)	(0.0717)	(0.0483)	(0.1150)

续表

变量	(1)	(2)	(3)	(4)	(5)	(6)	(7)	(8)
	住房价值（性别比＞中位数）				住房价值（性别比≤中位数）			
	全样本	仅儿子	有儿有女	仅女儿	全样本	仅儿子	有儿有女	仅女儿
男性数量	0.1383**	0.0600	0.1786**	0.4452*	0.1444**	0.2411**	0.0145	0.1837
	(0.0681)	(0.1449)	(0.0896)	(0.2393)	(0.0623)	(0.1177)	(0.0885)	(0.2097)
金融资产	−0.0036	−0.0121	−0.0075	−0.0217	−0.0044	−0.0133	−0.0108	0.0213
	(0.0105)	(0.0191)	(0.0126)	(0.0286)	(0.0098)	(0.0159)	(0.0128)	(0.0251)
是否自营工商业	0.3268**	0.6428**	0.0532	0.3068	0.0045	−0.2622	0.4189**	−0.3683
	(0.1586)	(0.2989)	(0.1921)	(0.4032)	(0.1569)	(0.2534)	(0.2088)	(0.3940)
社会互动	0.0290	0.0741*	−0.0013	−0.0852	0.1103***	0.1676***	0.0573**	0.0708
	(0.0205)	(0.0387)	(0.0250)	(0.0635)	(0.0196)	(0.0346)	(0.0261)	(0.0483)
人均GDP	−0.5674***	0.0692	−0.6989***	−0.9230*	−0.7818***	−0.6624**	−0.8848***	−0.4821
	(0.1921)	(0.3608)	(0.2440)	(0.5153)	(0.1692)	(0.3166)	(0.2328)	(0.4153)
金融发展	−0.5790***	−0.5515***	−0.5338***	−0.7416**	0.0615	−0.1257	0.0810	0.0106
	(0.1106)	(0.1993)	(0.1364)	(0.2922)	(0.1138)	(0.1944)	(0.1494)	(0.2752)
常数项	−3.5027*	−9.4764**	0.5827	0.7222	−2.2271	−5.2942*	1.0710	−8.0027**
	(2.0954)	(3.8035)	(2.7638)	(5.3571)	(1.6621)	(2.8530)	(2.4004)	(3.9938)
lns1_1_1 Constant	−0.3184	0.2121	−0.2447	−11.221***	−8.6635	−14.0733	−8.0056	−16.4479
	(0.3320)	(0.2609)	(0.2724)	(0.3777)	(97.6998)	(411.6916)	(125.6372)	(625.6852)
lnsig_e Constant	1.1589***	1.1077***	0.9743***	1.2275***	1.0593***	1.0014***	0.9249***	1.0897***
	(0.0195)	(0.0446)	(0.0267)	(0.0255)	(0.0104)	(0.0183)	(0.0157)	(0.0248)
观测值	5 277	1 577	2 616	788	4 645	1 511	2 053	832
R^2	—	—	—	—	—	—	—	—

注：*、**和***分别表示在10%、5%和1%的显著水平上显著，括号内数字为标准误。

表 B.10 考虑性别比例差异的农民工住房资产地位寻求动机稳健性检验（省域）

变量	(1)	(2)	(3)	(4)	(5)	(6)	(7)	(8)
	住房价值（性别比＞中位数）				住房价值（性别比≤中位数）			
	全样本	仅儿子	有儿有女	仅女儿	全样本	仅儿子	有儿有女	仅女儿
省域平均住房价值	1.9665***	1.5555***	1.5658***	1.6884***	1.0893***	0.6754***	0.6777***	1.8717***
	(0.1529)	(0.2606)	(0.2231)	(0.3483)	(0.1507)	(0.2371)	(0.2249)	(0.3591)
上一期住房价值	0.2648***	0.3073***	0.3224***	0.3313***	0.2538***	0.2436***	0.3234***	0.2680***
	(0.0133)	(0.0243)	(0.0195)	(0.0347)	(0.0133)	(0.0216)	(0.0208)	(0.0331)

续表

变量	(1)	(2)	(3)	(4)	(5)	(6)	(7)	(8)
	住房价值（性别比＞中位数）				住房价值（性别比≤中位数）			
	全样本	仅儿子	有儿有女	仅女儿	全样本	仅儿子	有儿有女	仅女儿
家庭收入	0.3436***	0.4372***	0.4252***	0.3722*	0.3379***	0.4007***	0.2471***	0.4769***
	(0.0677)	(0.1332)	(0.0865)	(0.2047)	(0.0645)	(0.1128)	(0.0785)	(0.1804)
年龄	0.1121***	0.0853	-0.0166	0.0250	0.1960***	0.1689***	0.1357***	0.2993***
	(0.0288)	(0.0538)	(0.0416)	(0.0863)	(0.0265)	(0.0460)	(0.0412)	(0.0724)
年龄平方	-0.0791***	-0.0603	0.0264	-0.0061	-0.1696***	-0.1530***	-0.1128***	-0.2581***
	(0.0289)	(0.0542)	(0.0396)	(0.0928)	(0.0265)	(0.0458)	(0.0389)	(0.0759)
性别	-0.3112***	-0.3149	-0.2296	-0.3346	-0.2395**	-0.3838**	-0.1397	-0.2230
	(0.1111)	(0.2017)	(0.1409)	(0.2830)	(0.0972)	(0.1543)	(0.1309)	(0.2326)
教育	0.0291**	0.0160	0.0444***	-0.0143	0.0030	0.0167	0.0048	0.0253
	(0.0130)	(0.0241)	(0.0157)	(0.0375)	(0.0123)	(0.0204)	(0.0155)	(0.0329)
民族	-0.2687	-0.1608	-0.2666	-0.2072	-0.0007	-0.3137	-0.1747	0.2645
	(0.1957)	(0.3848)	(0.2388)	(0.4856)	(0.1602)	(0.2758)	(0.1937)	(0.4511)
政治面貌	0.2023	0.5895*	0.0224	0.6135	0.0808	0.3355	-0.0812	0.1862
	(0.1742)	(0.3324)	(0.2008)	(0.5362)	(0.1690)	(0.3246)	(0.2006)	(0.4224)
健康	-0.0490	-0.1363	-0.0765	-0.0502	0.0061	-0.0144	0.0940	-0.2079
	(0.1361)	(0.2481)	(0.1562)	(0.3804)	(0.1256)	(0.1999)	(0.1549)	(0.3221)
婚姻状态	1.2224***	1.1375***	0.3609*	0.5143	0.5526***	-0.0530	0.2413	0.5682
	(0.1533)	(0.3185)	(0.2188)	(0.4508)	(0.1466)	(0.2582)	(0.2244)	(0.4037)
乐观	0.1291***	0.1952**	0.0117	0.1473	0.0366	-0.0207	0.1074*	-0.0789
	(0.0486)	(0.0858)	(0.0586)	(0.1344)	(0.0470)	(0.0759)	(0.0602)	(0.1145)
医疗保险	-0.2766	-0.3581	0.4069*	-1.1814**	0.0151	0.0218	0.0140	-0.5314
	(0.1889)	(0.3351)	(0.2456)	(0.5844)	(0.1911)	(0.3078)	(0.2729)	(0.4750)
家庭规模	0.2167***	0.1882**	0.1630***	0.1882	0.1673***	0.0989	0.1721***	0.4038***
	(0.0428)	(0.0880)	(0.0518)	(0.1320)	(0.0402)	(0.0739)	(0.0504)	(0.1226)
男性数量	0.0885	0.0185	0.1964**	0.3107	0.1586**	0.1931	0.0037	-0.0120
	(0.0719)	(0.1482)	(0.0950)	(0.2456)	(0.0666)	(0.1215)	(0.0926)	(0.2254)
金融资产	0.0012	-0.0014	-0.0133	-0.0094	-0.0040	-0.0161	-0.0140	0.0201
	(0.0110)	(0.0193)	(0.0132)	(0.0295)	(0.0105)	(0.0165)	(0.0132)	(0.0271)
是否自营工商业	0.3335**	0.4768	0.1954	0.4468	0.1257	-0.1055	0.5468**	-0.4588
	(0.1643)	(0.3003)	(0.1999)	(0.4198)	(0.1651)	(0.2594)	(0.2152)	(0.4005)

续表

变量	(1)	(2)	(3)	(4)	(5)	(6)	(7)	(8)
	住房价值（性别比＞中位数）				住房价值（性别比≤中位数）			
	全样本	仅儿子	有儿有女	仅女儿	全样本	仅儿子	有儿有女	仅女儿
社会互动	0.0367*	0.0851**	-0.0074	-0.0419	0.1191***	0.1859***	0.0481*	0.0722
	(0.0213)	(0.0390)	(0.0264)	(0.0651)	(0.0208)	(0.0355)	(0.0270)	(0.0523)
人均GDP	-1.6674***	-0.7138*	-1.3231***	-1.8253***	-1.0938***	-0.2828	-0.8370***	-2.1434***
	(0.2297)	(0.4130)	(0.3016)	(0.5924)	(0.2283)	(0.3836)	(0.2852)	(0.6397)
金融发展	-0.7771***	-0.7385***	-0.6690***	-0.7659**	0.0613	-0.0016	0.1055	0.0338
	(0.1162)	(0.2013)	(0.1450)	(0.3025)	(0.1207)	(0.1990)	(0.1571)	(0.2927)
常数项	-5.5642**	-11.606***	-1.2932	3.3527	-4.6472***	-6.6597**	0.1042	-7.0173
	(2.2467)	(3.9439)	(3.0449)	(5.5463)	(1.7825)	(2.9243)	(2.6320)	(4.3507)
lns1_1_1 Constant	-0.0036	0.5400***	-0.0401	-0.7233	-7.5395	-16.9683	-10.8094	-14.2990
	(0.2034)	(0.1361)	(0.2146)	(2.3508)	(72.9083)	(502.3969)	(222.8038)	(535.0864)
lnsig_e Constant	1.2114***	1.0710***	1.0232***	1.2745***	1.1506***	1.0533***	0.9789***	1.1932***
	(0.0196)	(0.0453)	(0.0278)	(0.0493)	(0.0101)	(0.0179)	(0.0155)	(0.0239)
观测值	5 594	1 662	2 691	835	4 917	1 584	2 110	895
R^2	—	—	—	—	—	—	—	—

注：*、**和***分别表示在10%、5%和1%的显著水平上显著，括号内数字为标准误。

表 B.11　考虑性别比例差异的农民工住房资产地位寻求动机稳健性检验（剔除滞后变量）

变量	(1)	(2)	(3)	(4)	(5)	(6)	(7)	(8)
	住房价值（性别比＞中位数）				住房价值（性别比≤中位数）			
	全样本	仅儿子	有儿有女	仅女儿	全样本	仅儿子	有儿有女	仅女儿
村庄平均住房价值	1.0572***	0.9699***	1.0991***	1.1596***	1.0323***	0.9552***	0.9902***	0.9631***
	(0.0318)	(0.0622)	(0.0428)	(0.0923)	(0.0307)	(0.0562)	(0.0499)	(0.0670)
家庭收入	0.1654***	0.1618**	0.2632***	0.3345**	0.1023***	0.2003***	0.1650***	0.2376***
	(0.0407)	(0.0809)	(0.0553)	(0.1301)	(0.0317)	(0.0675)	(0.0503)	(0.0786)
年龄	0.1352***	0.2134***	0.0691***	-0.0131	0.1272***	0.1138***	0.1431***	0.0634*
	(0.0168)	(0.0344)	(0.0254)	(0.0542)	(0.0138)	(0.0287)	(0.0248)	(0.0354)
年龄平方	-0.1146***	-0.1874***	-0.0603**	0.0396	-0.1161***	-0.0972***	-0.1275***	-0.0647*
	(0.0166)	(0.0334)	(0.0240)	(0.0579)	(0.0137)	(0.0284)	(0.0235)	(0.0374)

续表

变量	(1)	(2)	(3)	(4)	(5)	(6)	(7)	(8)
	住房价值（性别比＞中位数）				住房价值（性别比≤中位数）			
	全样本	仅儿子	有儿有女	仅女儿	全样本	仅儿子	有儿有女	仅女儿
性别	-0.1928***	-0.2151*	-0.1288	-0.1167	-0.2149***	-0.3214***	-0.1893**	-0.1026
	(0.0649)	(0.1249)	(0.0878)	(0.1862)	(0.0526)	(0.1020)	(0.0844)	(0.1192)
教育	0.0031	-0.0090	0.0182*	-0.0333	0.0123*	0.0242*	0.0095	0.0033
	(0.0078)	(0.0150)	(0.0101)	(0.0251)	(0.0065)	(0.0132)	(0.0101)	(0.0162)
民族	-0.2296**	-0.3111	-0.0285	-0.3592	0.0266	-0.0171	-0.0462	0.0397
	(0.1111)	(0.2182)	(0.1422)	(0.3047)	(0.0819)	(0.1650)	(0.1211)	(0.1952)
政治面貌	0.2250**	0.1674	0.0868	0.6603*	0.2514***	0.2254	0.2368*	0.2567
	(0.1124)	(0.2192)	(0.1393)	(0.3524)	(0.0961)	(0.2037)	(0.1413)	(0.2317)
健康	0.0586	0.0880	0.0678	0.1634	0.1117*	0.1079	0.1521	0.0704
	(0.0783)	(0.1522)	(0.0986)	(0.2582)	(0.0642)	(0.1308)	(0.0986)	(0.1612)
婚姻状态	0.6053***	0.3959*	0.3331**	1.1999***	0.2580***	0.0045	0.3194**	0.4541**
	(0.1006)	(0.2055)	(0.1500)	(0.3140)	(0.0828)	(0.1731)	(0.1554)	(0.2196)
乐观	0.1277***	0.1241**	0.0872**	0.1235	0.0531**	0.0384	0.1009***	0.0129
	(0.0283)	(0.0540)	(0.0371)	(0.0879)	(0.0236)	(0.0463)	(0.0373)	(0.0574)
医疗保险	0.1249	0.0825	0.1242	-0.0097	0.1710*	0.1801	0.1330	-0.4318
	(0.1240)	(0.2490)	(0.1646)	(0.4077)	(0.1008)	(0.1921)	(0.1603)	(0.2630)
家庭规模	0.1705***	0.1272***	0.0959***	0.1864**	0.1436***	0.1235***	0.1034***	0.1664***
	(0.0211)	(0.0437)	(0.0302)	(0.0750)	(0.0172)	(0.0360)	(0.0276)	(0.0489)
男性数量	0.1070***	0.1246*	0.1542***	0.1495	0.0740***	0.1073**	0.0970**	0.0393
	(0.0288)	(0.0638)	(0.0513)	(0.1170)	(0.0193)	(0.0466)	(0.0418)	(0.0623)
金融资产	0.0050	0.0073	0.0048	-0.0144	0.0047	0.0010	-0.0012	-0.0126
	(0.0063)	(0.0122)	(0.0084)	(0.0200)	(0.0052)	(0.0104)	(0.0082)	(0.0124)
是否自营工商业	0.1823*	0.4445**	-0.0264	0.1990	0.1541*	-0.0253	0.2987**	0.3123
	(0.0988)	(0.1893)	(0.1324)	(0.2721)	(0.0858)	(0.1582)	(0.1401)	(0.1987)
社会互动	0.0611***	0.0692***	0.0419**	0.0207	0.1188***	0.1238***	0.0942***	0.0769***
	(0.0132)	(0.0248)	(0.0166)	(0.0415)	(0.0120)	(0.0225)	(0.0177)	(0.0279)
人均GDP	-0.3503***	-0.1518	-0.2357	-0.4358	-0.5603***	-0.4525**	-0.7219***	-0.5242**
	(0.1245)	(0.2370)	(0.1740)	(0.3474)	(0.0971)	(0.2006)	(0.1527)	(0.2349)
金融发展	-0.0938	-0.1665	-0.3190***	-0.1314	0.2648***	0.2162*	0.1940**	0.2543*
	(0.0615)	(0.1217)	(0.0899)	(0.1835)	(0.0589)	(0.1263)	(0.0948)	(0.1421)

续表

变量	(1)	(2)	(3)	(4)	(5)	(6)	(7)	(8)
	住房价值（性别比＞中位数）				住房价值（性别比≤中位数）			
	全样本	仅儿子	有儿有女	仅女儿	全样本	仅儿子	有儿有女	仅女儿
常数项	-5.3913***	-7.8025***	-4.9131**	-3.7216	-2.6059***	-3.1563	-1.1240	-0.4204
	(1.3218)	(2.5221)	(1.9094)	(3.6304)	(0.9683)	(1.9388)	(1.6139)	(2.2732)
lns1_1_1 Constant	0.1603**	-0.0356	0.0436	-0.2106	0.1130*	-0.0286	0.2635***	0.0039
	(0.0636)	(0.1829)	(0.0923)	(0.4432)	(0.0577)	(0.1445)	(0.0684)	(0.1295)
lnsig_e Constant	0.9120***	0.9613***	0.7952***	1.0691***	0.7739***	0.8473***	0.6587***	0.6767***
	(0.0146)	(0.0272)	(0.0214)	(0.0385)	(0.0152)	(0.0269)	(0.0292)	(0.0349)
观测值	9 767	2 735	4 522	1 318	10 916	3 002	4 060	1 658
R^2	—	—	—	—	—	—	—	—

注：*、** 和 *** 分别表示在10%、5%和1%的显著水平上显著，括号内数字为标准误。

表 B.12　考虑性别比例差异的农民工住房资产地位寻求动机稳健性检验（县域，剔除滞后变量）

变量	(1)	(2)	(3)	(4)	(5)	(6)	(7)	(8)
	住房价值（性别比＞中位数）				住房价值（性别比≤中位数）			
	全样本	仅儿子	有儿有女	仅女儿	全样本	仅儿子	有儿有女	仅女儿
县域平均住房价值	0.9745***	0.9590***	1.1012***	1.1278***	0.9330***	1.1202***	0.9420***	0.9610***
	(0.0339)	(0.0711)	(0.0587)	(0.1357)	(0.0320)	(0.0797)	(0.0666)	(0.0708)
家庭收入	0.2594***	0.1851**	0.3676***	0.4049***	0.1526***	0.3015***	0.1550***	0.3159***
	(0.0434)	(0.0833)	(0.0601)	(0.1368)	(0.0354)	(0.0716)	(0.0559)	(0.0880)
年龄	0.1528***	0.2321***	0.0992***	0.0257	0.1821***	0.1715***	0.1370***	0.1355***
	(0.0178)	(0.0343)	(0.0273)	(0.0574)	(0.0148)	(0.0284)	(0.0260)	(0.0408)
年龄平方	-0.1167***	-0.2017***	-0.0731***	0.0201	-0.1560***	-0.1442***	-0.1105***	-0.1170***
	(0.0180)	(0.0347)	(0.0262)	(0.0624)	(0.0150)	(0.0289)	(0.0249)	(0.0439)
性别	-0.1974***	-0.1345	-0.2366**	-0.2386	-0.3701***	-0.5426***	-0.4044***	-0.1612
	(0.0730)	(0.1367)	(0.1006)	(0.2056)	(0.0595)	(0.1086)	(0.0933)	(0.1410)
教育	0.0112	0.0111	0.0178	-0.0037	0.0158**	0.0332**	0.0095	0.0358*
	(0.0089)	(0.0169)	(0.0117)	(0.0280)	(0.0074)	(0.0141)	(0.0112)	(0.0192)
民族	-0.3173**	-0.3265	-0.1700	-0.1616	0.0351	0.0471	0.0153	0.0430
	(0.1292)	(0.2505)	(0.1673)	(0.3477)	(0.0957)	(0.1846)	(0.1357)	(0.2414)

续表

变量	(1)	(2)	(3)	(4)	(5)	(6)	(7)	(8)
	住房价值（性别比＞中位数）				住房价值（性别比≤中位数）			
	全样本	仅儿子	有儿有女	仅女儿	全样本	仅儿子	有儿有女	仅女儿
政治面貌	0.1032 (0.1263)	0.3917 (0.2391)	0.0924 (0.1613)	0.2267 (0.3906)	0.2148** (0.1095)	0.3347 (0.2163)	0.1863 (0.1569)	0.2096 (0.2753)
健康	0.0440 (0.0920)	-0.0045 (0.1749)	0.0590 (0.1144)	0.5469* (0.2992)	0.1358* (0.0754)	0.1148 (0.1437)	0.1603 (0.1116)	-0.0079 (0.1994)
婚姻状态	1.0047*** (0.1081)	0.7224*** (0.2277)	0.7253*** (0.1691)	0.8508** (0.3447)	0.5900*** (0.0914)	0.0265 (0.1877)	0.4302** (0.1731)	0.6857*** (0.2602)
乐观	0.1353*** (0.0322)	0.1243** (0.0598)	0.1097*** (0.0422)	0.0378 (0.0973)	0.0557** (0.0272)	0.0491 (0.0500)	0.1180*** (0.0419)	-0.0005 (0.0690)
医疗保险	0.3830*** (0.1291)	0.2758 (0.2486)	0.6710*** (0.1757)	-0.2061 (0.4070)	0.1713 (0.1109)	0.0164 (0.1987)	0.1504 (0.1806)	-0.4906* (0.2936)
家庭规模	0.2956*** (0.0244)	0.2487*** (0.0505)	0.1861*** (0.0348)	0.3890*** (0.0862)	0.1981*** (0.0201)	0.1602*** (0.0398)	0.1459*** (0.0311)	0.2129*** (0.0600)
男性数量	0.0409 (0.0337)	0.0496 (0.0728)	0.1486** (0.0591)	0.0141 (0.1350)	0.1090*** (0.0227)	0.1343*** (0.0511)	0.1327*** (0.0475)	0.1078 (0.0783)
金融资产	0.0120* (0.0072)	0.0182 (0.0136)	0.0011 (0.0095)	0.0122 (0.0216)	0.0083 (0.0060)	-0.0048 (0.0111)	-0.0011 (0.0092)	0.0063 (0.0150)
是否自营工商业	0.4277*** (0.1064)	0.5576*** (0.1971)	0.3327** (0.1419)	0.2687 (0.2929)	0.2160** (0.0944)	-0.1218 (0.1638)	0.4225*** (0.1489)	0.1553 (0.2296)
社会互动	0.0882*** (0.0141)	0.1072*** (0.0270)	0.0544*** (0.0180)	0.0382 (0.0439)	0.1500*** (0.0132)	0.1349*** (0.0234)	0.1244*** (0.0197)	0.0524 (0.0323)
人均GDP	-0.7180*** (0.1339)	-0.4487* (0.2508)	-0.6134*** (0.1904)	-1.1843*** (0.3824)	-1.0846*** (0.1050)	-1.3245*** (0.2110)	-1.1072*** (0.1682)	-0.6986*** (0.2557)
金融发展	-0.3164*** (0.0689)	-0.3022** (0.1330)	-0.4918*** (0.1007)	-0.2200 (0.1992)	0.4857*** (0.0654)	0.4220*** (0.1296)	0.4029*** (0.1054)	0.1136 (0.1631)
常数项	-3.0168** (1.4298)	-6.4082** (2.6431)	-4.0895* (2.0923)	1.9278 (3.9242)	0.3752 (1.0724)	0.6515 (1.9981)	2.0724 (1.7570)	-1.8363 (2.5763)
lns1_1_1 Constant	0.4574*** (0.0441)	0.2678* (0.1420)	0.4439*** (0.0505)	0.4974*** (0.1408)	0.2713*** (0.0542)	0.2632** (0.1076)	0.2632*** (0.0842)	0.0457 (0.2028)
lnsig_e Constant	1.1190*** (0.0121)	1.1550*** (0.0255)	0.9403*** (0.0185)	1.2281*** (0.0341)	1.0036*** (0.0128)	0.9776*** (0.0264)	0.8870*** (0.0243)	1.0196*** (0.0313)

续表

变量	(1)	(2)	(3)	(4)	(5)	(6)	(7)	(8)
	住房价值（性别比＞中位数）				住房价值（性别比≤中位数）			
	全样本	仅儿子	有儿有女	仅女儿	全样本	仅儿子	有儿有女	仅女儿
观测值	12 182	3 436	5 322	1 746	12 904	3 619	4 567	2 070
R^2	—	—	—	—	—	—	—	—

注：*、** 和 *** 分别表示在10%、5%和1%的显著水平上显著，括号内数字为标准误。

表 B.13　考虑性别比例差异的农民工住房资产地位寻求动机
稳健性检验（省域，剔除滞后变量）

变量	(1)	(2)	(3)	(4)	(5)	(6)	(7)	(8)
	住房价值（性别比＞中位数）				住房价值（性别比≤中位数）			
	全样本	仅儿子	有儿有女	仅女儿	全样本	仅儿子	有儿有女	仅女儿
省域平均住房价值	1.8450***	1.5868***	1.4632***	1.4229***	1.3312***	1.1045***	0.9801***	1.6177***
	(0.1073)	(0.1879)	(0.1686)	(0.2678)	(0.1009)	(0.1707)	(0.1686)	(0.2318)
家庭收入	0.2916***	0.3068***	0.4281***	0.4588***	0.1710***	0.3609***	0.1853***	0.3611***
	(0.0446)	(0.0858)	(0.0631)	(0.1387)	(0.0376)	(0.0748)	(0.0580)	(0.0929)
年龄	0.1845***	0.2322***	0.1273***	0.0263	0.2099***	0.1852***	0.1451***	0.1668***
	(0.0184)	(0.0352)	(0.0284)	(0.0591)	(0.0155)	(0.0293)	(0.0268)	(0.0448)
年龄平方	-0.1382***	-0.1929***	-0.0926***	0.0339	-0.1740***	-0.1502***	-0.1126***	-0.1309***
	(0.0187)	(0.0357)	(0.0273)	(0.0647)	(0.0158)	(0.0300)	(0.0258)	(0.0485)
性别	-0.3112***	-0.2689*	-0.3252***	-0.3854*	-0.5170***	-0.7112***	-0.5284***	-0.2874*
	(0.0758)	(0.1407)	(0.1057)	(0.2105)	(0.0631)	(0.1140)	(0.0966)	(0.1550)
教育	0.0279***	0.0261	0.0399***	0.0265	0.0279***	0.0494***	0.0196*	0.0614***
	(0.0093)	(0.0175)	(0.0123)	(0.0286)	(0.0079)	(0.0149)	(0.0116)	(0.0214)
民族	-0.2069	-0.3200	-0.1086	-0.0769	0.0132	-0.0484	-0.0945	0.1823
	(0.1339)	(0.2574)	(0.1749)	(0.3596)	(0.1021)	(0.1945)	(0.1413)	(0.2679)
政治面貌	0.1213	0.3802	0.0262	0.3682	0.2115*	0.3336	0.1877	0.1219
	(0.1306)	(0.2435)	(0.1694)	(0.4043)	(0.1158)	(0.2285)	(0.1633)	(0.3014)
健康	0.0835	0.0222	0.0872	0.4549	0.1415*	0.1350	0.1516	-0.0738
	(0.0970)	(0.1816)	(0.1203)	(0.3103)	(0.0813)	(0.1521)	(0.1167)	(0.2220)
婚姻状态	1.2624***	0.9206***	0.6098***	0.6708*	0.7409***	0.0962	0.3194*	0.8973***
	(0.1101)	(0.2345)	(0.1786)	(0.3563)	(0.0953)	(0.1968)	(0.1808)	(0.2850)

续表

变量	(1)	(2)	(3)	(4)	(5)	(6)	(7)	(8)
	住房价值（性别比＞中位数）				住房价值（性别比≤中位数）			
	全样本	仅儿子	有儿有女	仅女儿	全样本	仅儿子	有儿有女	仅女儿
乐观	0.1343***	0.1095*	0.1018**	0.0367	0.0800***	0.0710	0.1479***	-0.0115
	(0.0337)	(0.0616)	(0.0443)	(0.1001)	(0.0292)	(0.0529)	(0.0437)	(0.0761)
医疗保险	0.3252**	0.4280*	0.6306***	0.0587	0.3015***	0.1703	0.2283	-0.4488
	(0.1310)	(0.2499)	(0.1830)	(0.4014)	(0.1157)	(0.2066)	(0.1861)	(0.3127)
家庭规模	0.3203***	0.2667***	0.2213***	0.4968***	0.2483***	0.1993***	0.1926***	0.3656***
	(0.0258)	(0.0524)	(0.0367)	(0.0887)	(0.0216)	(0.0425)	(0.0325)	(0.0664)
男性数量	0.0574	0.0515	0.1717***	-0.0387	0.1378***	0.1680***	0.1322***	0.0965
	(0.0357)	(0.0755)	(0.0624)	(0.1407)	(0.0245)	(0.0542)	(0.0499)	(0.0872)
金融资产	0.0135*	0.0242*	-0.0004	0.0067	0.0124*	-0.0045	0.0057	0.0076
	(0.0075)	(0.0139)	(0.0100)	(0.0222)	(0.0064)	(0.0117)	(0.0096)	(0.0166)
是否自营工商业	0.4499***	0.6062***	0.4295***	0.1194	0.2683***	-0.0093	0.5475***	-0.0886
	(0.1103)	(0.2005)	(0.1476)	(0.2984)	(0.1004)	(0.1730)	(0.1544)	(0.2458)
社会互动	0.1112***	0.1326***	0.0611***	0.0594	0.1871***	0.1720***	0.1326***	0.0954***
	(0.0146)	(0.0275)	(0.0189)	(0.0444)	(0.0139)	(0.0244)	(0.0203)	(0.0351)
人均GDP	-1.6440***	-1.1596***	-1.2586***	-1.5685***	-1.6559***	-1.4419***	-1.2804***	-1.6672***
	(0.1606)	(0.2923)	(0.2323)	(0.4441)	(0.1391)	(0.2633)	(0.2118)	(0.3799)
金融发展	-0.4022***	-0.3821***	-0.4708***	-0.3018	0.5169***	0.5391***	0.4345***	0.0811
	(0.0725)	(0.1368)	(0.1064)	(0.2043)	(0.0708)	(0.1362)	(0.1119)	(0.1767)
常数项	-5.9094***	-8.5716***	-3.7083	0.9281	-0.7717	-0.2686	2.2326	-2.6272
	(1.5277)	(2.7799)	(2.2816)	(4.0681)	(1.1664)	(2.1108)	(1.9137)	(2.8412)
lns1_1_1 Constant	0.5060***	0.5182***	0.5182***	0.6235***	0.3104***	0.3294***	0.2074*	0.2920*
	(0.0440)	(0.0906)	(0.0486)	(0.1213)	(0.0562)	(0.1108)	(0.1073)	(0.1559)
lnsig_e Constant	1.1981***	1.1669***	1.0011***	1.2758***	1.1048***	1.0584***	0.9688***	1.1227***
	(0.0115)	(0.0251)	(0.0182)	(0.0337)	(0.0120)	(0.0263)	(0.0240)	(0.0311)
观测值	12 998	3 658	5 501	1 893	13 631	3 833	4 694	2 210
R^2	—	—	—	—	—	—	—	—

注：*、**和***分别表示在10%、5%和1%的显著水平上显著，括号内数字为标准误。

附录 C

表 C.1　　农民工住房资产对家庭消费影响的稳健性检验

变量	(1)	(2)	(3)	(4)	(5)	(6)	(7)	(8)
	总支出							
县域平均住房价值	-0.0241*** (0.0046)				-0.0156*** (0.0045)			
省域平均住房价值		-0.0798*** (0.0148)				-0.0744*** (0.0151)		
县域平均住房面积			-0.1136*** (0.0144)				-0.0728*** (0.0123)	
省域平均住房面积				-0.1551*** (0.0222)				-0.1207*** (0.0209)
住房价值	0.0114*** (0.0013)	0.0113*** (0.0012)					0.0111*** (0.0013)	0.0109*** (0.0012)
住房面积			0.0597*** (0.0079)	0.0611*** (0.0070)	0.0343*** (0.0069)	0.0524*** (0.0069)		
县域平均消费水平	0.6725*** (0.0173)		0.6805*** (0.0176)		0.6640*** (0.0178)		0.6713*** (0.0170)	
省域平均消费水平		0.5997*** (0.0334)		0.6005*** (0.0349)		0.5708*** (0.0342)		0.6079*** (0.0339)
家庭收入	0.2144*** (0.0086)	0.2393*** (0.0091)	0.2156*** (0.0090)	0.2427*** (0.0096)	0.2193*** (0.0090)	0.2443*** (0.0096)	0.2121*** (0.0086)	0.2379*** (0.0091)
年龄	-0.0158*** (0.0027)	-0.0168*** (0.0027)	-0.0151*** (0.0028)	-0.0171*** (0.0028)	-0.0153*** (0.0028)	-0.0169*** (0.0028)	-0.0156*** (0.0028)	-0.0167*** (0.0027)
年龄平方	0.0000* (0.0000)	0.0001* (0.0000)	0.0000 (0.0000)	0.0001* (0.0000)	0.0000 (0.0000)	0.0001* (0.0000)	0.0000* (0.0000)	0.0001* (0.0000)
性别	-0.0142 (0.0097)	-0.0185* (0.0097)	-0.0188 (0.0100)	-0.0223* (0.0100)	-0.0197* (0.0100)	-0.0236** (0.0100)	-0.0140 (0.0097)	-0.0181* (0.0097)

续表

变量	(1)	(2)	(3)	(4)	(5)	(6)	(7)	(8)
	总支出							
教育	0.0185***	0.0209***	0.0176***	0.0204***	0.0179***	0.0204***	0.0182***	0.0209***
	(0.0012)	(0.0012)	(0.0013)	(0.0013)	(0.0013)	(0.0013)	(0.0012)	(0.0012)
民族	0.0147	-0.0077	0.0328*	0.0137	0.0262	0.0058	0.0202	-0.0012
	(0.0162)	(0.0158)	(0.0173)	(0.0167)	(0.0172)	(0.0167)	(0.0163)	(0.0158)
政治面貌	0.0560***	0.0360**	0.0497***	0.0318*	0.0485***	0.0294*	0.0581***	0.0386**
	(0.0165)	(0.0165)	(0.0172)	(0.0170)	(0.0171)	(0.0170)	(0.0167)	(0.0165)
健康	-0.0500***	-0.0574***	-0.0525***	-0.0562***	-0.0486***	-0.0566***	-0.0529***	-0.0565***
	(0.0165)	(0.0168)	(0.0171)	(0.0173)	(0.0171)	(0.0174)	(0.0165)	(0.0168)
婚姻状况	0.1601***	0.1738***	0.1684***	0.1802***	0.1671***	0.1813***	0.1625***	0.1738***
	(0.0158)	(0.0154)	(0.0165)	(0.0160)	(0.0165)	(0.0160)	(0.0159)	(0.0154)
就业状态	-0.1410***	-0.1485***	-0.1347***	-0.1410***	-0.1362***	-0.1417***	-0.1396***	-0.1482***
	(0.0139)	(0.0140)	(0.0145)	(0.0145)	(0.0145)	(0.0145)	(0.0140)	(0.0140)
医疗保险	-0.0148	-0.0258	-0.0059	-0.0217	-0.0093	-0.0238	-0.0143	-0.0238
	(0.0187)	(0.0181)	(0.0196)	(0.0188)	(0.0195)	(0.0189)	(0.0188)	(0.0181)
宗教信仰	0.0179	0.0191	0.0215	0.0211	0.0214	0.0193	0.0175	0.0214
	(0.0177)	(0.0179)	(0.0183)	(0.0185)	(0.0183)	(0.0185)	(0.0178)	(0.0179)
家庭规模	0.1196***	0.1264***	0.1220***	0.1271***	0.1208***	0.1266***	0.1211***	0.1273***
	(0.0029)	(0.0029)	(0.0030)	(0.0031)	(0.0030)	(0.0031)	(0.0029)	(0.0029)
少儿抚养比	0.0075	0.0147	0.0134	0.0273	0.0078	0.0184	0.0095	0.0196
	(0.0262)	(0.0253)	(0.0267)	(0.0258)	(0.0265)	(0.0257)	(0.0263)	(0.0254)
老人扶养比	-0.1229***	-0.1026***	-0.1164***	-0.1018***	-0.1197***	-0.0990***	-0.1218***	-0.1047***
	(0.0277)	(0.0282)	(0.0287)	(0.0291)	(0.0287)	(0.0291)	(0.0278)	(0.0282)
金融资产	0.0105***	0.0123***	0.0112***	0.0129***	0.0111***	0.0130***	0.0106***	0.0122***
	(0.0011)	(0.0011)	(0.0011)	(0.0011)	(0.0011)	(0.0011)	(0.0011)	(0.0011)
生产性固定资产	0.0091***	0.0080***	0.0088***	0.0073***	0.0088***	0.0073***	0.0093***	0.0082***
	(0.0010)	(0.0010)	(0.0011)	(0.0011)	(0.0011)	(0.0011)	(0.0010)	(0.0010)
家庭负债	0.0224***	0.0234***	0.0234***	0.0246***	0.0234***	0.0246***	0.0224***	0.0235***
	(0.0009)	(0.0009)	(0.0009)	(0.0009)	(0.0009)	(0.0009)	(0.0009)	(0.0009)

续表

变量	(1)	(2)	(3)	(4)	(5)	(6)	(7)	(8)
	总支出							
不健康成员比	-0.0177 (0.0308)	-0.0227 (0.0312)	-0.0199 (0.0320)	-0.0271 (0.0323)	-0.0166 (0.0319)	-0.0230 (0.0323)	-0.0210 (0.0309)	-0.0260 (0.0312)
教育负担	0.5955*** (0.0313)	0.5719*** (0.0315)	0.6035*** (0.0327)	0.5740*** (0.0329)	0.5981*** (0.0326)	0.5713*** (0.0329)	0.6004*** (0.0314)	0.5734*** (0.0315)
基础设施	0.0315*** (0.0096)	0.0547*** (0.0098)	0.0315*** (0.0100)	0.0532*** (0.0101)	0.0308*** (0.0100)	0.0545*** (0.0102)	0.0300*** (0.0097)	0.0529*** (0.0098)
人均GDP	0.1358*** (0.0171)	0.1712*** (0.0213)	0.1101*** (0.0177)	0.0867*** (0.0207)	0.1377*** (0.0176)	0.1819*** (0.0220)	0.1083*** (0.0173)	0.0829*** (0.0201)
金融发展	-0.0394*** (0.0094)	-0.0271*** (0.0104)	-0.0442*** (0.0097)	-0.0395*** (0.0109)	-0.0427*** (0.0097)	-0.0266** (0.0107)	-0.0391*** (0.0094)	-0.0375*** (0.0106)
常数项	-0.1879 (0.2166)	0.6261** (0.2939)	0.0437 (0.2257)	1.0964*** (0.3025)	-0.3376 (0.2245)	0.5595* (0.3017)	0.1861 (0.2193)	1.1129*** (0.2954)
观测值	24 288	25 818	22 463	24 070	22 610	24 074	24 116	25 812
R^2	0.380	0.344	0.383	0.346	0.382	0.345	0.380	0.344

注：*、**和***分别表示在10%、5%和1%的显著水平上显著，括号内数字为标准误。

表C.2 高地位农民工村庄平均住房价值对家庭消费影响的估计结果

变量	(1)	(2)	(3)	(4)	(5)	(6)	(7)	(8)
	总支出	食品	衣着	居住	耐用品	医疗	交通	文教
村庄平均住房价值	-0.0299** (0.0129)	-0.0194 (0.0161)	0.0061 (0.0244)	-0.0207 (0.0209)	0.0266 (0.0275)	0.0605 (0.0456)	-0.0634*** (0.0190)	0.0905 (0.0593)
住房价值	0.0244*** (0.0041)	0.0188*** (0.0062)	0.0292*** (0.0087)	0.0184** (0.0082)	0.0279*** (0.0077)	0.0136 (0.0135)	0.0201*** (0.0059)	0.0315* (0.0166)
村庄平均消费水平	0.6868*** (0.0279)	0.8844*** (0.0341)	0.7919*** (0.0413)	0.4868*** (0.0234)	0.4516*** (0.0250)	0.6982*** (0.0466)	0.7867*** (0.0324)	0.7967*** (0.0537)
家庭收入	0.1972*** (0.0152)	0.1850*** (0.0185)	0.2529*** (0.0288)	0.1744*** (0.0227)	0.3152*** (0.0283)	0.0367 (0.0426)	0.1605*** (0.0209)	0.1892*** (0.0589)
年龄	-0.0105 (0.0068)	-0.0030 (0.0083)	0.0172 (0.0145)	-0.0133 (0.0118)	-0.0243* (0.0127)	-0.0497** (0.0204)	0.0106 (0.0109)	-0.0714** (0.0310)
年龄平方	0.0000 (0.0001)	-0.0001 (0.0001)	-0.0004*** (0.0001)	0.0001 (0.0001)	0.0001 (0.0001)	0.0006*** (0.0002)	-0.0003** (0.0001)	0.0006* (0.0003)

续表

变量	（1）总支出	（2）食品	（3）衣着	（4）居住	（5）耐用品	（6）医疗	（7）交通	（8）文教
性别	0.0105 (0.0204)	0.0891*** (0.0275)	0.0637 (0.0440)	-0.0538 (0.0336)	-0.0500 (0.0421)	-0.1999*** (0.0671)	0.0660** (0.0314)	-0.1212 (0.0940)
教育	0.0131*** (0.0023)	0.0142*** (0.0032)	0.0161*** (0.0048)	0.0127*** (0.0039)	0.0215*** (0.0047)	0.0186** (0.0076)	0.0168*** (0.0033)	0.0754*** (0.0108)
民族	0.0223 (0.0328)	-0.0121 (0.0398)	0.0687 (0.0660)	0.1750*** (0.0658)	-0.1692*** (0.0564)	0.3362*** (0.1184)	-0.0921** (0.0455)	0.1154 (0.1510)
政治面貌	0.0669** (0.0284)	0.0712** (0.0337)	0.1906*** (0.0573)	0.0694 (0.0526)	0.1418*** (0.0549)	-0.0288 (0.1001)	0.2073*** (0.0381)	0.1531 (0.1415)
健康	-0.0626** (0.0319)	0.0125 (0.0430)	-0.0242 (0.0695)	0.0683 (0.0504)	-0.0908 (0.0642)	-0.2917*** (0.0922)	-0.0669 (0.0464)	-0.2820* (0.1549)
婚姻状况	0.0810** (0.0344)	0.0955** (0.0443)	0.0128 (0.0740)	0.1767*** (0.0594)	0.0452 (0.0682)	0.3821*** (0.1147)	0.0961* (0.0539)	-0.3320** (0.1531)
就业状态	-0.1547*** (0.0300)	-0.1613*** (0.0381)	-0.0849 (0.0665)	-0.1780*** (0.0487)	0.0239 (0.0622)	-0.1949* (0.1000)	-0.0403 (0.0484)	-0.1511 (0.1365)
医疗保险	-0.0337 (0.0454)	0.0061 (0.0662)	0.1886* (0.1072)	-0.0565 (0.0715)	-0.0531 (0.0923)	0.4208** (0.1663)	-0.0961 (0.0696)	0.1283 (0.1852)
宗教信仰	0.0232 (0.0356)	0.0081 (0.0443)	0.0201 (0.0679)	0.0911 (0.0598)	0.1566** (0.0671)	0.1270 (0.1017)	-0.0270 (0.0548)	0.1932 (0.1628)
家庭规模	0.1201*** (0.0054)	0.1067*** (0.0064)	0.1774*** (0.0110)	0.0939*** (0.0085)	0.1416*** (0.0107)	0.1747*** (0.0170)	0.1314*** (0.0078)	0.5694*** (0.0242)
少儿抚养比	-0.0279 (0.0709)	0.1880** (0.0850)	0.3576*** (0.1071)	-0.0385 (0.1385)	0.2233 (0.1361)	-0.0924 (0.2374)	-0.1015 (0.0905)	3.0997*** (0.3047)
老人扶养比	-0.0819* (0.0489)	0.0673 (0.0676)	-0.4640*** (0.1214)	-0.1995** (0.0902)	-0.2339** (0.1031)	0.1069 (0.1597)	-0.5273*** (0.0895)	-1.1065*** (0.2056)
金融资产	0.0111*** (0.0021)	0.0145*** (0.0027)	0.0344*** (0.0045)	0.0107*** (0.0034)	0.0368*** (0.0043)	0.0114 (0.0072)	0.0245*** (0.0030)	0.0558*** (0.0096)
生产性固定资产	0.0104*** (0.0020)	0.0066** (0.0028)	0.0140*** (0.0041)	0.0079** (0.0037)	0.0225*** (0.0043)	0.0322*** (0.0072)	0.0195*** (0.0028)	0.0321*** (0.0098)
家庭负债	0.0222*** (0.0018)	0.0098*** (0.0023)	0.0123*** (0.0036)	0.0275*** (0.0030)	0.0335*** (0.0037)	0.0477*** (0.0060)	0.0242*** (0.0024)	0.0347*** (0.0084)

续表

变量	(1) 总支出	(2) 食品	(3) 衣着	(4) 居住	(5) 耐用品	(6) 医疗	(7) 交通	(8) 文教
不健康成员比	0.0485 (0.0602)	-0.0430 (0.0779)	-0.4236*** (0.1523)	0.0519 (0.1030)	-0.1760 (0.1233)	2.0472*** (0.1938)	-0.2104** (0.1004)	-1.1039*** (0.2714)
教育负担	0.7533*** (0.0638)	0.4082*** (0.0878)	0.6149*** (0.1202)	0.1225 (0.1145)	0.3400*** (0.1289)	-0.8237*** (0.2528)	0.3281*** (0.0878)	9.4076*** (0.3101)
基础设施	0.0107 (0.0189)	-0.0094 (0.0265)	-0.0058 (0.0398)	0.0726** (0.0318)	-0.0011 (0.0387)	-0.0308 (0.0632)	-0.0361 (0.0277)	-0.0305 (0.0887)
人均GDP	0.1612*** (0.0373)	0.2871*** (0.0472)	0.0087 (0.0778)	-0.0355 (0.0599)	-0.0538 (0.0783)	-0.0866 (0.1231)	0.0668 (0.0589)	1.1101*** (0.1779)
金融发展	-0.0586*** (0.0201)	-0.1392*** (0.0272)	-0.1931*** (0.0396)	0.1304*** (0.0329)	0.1146*** (0.0391)	-0.3596*** (0.0624)	-0.0735** (0.0305)	-1.4600*** (0.0907)
自家重大事件					0.1864*** (0.0497)			
常数项	-0.5072 (0.4430)	-4.0503*** (0.5154)	-2.5532*** (0.9053)	1.6775** (0.6866)	0.3904 (0.8008)	0.8189 (1.3470)	-0.6751 (0.7040)	-13.9585*** (1.9015)
观测值	6 105	6 509	6 423	6 459	6 321	6 404	6 434	6 010
R^2	0.385	0.285	0.246	0.185	0.244	0.140	0.318	0.365

注：*、**和***分别表示在10%、5%和1%的显著水平上显著，括号内数字为标准误。

表C.3　高地位农民工村庄平均住房面积对家庭消费影响的估计结果

变量	(1) 总支出	(2) 食品	(3) 衣着	(4) 居住	(5) 耐用品	(6) 医疗	(7) 交通	(8) 文教
村庄平均住房面积	-0.0877*** (0.0296)	-0.0649 (0.0414)	0.0752 (0.0578)	-0.1319** (0.0523)	0.0647 (0.0601)	0.1220 (0.0992)	-0.1946*** (0.0416)	0.1237 (0.1346)
住房面积	0.0681*** (0.0179)	0.0208 (0.0254)	0.0212 (0.0357)	0.1066*** (0.0338)	0.0552 (0.0361)	0.0486 (0.0605)	0.0688** (0.0270)	0.0432 (0.0818)
村庄平均消费水平	0.6978*** (0.0275)	0.8823*** (0.0331)	0.8044*** (0.0444)	0.4817*** (0.0233)	0.4616*** (0.0256)	0.6601*** (0.0482)	0.7918*** (0.0323)	0.8161*** (0.0565)
家庭收入	0.2002*** (0.0161)	0.2010*** (0.0198)	0.2697*** (0.0296)	0.1676*** (0.0232)	0.3329*** (0.0295)	0.0573 (0.0439)	0.1577*** (0.0213)	0.1961*** (0.0605)
年龄	-0.0111 (0.0071)	-0.0062 (0.0084)	0.0191 (0.0154)	-0.0147 (0.0126)	-0.0222* (0.0134)	-0.0413* (0.0218)	0.0125 (0.0114)	-0.0548* (0.0331)

续表

变量	(1) 总支出	(2) 食品	(3) 衣着	(4) 居住	(5) 耐用品	(6) 医疗	(7) 交通	(8) 文教
年龄平方	0.0000 (0.0001)	-0.0001 (0.0001)	-0.0004*** (0.0002)	0.0001 (0.0001)	0.0001 (0.0001)	0.0005** (0.0002)	-0.0003*** (0.0001)	0.0004 (0.0003)
性别	0.0043 (0.0212)	0.0767*** (0.0284)	0.0604 (0.0454)	-0.0683** (0.0347)	-0.0630 (0.0441)	-0.1932*** (0.0694)	0.0654 (0.0318)	-0.1030 (0.0976)
教育	0.0128*** (0.0025)	0.0135*** (0.0033)	0.0141*** (0.0049)	0.0136*** (0.0041)	0.0209*** (0.0049)	0.0189** (0.0080)	0.0161*** (0.0034)	0.0726*** (0.0112)
民族	0.0226 (0.0355)	-0.0151 (0.0441)	0.0561 (0.0713)	0.1149* (0.0685)	-0.1597*** (0.0614)	0.4007*** (0.1308)	-0.0969** (0.0454)	0.0867 (0.1665)
政治面貌	0.0610** (0.0298)	0.0626* (0.0351)	0.2074*** (0.0589)	0.0534 (0.0531)	0.1357** (0.0583)	-0.0077 (0.1042)	0.2054*** (0.0373)	0.1655 (0.1466)
健康	-0.0564* (0.0333)	0.0187 (0.0454)	0.0023 (0.0704)	0.0856 (0.0526)	-0.1007 (0.0672)	-0.3023*** (0.0958)	-0.0789 (0.0483)	-0.2355 (0.1613)
婚姻状况	0.1168*** (0.0367)	0.1316*** (0.0476)	0.0167 (0.0785)	0.2017*** (0.0639)	0.1072 (0.0738)	0.3922*** (0.1208)	0.1037* (0.0574)	-0.2619 (0.1626)
就业状态	-0.1360*** (0.0314)	-0.1336*** (0.0400)	-0.0803 (0.0685)	-0.1816*** (0.0503)	0.0500 (0.0656)	-0.1798* (0.1051)	-0.0080 (0.0501)	-0.1364 (0.1413)
医疗保险	0.0042 (0.0476)	0.0291 (0.0638)	0.2498** (0.1141)	-0.0147 (0.0750)	-0.0642 (0.0988)	0.4259** (0.1763)	-0.0466 (0.0748)	0.3010 (0.1924)
宗教信仰	0.0452 (0.0370)	0.0280 (0.0462)	0.0066 (0.0718)	0.0541 (0.0619)	0.1791** (0.0702)	0.1106 (0.1076)	0.0023 (0.0547)	0.1762 (0.1691)
家庭规模	0.1220*** (0.0056)	0.1129*** (0.0069)	0.1841*** (0.0112)	0.0920*** (0.0087)	0.1419*** (0.0112)	0.1676*** (0.0174)	0.1383*** (0.0080)	0.5740*** (0.0250)
少儿抚养比	-0.0669 (0.0743)	0.1843** (0.0877)	0.3085*** (0.1146)	-0.0729 (0.1463)	0.1791 (0.1415)	0.0705 (0.2453)	-0.1149 (0.0946)	3.2366*** (0.3181)
老人扶养比	-0.1015** (0.0506)	0.0675 (0.0699)	-0.4890*** (0.1268)	-0.2232** (0.0923)	-0.2735** (0.1084)	0.0822 (0.1651)	-0.4693*** (0.0897)	-1.0228*** (0.2110)
金融资产	0.0119*** (0.0022)	0.0141*** (0.0027)	0.0333*** (0.0046)	0.0098*** (0.0035)	0.0388*** (0.0045)	0.0116 (0.0075)	0.0258*** (0.0032)	0.0610*** (0.0100)
生产性固定资产	0.0105*** (0.0021)	0.0067** (0.0028)	0.0151*** (0.0041)	0.0091** (0.0037)	0.0228*** (0.0045)	0.0327*** (0.0075)	0.0176*** (0.0029)	0.0334*** (0.0102)

续表

变量	（1）总支出	（2）食品	（3）衣着	（4）居住	（5）耐用品	（6）医疗	（7）交通	（8）文教
家庭负债	0.0232*** (0.0019)	0.0099*** (0.0023)	0.0119*** (0.0037)	0.0300*** (0.0031)	0.0362*** (0.0038)	0.0445*** (0.0062)	0.0253*** (0.0024)	0.0343*** (0.0087)
不健康成员比	0.0567 (0.0623)	-0.0461 (0.0817)	-0.3384** (0.1578)	0.0846 (0.1074)	-0.1771 (0.1332)	2.0236*** (0.1974)	-0.2112** (0.1065)	-1.0621*** (0.2800)
教育负担	0.7735*** (0.0676)	0.4075*** (0.0927)	0.5942*** (0.1259)	0.1532 (0.1191)	0.3204** (0.1362)	-0.6718** (0.2625)	0.3134*** (0.0916)	9.6038*** (0.3232)
基础设施	0.0080 (0.0197)	-0.0092 (0.0274)	-0.0107 (0.0411)	0.0776** (0.0330)	-0.0041 (0.0405)	-0.0083 (0.0655)	-0.0434 (0.0286)	-0.0159 (0.0922)
人均GDP	0.1555*** (0.0379)	0.2913*** (0.0475)	0.0530 (0.0744)	-0.0252 (0.0604)	-0.0339 (0.0773)	-0.0077 (0.1198)	0.0268 (0.0581)	1.2192*** (0.1785)
金融发展	-0.0728*** (0.0208)	-0.1457*** (0.0282)	-0.2135*** (0.0406)	0.1239*** (0.0340)	0.0867** (0.0406)	-0.3695*** (0.0645)	-0.0796** (0.0311)	-1.4934*** (0.0939)
自家重大事件					0.2009*** (0.0523)			
常数项	-0.6222 (0.4604)	-4.0230*** (0.5436)	-3.4315*** (0.9485)	1.8042** (0.7384)	-0.0942 (0.8663)	-0.1463 (1.4208)	-0.2730 (0.7185)	-15.4157*** (2.0489)
观测值	5 608	5 979	5 900	5 933	5 808	5 887	5 906	5 521
R^2	0.385	0.288	0.251	0.186	0.244	0.134	0.324	0.372

注：*、**和***分别表示在10%、5%和1%的显著水平上显著，括号内数字为标准误。

表C.4　高地位农民工平均住房资产对家庭消费影响的稳健性检验

变量	（1）	（2）	（3）	（4）	（5）	（6）	（7）	（8）
	总支出							
县域平均住房面积	-0.1063*** (0.0311)				-0.0728*** (0.0270)			
省域平均住房面积		-0.2077*** (0.0489)				-0.1725*** (0.0451)		
县域平均住房价值			-0.0082 (0.0144)				-0.0238 (0.0148)	
省域平均住房价值				-0.1096*** (0.0332)				-0.1043*** (0.0323)

续表

变量	(1)	(2)	(3)	(4)	(5)	(6)	(7)	(8)
	总支出							
住房面积	0.0478*** (0.0159)	0.0685*** (0.0158)	0.0261* (0.0144)	0.0585*** (0.0152)				
住房价值					0.0179*** (0.0032)	0.0191*** (0.0030)	0.0179*** (0.0032)	0.0194*** (0.0030)
县域平均消费水平	0.7114*** (0.0365)		0.6818*** (0.0377)		0.6972*** (0.0349)		0.6895*** (0.0364)	
省域平均消费水平		0.7095*** (0.0695)		0.6813*** (0.0689)		0.7069*** (0.0676)		0.6905*** (0.0671)
家庭收入	0.2217*** (0.0157)	0.2287*** (0.0172)	0.2251*** (0.0157)	0.2321*** (0.0172)	0.2166*** (0.0148)	0.2234*** (0.0162)	0.2190*** (0.0148)	0.2261*** (0.0162)
年龄	-0.0264*** (0.0062)	-0.0290*** (0.0062)	-0.0259*** (0.0062)	-0.0287*** (0.0062)	-0.0252*** (0.0059)	-0.0262*** (0.0059)	-0.0245*** (0.0059)	-0.0262*** (0.0059)
年龄平方	0.0002** (0.0001)	0.0002*** (0.0001)	0.0001* (0.0001)	0.0002*** (0.0001)	0.0001** (0.0001)	0.0001* (0.0001)	0.0001* (0.0001)	0.0001* (0.0001)
性别	-0.0035 (0.0205)	-0.0082 (0.0209)	-0.0041 (0.0206)	-0.0099 (0.0209)	0.0026 (0.0197)	-0.0035 (0.0201)	0.0019 (0.0197)	-0.0038 (0.0201)
教育	0.0154*** (0.0024)	0.0177*** (0.0024)	0.0156*** (0.0024)	0.0178*** (0.0024)	0.0151*** (0.0023)	0.0173*** (0.0023)	0.0153*** (0.0023)	0.0173*** (0.0023)
民族	0.0336 (0.0351)	-0.0043 (0.0343)	0.0254 (0.0350)	-0.0092 (0.0344)	0.0259 (0.0330)	-0.0143 (0.0323)	0.0199 (0.0328)	-0.0169 (0.0323)
政治面貌	0.0547* (0.0291)	0.0262 (0.0291)	0.0543* (0.0290)	0.0253 (0.0290)	0.0611** (0.0280)	0.0323 (0.0280)	0.0596** (0.0278)	0.0302 (0.0279)
健康	-0.0613* (0.0332)	-0.0617* (0.0335)	-0.0547* (0.0331)	-0.0618* (0.0336)	-0.0711** (0.0319)	-0.0681** (0.0324)	-0.0654** (0.0318)	-0.0683** (0.0324)
婚姻状况	0.1263*** (0.0345)	0.1292*** (0.0343)	0.1280*** (0.0347)	0.1335*** (0.0343)	0.0990*** (0.0325)	0.1044*** (0.0322)	0.1001*** (0.0325)	0.1081*** (0.0323)
就业状态	-0.1696*** (0.0291)	-0.1840*** (0.0292)	-0.1721*** (0.0291)	-0.1865*** (0.0293)	-0.1744*** (0.0279)	-0.1958*** (0.0280)	-0.1772*** (0.0279)	-0.1978*** (0.0281)
医疗保险	0.0372 (0.0434)	0.0156 (0.0425)	0.0289 (0.0431)	0.0089 (0.0426)	0.0062 (0.0419)	-0.0031 (0.0408)	0.0050 (0.0416)	-0.0087 (0.0408)

续表

变量	(1)	(2)	(3)	(4)	(5)	(6)	(7)	(8)
	总支出							
宗教信仰	0.0365 (0.0364)	0.0297 (0.0367)	0.0362 (0.0362)	0.0276 (0.0368)	0.0189 (0.0350)	0.0211 (0.0353)	0.0219 (0.0347)	0.0196 (0.0353)
家庭规模	0.1260*** (0.0054)	0.1291*** (0.0055)	0.1250*** (0.0054)	0.1274*** (0.0055)	0.1247*** (0.0052)	0.1296*** (0.0053)	0.1239*** (0.0052)	0.1278*** (0.0053)
少儿抚养比	-0.1025 (0.0640)	-0.0788 (0.0633)	-0.1083* (0.0643)	-0.0860 (0.0637)	-0.0767 (0.0617)	-0.0666 (0.0610)	-0.0888 (0.0622)	-0.0727 (0.0612)
老人扶养比	-0.1326*** (0.0490)	-0.1387*** (0.0494)	-0.1376*** (0.0490)	-0.1347*** (0.0495)	-0.1172** (0.0472)	-0.1230** (0.0477)	-0.1176** (0.0472)	-0.1195** (0.0478)
金融资产	0.0119*** (0.0021)	0.0147*** (0.0023)	0.0117*** (0.0021)	0.0151*** (0.0023)	0.0116*** (0.0020)	0.0141*** (0.0022)	0.0114*** (0.0020)	0.0144*** (0.0022)
生产性固定资产	0.0115*** (0.0021)	0.0101*** (0.0021)	0.0115*** (0.0021)	0.0096*** (0.0021)	0.0114*** (0.0020)	0.0102*** (0.0020)	0.0111*** (0.0020)	0.0096*** (0.0020)
家庭负债	0.0246*** (0.0018)	0.0259*** (0.0019)	0.0245*** (0.0018)	0.0260*** (0.0019)	0.0235*** (0.0017)	0.0245*** (0.0018)	0.0234*** (0.0017)	0.0245*** (0.0018)
不健康成员比	0.0630 (0.0606)	0.0645 (0.0615)	0.0706 (0.0606)	0.0674 (0.0614)	0.0359 (0.0587)	0.0453 (0.0596)	0.0427 (0.0587)	0.0486 (0.0596)
教育负担	0.7472*** (0.0641)	0.7268*** (0.0648)	0.7556*** (0.0640)	0.7258*** (0.0651)	0.7315*** (0.0608)	0.7080*** (0.0612)	0.7415*** (0.0606)	0.7085*** (0.0615)
基础设施	0.0261 (0.0196)	0.0416** (0.0200)	0.0227 (0.0196)	0.0434** (0.0200)	0.0237 (0.0187)	0.0387** (0.0191)	0.0240 (0.0188)	0.0410** (0.0192)
人均GDP	0.1362*** (0.0362)	0.0846** (0.0416)	0.1546*** (0.0373)	0.2051*** (0.0462)	0.1269*** (0.0347)	0.0741* (0.0398)	0.1507*** (0.0360)	0.1819*** (0.0440)
金融发展	-0.0751*** (0.0204)	-0.0794*** (0.0229)	-0.0714*** (0.0203)	-0.0617*** (0.0223)	-0.0632*** (0.0196)	-0.0683*** (0.0221)	-0.0614*** (0.0194)	-0.0527** (0.0215)
常数项	-0.2444 (0.4715)	0.7177 (0.6316)	-0.4799 (0.4782)	0.0479 (0.6274)	-0.0508 (0.4517)	0.8340 (0.6123)	-0.3248 (0.4587)	0.2478 (0.6097)
观测值	6302	6528	6322	6528	6812	7058	6838	7058
R^2	0.357	0.317	0.356	0.316	0.359	0.318	0.358	0.318

注：*、**和***分别表示在10%、5%和1%的显著水平上显著，括号内数字为标准误。

表 C.5　　参照组村庄平均住房价值对中地位家庭消费影响的估计结果

变量	（1）总支出	（2）食品	（3）衣着	（4）居住	（5）耐用品	（6）医疗	（7）交通	（8）文教
村庄平均住房价值	-0.0065 (0.0075)	-0.0251** (0.0104)	-0.0317** (0.0150)	-0.0074 (0.0148)	0.0556*** (0.0162)	0.0278 (0.0324)	-0.0330*** (0.0120)	-0.0205 (0.0362)
住房价值	0.0177*** (0.0033)	0.0078** (0.0037)	0.0258*** (0.0066)	0.0306*** (0.0077)	0.0268*** (0.0072)	0.0201 (0.0122)	0.0160*** (0.0050)	0.0085 (0.0140)
村庄平均消费水平	0.6746*** (0.0241)	0.9000*** (0.0272)	0.7604*** (0.0382)	0.4433*** (0.0217)	0.4793*** (0.0233)	0.6350*** (0.0453)	0.7583*** (0.0289)	0.8586*** (0.0598)
家庭收入	0.2072*** (0.0123)	0.1735*** (0.0141)	0.2839*** (0.0243)	0.2314*** (0.0214)	0.2821*** (0.0259)	-0.0227 (0.0366)	0.1869*** (0.0182)	0.1994*** (0.0526)
年龄	-0.0154*** (0.0054)	-0.0053 (0.0061)	-0.0001 (0.0106)	-0.0118 (0.0108)	-0.0216* (0.0113)	-0.0157 (0.0175)	0.0044 (0.0090)	-0.0659** (0.0264)
年龄平方	0.0056 (0.0056)	-0.0065 (0.0063)	-0.0211* (0.0112)	0.0098 (0.0107)	0.0065 (0.0117)	0.0249 (0.0177)	-0.0240** (0.0097)	0.0416 (0.0270)
性别	-0.0017 (0.0171)	0.0471** (0.0208)	-0.0180 (0.0347)	-0.0047 (0.0314)	-0.0001 (0.0374)	-0.1829*** (0.0574)	0.0134 (0.0240)	-0.0327 (0.0810)
教育	0.0163*** (0.0022)	0.0163*** (0.0027)	0.0179*** (0.0046)	0.0144*** (0.0041)	0.0169*** (0.0048)	0.0280*** (0.0072)	0.0209*** (0.0032)	0.0653*** (0.0105)
民族	0.0145 (0.0291)	-0.0277 (0.0348)	-0.0138 (0.0490)	0.2444*** (0.0568)	-0.0702 (0.0571)	0.2604** (0.1068)	-0.0625* (0.0364)	0.3071** (0.1369)
政治面貌	0.0397 (0.0296)	-0.0217 (0.0379)	0.1028* (0.0587)	-0.0542 (0.0614)	0.1646*** (0.0628)	0.1464 (0.0949)	0.1667*** (0.0393)	0.0570 (0.1447)
健康	-0.0504* (0.0281)	-0.0627* (0.0371)	-0.0506 (0.0649)	0.0997* (0.0513)	-0.0286 (0.0608)	-0.1946** (0.0816)	0.0013 (0.0412)	-0.5987*** (0.1377)
婚姻状况	0.1957*** (0.0325)	0.1393*** (0.0391)	0.2649*** (0.0726)	0.2580*** (0.0618)	0.2101*** (0.0672)	0.4849*** (0.1104)	0.2169*** (0.0487)	-0.0701 (0.1446)
就业状态	-0.1378*** (0.0263)	-0.1425*** (0.0315)	-0.0105 (0.0625)	-0.0417 (0.0478)	-0.0048 (0.0620)	-0.3610*** (0.0871)	-0.0578 (0.0421)	-0.0156 (0.1253)
医疗保险	0.0285 (0.0410)	0.0453 (0.0570)	0.1138 (0.0906)	-0.0698 (0.0660)	-0.0249 (0.0820)	0.2902** (0.1470)	-0.0677 (0.0635)	0.1418 (0.1876)
宗教信仰	-0.0498* (0.0299)	-0.0648** (0.0314)	-0.0342 (0.0540)	-0.0297 (0.0540)	0.0923 (0.0604)	0.0596 (0.0825)	-0.0275 (0.0419)	0.4766*** (0.1282)

续表

变量	(1) 总支出	(2) 食品	(3) 衣着	(4) 居住	(5) 耐用品	(6) 医疗	(7) 交通	(8) 文教
家庭规模	0.1111*** (0.0048)	0.1008*** (0.0058)	0.1620*** (0.0100)	0.0935*** (0.0085)	0.1323*** (0.0098)	0.1731*** (0.0157)	0.1389*** (0.0072)	0.5684*** (0.0225)
少儿抚养比	-0.0256 (0.0535)	0.2898*** (0.0645)	0.2880*** (0.0848)	-0.0593 (0.1192)	0.1129 (0.1075)	0.5917*** (0.1800)	-0.2614*** (0.0746)	2.8277*** (0.2325)
老人扶养比	-0.1800*** (0.0489)	-0.0880 (0.0615)	-0.4113*** (0.1255)	-0.1399 (0.0868)	-0.2902*** (0.1106)	0.1718 (0.1699)	-0.4931*** (0.0915)	-0.8192*** (0.2331)
金融资产	0.0088*** (0.0018)	0.0124*** (0.0023)	0.0259*** (0.0037)	0.0051 (0.0034)	0.0279*** (0.0039)	0.0127** (0.0063)	0.0156*** (0.0026)	0.0431*** (0.0086)
生产性固定资产	0.0076*** (0.0018)	0.0036 (0.0023)	0.0087** (0.0035)	0.0201*** (0.0033)	0.0255*** (0.0038)	0.0204*** (0.0063)	0.0149*** (0.0025)	0.0053 (0.0086)
家庭负债	0.0179*** (0.0016)	0.0049** (0.0020)	0.0012 (0.0030)	0.0279*** (0.0029)	0.0236*** (0.0034)	0.0306*** (0.0053)	0.0164*** (0.0021)	0.0122* (0.0073)
不健康成员比	-0.0133 (0.0534)	-0.3208*** (0.0739)	-0.4306*** (0.1246)	0.0833 (0.0994)	-0.1176 (0.1137)	2.0700*** (0.1653)	-0.1630* (0.0847)	-1.9935*** (0.2529)
教育负担	0.6365*** (0.0543)	0.1444** (0.0728)	0.5458*** (0.1087)	-0.0851 (0.0997)	0.0896 (0.1172)	-0.4177** (0.2081)	0.0372 (0.0765)	9.1874*** (0.2444)
基础设施	-0.0056 (0.0165)	0.0312 (0.0210)	0.0721** (0.0330)	0.1073*** (0.0300)	-0.0037 (0.0352)	-0.0562 (0.0550)	-0.0578*** (0.0219)	-0.1248 (0.0771)
人均GDP	0.1309*** (0.0315)	0.2784*** (0.0422)	0.0315 (0.0636)	-0.0486 (0.0583)	0.0494 (0.0663)	0.0820 (0.1030)	0.0519 (0.0455)	0.8563*** (0.1520)
金融发展	-0.0518*** (0.0168)	-0.1419*** (0.0220)	-0.2116*** (0.0330)	0.1168*** (0.0305)	0.0711** (0.0361)	-0.2552*** (0.0537)	-0.0175 (0.0236)	-1.2513*** (0.0789)
自家重大事件					0.1324*** (0.0454)			
常数项	-0.3275 (0.3759)	-3.6153*** (0.4153)	-1.8372*** (0.7007)	1.0211 (0.6742)	-1.0705 (0.7137)	-0.5561 (1.1683)	-0.9140* (0.5339)	-10.3775*** (1.6918)
观测值	7 187	7 593	7 482	7 539	7 443	7 447	7 501	6 921
R^2	0.387	0.318	0.229	0.175	0.226	0.125	0.322	0.344

注：*、**和***分别表示在10%、5%和1%的显著水平上显著，括号内数字为标准误。

表 C.6　　参照组村庄平均住房面积对中地位家庭消费影响的估计结果

变量	(1) 总支出	(2) 食品	(3) 衣着	(4) 居住	(5) 耐用品	(6) 医疗	(7) 交通	(8) 文教
村庄平均住房面积	-0.0541*** (0.0205)	-0.0370 (0.0239)	-0.0410 (0.0404)	-0.1106*** (0.0387)	0.0133 (0.0435)	-0.1095 (0.0718)	-0.0858*** (0.0266)	0.0798 (0.0953)
住房面积	0.0339** (0.0141)	-0.0404** (0.0180)	0.0530* (0.0285)	0.0590** (0.0288)	0.1114*** (0.0302)	0.0473 (0.0520)	0.0307* (0.0181)	-0.0204 (0.0642)
村庄平均消费水平	0.6818*** (0.0248)	0.9056*** (0.0274)	0.7584*** (0.0409)	0.4490*** (0.0221)	0.4981*** (0.0248)	0.6372*** (0.0472)	0.7464*** (0.0274)	0.8401*** (0.0626)
家庭收入	0.2150*** (0.0126)	0.1768*** (0.0150)	0.2774*** (0.0252)	0.2402*** (0.0218)	0.2909*** (0.0263)	-0.0106 (0.0377)	0.2118*** (0.0176)	0.2121*** (0.0546)
年龄	-0.0129** (0.0056)	-0.0036 (0.0064)	0.0061 (0.0111)	-0.0059 (0.0114)	-0.0196* (0.0119)	-0.0161 (0.0183)	0.0079 (0.0085)	-0.0605** (0.0274)
年龄平方	0.0030 (0.0057)	-0.0080 (0.0066)	-0.0276** (0.0118)	0.0034 (0.0112)	0.0042 (0.0123)	0.0256 (0.0185)	-0.0273*** (0.0092)	0.0328 (0.0280)
性别	-0.0029 (0.0177)	0.0544** (0.0218)	-0.0181 (0.0360)	-0.0071 (0.0326)	-0.0064 (0.0389)	-0.1806*** (0.0597)	0.0217 (0.0232)	-0.0337 (0.0843)
教育	0.0152*** (0.0023)	0.0162*** (0.0029)	0.0182*** (0.0048)	0.0143*** (0.0042)	0.0164*** (0.0050)	0.0300*** (0.0075)	0.0165*** (0.0030)	0.0596*** (0.0109)
民族	0.0410 (0.0312)	0.0065 (0.0377)	0.0330 (0.0548)	0.2234*** (0.0595)	-0.0553 (0.0609)	0.3029*** (0.1150)	-0.0343 (0.0380)	0.2408 (0.1490)
政治面貌	0.0312 (0.0316)	-0.0338 (0.0404)	0.0980 (0.0621)	-0.0597 (0.0652)	0.1493** (0.0658)	0.1120 (0.0993)	0.1871*** (0.0343)	0.0124 (0.1504)
健康	-0.0590** (0.0293)	-0.0607 (0.0395)	-0.0500 (0.0692)	0.0863 (0.0538)	-0.0813 (0.0636)	-0.1578* (0.0848)	-0.0282 (0.0395)	-0.5538*** (0.1436)
婚姻状况	0.1838*** (0.0332)	0.1420*** (0.0415)	0.2245*** (0.0743)	0.2303*** (0.0645)	0.2294*** (0.0712)	0.5127*** (0.1165)	0.1977*** (0.0451)	-0.0349 (0.1500)
就业状态	-0.1277*** (0.0277)	-0.1351*** (0.0333)	-0.0232 (0.0646)	-0.0332 (0.0497)	-0.0162 (0.0631)	-0.3618*** (0.0916)	-0.0340 (0.0395)	-0.0386 (0.1317)
医疗保险	0.0260 (0.0437)	0.0607 (0.0615)	0.1807* (0.0995)	-0.0557 (0.0706)	-0.0324 (0.0893)	0.2430 (0.1489)	-0.0713 (0.0576)	0.0832 (0.1933)
宗教信仰	-0.0560* (0.0309)	-0.0702** (0.0330)	-0.0455 (0.0577)	-0.0326 (0.0572)	0.0775 (0.0632)	0.0425 (0.0877)	-0.0355 (0.0405)	0.5155*** (0.1312)

续表

变量	(1) 总支出	(2) 食品	(3) 衣着	(4) 居住	(5) 耐用品	(6) 医疗	(7) 交通	(8) 文教
家庭规模	0.1128*** (0.0051)	0.1032*** (0.0062)	0.1567*** (0.0105)	0.0932*** (0.0089)	0.1275*** (0.0102)	0.1845*** (0.0162)	0.1404*** (0.0071)	0.5843*** (0.0238)
少儿抚养比	-0.0097 (0.0540)	0.3256*** (0.0664)	0.3386*** (0.0848)	-0.0394 (0.1258)	0.1559 (0.1073)	0.6348*** (0.1887)	-0.2060*** (0.0693)	2.8443*** (0.2362)
老人扶养比	-0.1743*** (0.0506)	-0.0776 (0.0648)	-0.3864*** (0.1321)	-0.1157 (0.0889)	-0.2487** (0.1114)	0.2724 (0.1765)	-0.4591*** (0.0859)	-0.7173*** (0.2433)
金融资产	0.0098*** (0.0019)	0.0127*** (0.0025)	0.0271*** (0.0039)	0.0060* (0.0035)	0.0309*** (0.0041)	0.0138** (0.0066)	0.0153*** (0.0026)	0.0484*** (0.0089)
生产性固定资产	0.0071*** (0.0019)	0.0037 (0.0024)	0.0076** (0.0037)	0.0206*** (0.0034)	0.0240*** (0.0040)	0.0193*** (0.0066)	0.0139*** (0.0024)	0.0044 (0.0089)
家庭负债	0.0189*** (0.0016)	0.0057*** (0.0021)	0.0030 (0.0031)	0.0294*** (0.0031)	0.0246*** (0.0035)	0.0314*** (0.0055)	0.0171*** (0.0020)	0.0081 (0.0076)
不健康成员比	-0.0464 (0.0555)	-0.3456*** (0.0784)	-0.4435*** (0.1312)	0.0992 (0.1011)	-0.2098* (0.1186)	2.0760*** (0.1719)	-0.2394*** (0.0843)	-2.0018*** (0.2640)
教育负担	0.5972*** (0.0574)	0.0848 (0.0775)	0.5061*** (0.1134)	-0.1539 (0.1047)	0.0629 (0.1223)	-0.4006* (0.2148)	0.0184 (0.0769)	9.2549*** (0.2605)
基础设施	-0.0140 (0.0172)	0.0285 (0.0221)	0.0792** (0.0348)	0.0939*** (0.0312)	-0.0059 (0.0369)	-0.0648 (0.0572)	-0.0680*** (0.0212)	-0.1554* (0.0807)
人均GDP	0.1388*** (0.0323)	0.2875*** (0.0448)	0.0350 (0.0668)	-0.0368 (0.0593)	0.0973 (0.0674)	0.0837 (0.1054)	0.0602 (0.0411)	0.9649*** (0.1577)
金融发展	-0.0579*** (0.0172)	-0.1524*** (0.0233)	-0.2114*** (0.0348)	0.1308*** (0.0310)	0.0679* (0.0373)	-0.2466*** (0.0563)	-0.0349 (0.0228)	-1.2772*** (0.0820)
自家重大事件				0.1284*** (0.0476)				
常数项	-0.3806 (0.3900)	-3.7201*** (0.4528)	-2.1319*** (0.7427)	1.1611* (0.7001)	-1.4369* (0.7407)	0.0336 (1.2351)	-1.0856** (0.5010)	-11.9071*** (1.8126)
观测值	6534	6897	6797	6848	6764	6766	8011	6284
R^2	0.389	0.316	0.228	0.175	0.231	0.127	0.329	0.356

注：*、**和***分别表示在10%、5%和1%的显著水平上显著，括号内数字为标准误。

表 C.7　参照组平均住房资产对中地位家庭消费影响的稳健性检验

变量	(1)	(2)	(3)	(4)	(5)	(6)	(7)	(8)
	总支出							
县域平均住房面积	-0.0889*** (0.0210)				-0.0736*** (0.0192)			
省域平均住房面积		-0.1265*** (0.0294)				-0.1104*** (0.0282)		
县域平均住房价值			-0.0114* (0.0059)				-0.0207*** (0.0059)	
省域平均住房价值				-0.0132 (0.0164)				-0.0218 (0.0161)
住房面积	0.0501*** (0.0115)	0.0576*** (0.0099)	0.0356*** (0.0109)	0.0502*** (0.0097)				
住房价值					0.0148*** (0.0021)	0.0122*** (0.0017)	0.0153*** (0.0022)	0.0120*** (0.0017)
县域平均消费水平	0.6480*** (0.0262)		0.6361*** (0.0268)		0.6429*** (0.0252)		0.6438*** (0.0257)	
省域平均消费水平		0.5581*** (0.0512)		0.4931*** (0.0499)		0.5747*** (0.0494)		0.5256*** (0.0483)
家庭收入	0.2213*** (0.0132)	0.2512*** (0.0150)	0.2228*** (0.0132)	0.2517*** (0.0151)	0.2136*** (0.0127)	0.2447*** (0.0143)	0.2148*** (0.0127)	0.2453*** (0.0143)
年龄	-0.0127*** (0.0045)	-0.0107*** (0.0041)	-0.0126*** (0.0045)	-0.0100** (0.0041)	-0.0140*** (0.0043)	-0.0112*** (0.0040)	-0.0139*** (0.0043)	-0.0108*** (0.0040)
年龄平方	0.0027 (0.0047)	-0.0002 (0.0043)	0.0025 (0.0047)	-0.0010 (0.0043)	0.0042 (0.0045)	0.0005 (0.0042)	0.0040 (0.0045)	-0.0001 (0.0042)
性别	-0.0213 (0.0150)	-0.0251* (0.0142)	-0.0219 (0.0150)	-0.0263* (0.0142)	-0.0169 (0.0146)	-0.0186 (0.0138)	-0.0172 (0.0146)	-0.0194 (0.0138)
教育	0.0192*** (0.0020)	0.0217*** (0.0019)	0.0192*** (0.0020)	0.0216*** (0.0019)	0.0200*** (0.0019)	0.0227*** (0.0019)	0.0200*** (0.0019)	0.0226*** (0.0019)
民族	0.0195 (0.0270)	0.0115 (0.0249)	0.0122 (0.0268)	0.0065 (0.0249)	0.0085 (0.0253)	-0.0024 (0.0235)	0.0002 (0.0251)	-0.0080 (0.0235)
政治面貌	0.0524** (0.0262)	0.0431* (0.0249)	0.0546** (0.0263)	0.0434* (0.0249)	0.0620** (0.0251)	0.0515** (0.0240)	0.0624** (0.0251)	0.0514** (0.0240)

续表

变量	(1)	(2)	(3)	(4)	(5)	(6)	(7)	(8)
	总支出							
健康	-0.0580**	-0.0560**	-0.0555**	-0.0567**	-0.0520**	-0.0524**	-0.0491**	-0.0533**
	(0.0255)	(0.0256)	(0.0255)	(0.0257)	(0.0247)	(0.0248)	(0.0246)	(0.0248)
婚姻状况	0.1909***	0.2111***	0.1933***	0.2129***	0.1959***	0.2073***	0.1945***	0.2088***
	(0.0266)	(0.0236)	(0.0266)	(0.0236)	(0.0258)	(0.0229)	(0.0258)	(0.0229)
就业状态	-0.1216***	-0.1308***	-0.1236***	-0.1318***	-0.1285***	-0.1371***	-0.1309***	-0.1382***
	(0.0221)	(0.0210)	(0.0222)	(0.0210)	(0.0213)	(0.0202)	(0.0213)	(0.0202)
医疗保险	-0.0011	-0.0398	-0.0045	-0.0415	0.0033	-0.0337	0.0020	-0.0352
	(0.0330)	(0.0286)	(0.0329)	(0.0287)	(0.0317)	(0.0278)	(0.0316)	(0.0279)
宗教信仰	-0.0048	0.0040	-0.0072	0.0015	-0.0068	0.0076	-0.0093	0.0049
	(0.0273)	(0.0267)	(0.0272)	(0.0268)	(0.0265)	(0.0260)	(0.0265)	(0.0260)
家庭规模	0.1206***	0.1263***	0.1196***	0.1253***	0.1198***	0.1268***	0.1184***	0.1256***
	(0.0045)	(0.0046)	(0.0045)	(0.0046)	(0.0043)	(0.0043)	(0.0043)	(0.0043)
少儿抚养比	0.0302	0.0342	0.0191	0.0240	0.0183	0.0180	0.0148	0.0113
	(0.0421)	(0.0377)	(0.0419)	(0.0375)	(0.0419)	(0.0374)	(0.0417)	(0.0373)
老人扶养比	-0.1490***	-0.1096**	-0.1462***	-0.1050**	-0.1659***	-0.1254***	-0.1634***	-0.1223***
	(0.0440)	(0.0448)	(0.0439)	(0.0448)	(0.0426)	(0.0434)	(0.0426)	(0.0434)
金融资产	0.0101***	0.0118***	0.0100***	0.0118***	0.0091***	0.0109***	0.0090***	0.0108***
	(0.0016)	(0.0016)	(0.0016)	(0.0016)	(0.0016)	(0.0016)	(0.0016)	(0.0016)
生产性固定资产	0.0065***	0.0048***	0.0065***	0.0048***	0.0074***	0.0059***	0.0073***	0.0059***
	(0.0016)	(0.0015)	(0.0016)	(0.0015)	(0.0015)	(0.0015)	(0.0015)	(0.0015)
家庭负债	0.0222***	0.0238***	0.0222***	0.0238***	0.0210***	0.0224***	0.0208***	0.0224***
	(0.0014)	(0.0013)	(0.0014)	(0.0013)	(0.0013)	(0.0013)	(0.0013)	(0.0013)
不健康成员比	-0.0711	-0.0709	-0.0667	-0.0693	-0.0409	-0.0497	-0.0340	-0.0479
	(0.0484)	(0.0479)	(0.0485)	(0.0479)	(0.0467)	(0.0464)	(0.0468)	(0.0464)
教育负担	0.6076***	0.5360***	0.6077***	0.5236***	0.6258***	0.5566***	0.6250***	0.5454***
	(0.0482)	(0.0473)	(0.0482)	(0.0473)	(0.0463)	(0.0454)	(0.0462)	(0.0454)
基础设施	0.0204	0.0428***	0.0180	0.0435***	0.0247*	0.0482***	0.0235	0.0490***
	(0.0149)	(0.0147)	(0.0149)	(0.0147)	(0.0144)	(0.0142)	(0.0144)	(0.0142)
人均GDP	0.1387***	0.1329***	0.1495***	0.1689***	0.1354***	0.1299***	0.1511***	0.1710***
	(0.0268)	(0.0289)	(0.0268)	(0.0314)	(0.0265)	(0.0283)	(0.0264)	(0.0307)

续表

变量	(1)	(2)	(3)	(4)	(5)	(6)	(7)	(8)
	总支出							
金融发展	-0.0536*** (0.0146)	-0.0429*** (0.0157)	-0.0514*** (0.0147)	-0.0302* (0.0156)	-0.0498*** (0.0142)	-0.0458*** (0.0153)	-0.0496*** (0.0143)	-0.0360** (0.0153)
常数项	-0.0813 (0.3390)	0.7216* (0.4325)	-0.3053 (0.3389)	0.5665 (0.4420)	0.0974 (0.3301)	0.7142* (0.4223)	-0.1914 (0.3281)	0.4995 (0.4312)
观测值	9 697	11 138	9 710	11 142	10 387	11 883	10 407	11 887
R^2	0.372	0.351	0.372	0.350	0.370	0.350	0.370	0.349

注：*、**和***分别表示在10%、5%和1%的显著水平上显著，括号内数字为标准误。

表C.8　参照组村庄平均住房价值对低地位家庭消费影响的估计结果

变量	(1)	(2)	(3)	(4)	(5)	(6)	(7)	(8)
	总支出	食品	衣着	居住	耐用品	医疗	交通	文教
村庄平均住房价值	-0.0252** (0.0117)	-0.0368*** (0.0132)	-0.0904*** (0.0196)	0.0005 (0.0194)	-0.0133 (0.0255)	-0.0002 (0.0421)	-0.0455*** (0.0152)	-0.0359 (0.0460)
住房价值	0.0081** (0.0041)	0.0030 (0.0055)	0.0164 (0.0101)	0.0203* (0.0106)	0.0290*** (0.0078)	0.0267* (0.0148)	0.0055 (0.0055)	0.0047 (0.0187)
村庄平均消费水平	0.6729*** (0.0364)	0.8368*** (0.0419)	0.9752*** (0.0606)	0.4796*** (0.0326)	0.4053*** (0.0335)	0.6593*** (0.0640)	0.8010*** (0.0414)	0.7430*** (0.0818)
家庭收入	0.1827*** (0.0210)	0.1486*** (0.0265)	0.1603*** (0.0382)	0.1509*** (0.0329)	0.2367*** (0.0350)	0.1371** (0.0550)	0.1464*** (0.0234)	-0.0057 (0.0696)
年龄	-0.0083 (0.0072)	-0.0013 (0.0102)	0.0193 (0.0163)	0.0125 (0.0157)	-0.0231* (0.0138)	-0.0197 (0.0246)	0.0103 (0.0110)	-0.0244 (0.0350)
年龄平方	-0.0050 (0.0076)	-0.0148 (0.0113)	-0.0461*** (0.0176)	-0.0200 (0.0159)	0.0045 (0.0144)	0.0184 (0.0257)	-0.0338*** (0.0121)	-0.0074 (0.0362)
性别	0.0190 (0.0252)	0.1260*** (0.0381)	0.0686 (0.0535)	-0.0296 (0.0487)	-0.0409 (0.0502)	-0.1003 (0.0843)	0.0557 (0.0342)	-0.1492 (0.1166)
教育	0.0149*** (0.0031)	0.0181*** (0.0045)	0.0122* (0.0065)	0.0179*** (0.0060)	0.0174*** (0.0064)	0.0002 (0.0104)	0.0178*** (0.0042)	0.0662*** (0.0151)
民族	0.0071 (0.0366)	0.0743 (0.0631)	-0.0413 (0.0721)	0.2452*** (0.0858)	0.0404 (0.0756)	0.1413 (0.1316)	0.0110 (0.0494)	-0.1100 (0.1685)
政治面貌	-0.0093 (0.0603)	0.0322 (0.0721)	0.0243 (0.1215)	0.1457 (0.1034)	-0.0627 (0.1258)	0.0298 (0.2086)	0.1725*** (0.0646)	0.4471 (0.3032)

续表

变量	(1) 总支出	(2) 食品	(3) 衣着	(4) 居住	(5) 耐用品	(6) 医疗	(7) 交通	(8) 文教
健康	-0.0202 (0.0376)	0.1087* (0.0636)	-0.0338 (0.0821)	-0.0402 (0.0702)	-0.0637 (0.0732)	-0.3183*** (0.1170)	0.0290 (0.0587)	-0.5179*** (0.1781)
婚姻状况	0.1016** (0.0400)	0.1009* (0.0546)	0.0078 (0.0923)	0.0820 (0.0827)	0.0950 (0.0761)	0.3396*** (0.1312)	0.0495 (0.0550)	-0.0499 (0.1793)
就业状态	-0.1181*** (0.0356)	-0.1840*** (0.0438)	-0.0126 (0.0831)	-0.0078 (0.0707)	-0.0132 (0.0702)	-0.3801*** (0.1170)	-0.0046 (0.0554)	0.3315** (0.1665)
医疗保险	-0.0326 (0.0489)	-0.0624 (0.0712)	0.0386 (0.1029)	-0.0524 (0.0936)	-0.0545 (0.0930)	0.6593*** (0.1857)	0.0129 (0.0704)	0.1792 (0.2192)
宗教信仰	0.0866** (0.0422)	0.0807 (0.0537)	0.1637** (0.0776)	0.2761*** (0.0882)	0.1682* (0.0861)	0.1575 (0.1093)	0.1834*** (0.0517)	0.2755 (0.2082)
家庭规模	0.1207*** (0.0074)	0.1079*** (0.0093)	0.1732*** (0.0142)	0.0915*** (0.0135)	0.1414*** (0.0135)	0.2167*** (0.0241)	0.1232*** (0.0097)	0.5896*** (0.0327)
少儿抚养比	0.0069 (0.0669)	0.2362*** (0.0886)	0.3354** (0.1576)	0.1513 (0.1666)	0.2636** (0.1325)	-0.0829 (0.2878)	-0.1828* (0.0975)	3.1056*** (0.3518)
老人扶养比	-0.1086 (0.0744)	-0.1111 (0.1039)	-0.8844*** (0.2077)	-0.0836 (0.1392)	-0.1804 (0.1397)	0.5722** (0.2267)	-0.2960*** (0.0955)	-0.5546* (0.3227)
金融资产	0.0134*** (0.0028)	0.0162*** (0.0037)	0.0415*** (0.0061)	0.0209*** (0.0055)	0.0455*** (0.0054)	0.0182* (0.0095)	0.0131*** (0.0038)	0.0461*** (0.0125)
生产性固定资产	0.0069** (0.0028)	-0.0011 (0.0036)	0.0174*** (0.0055)	0.0188*** (0.0053)	0.0221*** (0.0055)	0.0158 (0.0097)	0.0195*** (0.0039)	-0.0130 (0.0133)
家庭负债	0.0219*** (0.0023)	0.0046 (0.0033)	0.0012 (0.0047)	0.0331*** (0.0044)	0.0258*** (0.0045)	0.0469*** (0.0078)	0.0172*** (0.0031)	0.0094 (0.0107)
不健康成员比	0.0695 (0.0729)	-0.1357 (0.1233)	-0.3056* (0.1729)	-0.0615 (0.1361)	-0.1084 (0.1408)	1.7281*** (0.2486)	-0.2193** (0.1037)	-1.1660*** (0.3459)
教育负担	0.3953*** (0.0833)	-0.1784 (0.1305)	0.2678 (0.1726)	-0.1361 (0.1511)	-0.2740* (0.1633)	-0.4272 (0.3291)	-0.1910 (0.1274)	8.8178*** (0.4116)
基础设施	0.0012 (0.0235)	0.0224 (0.0338)	0.0431 (0.0497)	0.0808* (0.0452)	0.0507 (0.0485)	0.0180 (0.0792)	-0.0425 (0.0337)	0.1331 (0.1114)
人均GDP	0.1326*** (0.0470)	0.2412*** (0.0646)	0.1275 (0.1009)	0.0064 (0.0895)	0.0059 (0.0920)	0.2988* (0.1585)	0.1010 (0.0664)	1.1973*** (0.2226)

续表

变量	(1) 总支出	(2) 食品	(3) 衣着	(4) 居住	(5) 耐用品	(6) 医疗	(7) 交通	(8) 文教
金融发展	-0.0093 (0.0255)	-0.0785** (0.0352)	-0.2093*** (0.0542)	0.1867*** (0.0450)	0.0741 (0.0517)	-0.5661*** (0.0861)	-0.0103 (0.0372)	-1.2918*** (0.1186)
自家重大事件					0.2005*** (0.0605)			
常数项	0.0306 (0.5513)	-2.5045*** (0.6259)	-2.7650** (1.1218)	0.3270 (0.9411)	1.2528 (0.9865)	-3.3425* (1.7499)	-1.2912* (0.7711)	-12.1474*** (2.4012)
观测值	3 543	3 732	3 665	3 694	3 677	3 649	3 690	3 395
R^2	0.387	0.281	0.261	0.179	0.241	0.150	0.313	0.346

注：*、** 和 *** 分别表示在 10%、5% 和 1% 的显著水平上显著，括号内数字为标准误。

表 C.9　参照组村庄平均住房面积对低地位家庭消费影响的估计结果

变量	(1) 总支出	(2) 食品	(3) 衣着	(4) 居住	(5) 耐用品	(6) 医疗	(7) 交通	(8) 文教
村庄平均住房面积	-0.0342 (0.0318)	-0.0221 (0.0386)	-0.1144* (0.0596)	-0.0473 (0.0585)	-0.0051 (0.0573)	-0.0003 (0.1098)	-0.0700 (0.0432)	0.0742 (0.1389)
住房面积	0.0317 (0.0213)	-0.0030 (0.0268)	0.0594 (0.0407)	0.0408 (0.0435)	0.1334*** (0.0375)	0.1141 (0.0757)	0.0350 (0.0275)	0.1178 (0.0911)
村庄平均消费水平	0.6545*** (0.0372)	0.8518*** (0.0425)	0.9635*** (0.0653)	0.4587*** (0.0333)	0.4100*** (0.0352)	0.6264*** (0.0684)	0.8133*** (0.0436)	0.7688*** (0.0841)
家庭收入	0.1782*** (0.0224)	0.1257*** (0.0273)	0.1123*** (0.0389)	0.1534*** (0.0339)	0.2275*** (0.0367)	0.1706*** (0.0583)	0.1262*** (0.0242)	-0.0901 (0.0708)
年龄	-0.0062 (0.0077)	-0.0112 (0.0089)	0.0213 (0.0173)	0.0201 (0.0172)	-0.0223 (0.0147)	-0.0059 (0.0269)	0.0128 (0.0123)	-0.0256 (0.0373)
年龄平方	-0.0075 (0.0082)	-0.0039 (0.0096)	-0.0495*** (0.0189)	-0.0268 (0.0172)	0.0026 (0.0152)	0.0037 (0.0282)	-0.0373*** (0.0135)	-0.0104 (0.0385)
性别	0.0152 (0.0268)	0.1162*** (0.0386)	0.0932 (0.0571)	-0.0536 (0.0507)	-0.0355 (0.0537)	-0.1084 (0.0894)	0.0656* (0.0380)	-0.0854 (0.1236)
教育	0.0149*** (0.0033)	0.0164*** (0.0044)	0.0144** (0.0070)	0.0211*** (0.0062)	0.0191*** (0.0069)	0.0033 (0.0113)	0.0155*** (0.0045)	0.0691*** (0.0159)
民族	0.0236 (0.0404)	0.0685 (0.0606)	-0.0503 (0.0767)	0.2475*** (0.0872)	0.0019 (0.0839)	0.1493 (0.1436)	0.0329 (0.0546)	-0.1959 (0.1791)

续表

变量	(1) 总支出	(2) 食品	(3) 衣着	(4) 居住	(5) 耐用品	(6) 医疗	(7) 交通	(8) 文教
政治面貌	-0.0390 (0.0620)	-0.0071 (0.0749)	-0.0180 (0.1324)	0.1003 (0.1059)	-0.1128 (0.1351)	-0.0541 (0.2236)	0.1740** (0.0687)	0.3274 (0.3165)
健康	-0.0361 (0.0394)	0.1148* (0.0630)	-0.0689 (0.0871)	-0.0332 (0.0717)	-0.0935 (0.0779)	-0.3521*** (0.1255)	0.0010 (0.0636)	-0.5726*** (0.1891)
婚姻状况	0.1128*** (0.0426)	0.1115** (0.0558)	-0.0232 (0.0959)	0.1030 (0.0850)	0.1022 (0.0803)	0.3384** (0.1385)	0.0656 (0.0611)	-0.1419 (0.1914)
就业状态	-0.1240*** (0.0383)	-0.1709*** (0.0446)	-0.0170 (0.0889)	-0.0156 (0.0747)	-0.0427 (0.0753)	-0.3679*** (0.1272)	-0.0045 (0.0606)	0.4320** (0.1799)
医疗保险	-0.0322 (0.0531)	-0.0193 (0.0794)	0.0348 (0.1149)	-0.1015 (0.1030)	-0.0539 (0.1004)	0.5879*** (0.1998)	0.0585 (0.0773)	0.3164 (0.2365)
宗教信仰	0.0821* (0.0449)	0.0676 (0.0586)	0.1879** (0.0796)	0.2870*** (0.0954)	0.2348** (0.0938)	0.1887 (0.1183)	0.1848*** (0.0560)	0.3667* (0.2220)
家庭规模	0.1212*** (0.0080)	0.1039*** (0.0098)	0.1677*** (0.0151)	0.0928*** (0.0145)	0.1479*** (0.0146)	0.2247*** (0.0263)	0.1211*** (0.0104)	0.5678*** (0.0346)
少儿抚养比	0.0037 (0.0712)	0.1857* (0.0952)	0.2817 (0.1738)	0.1770 (0.1803)	0.2396* (0.1405)	-0.0303 (0.3092)	-0.1322 (0.1043)	3.0305*** (0.3593)
老人扶养比	-0.0731 (0.0778)	-0.0808 (0.0996)	-0.8512*** (0.2145)	-0.0037 (0.1392)	-0.1277 (0.1489)	0.6027** (0.2413)	-0.2662*** (0.1005)	-0.4688 (0.3363)
金融资产	0.0144*** (0.0029)	0.0157*** (0.0040)	0.0409*** (0.0064)	0.0255*** (0.0057)	0.0468*** (0.0058)	0.0138 (0.0100)	0.0145*** (0.0040)	0.0495*** (0.0132)
生产性固定资产	0.0067** (0.0030)	0.0003 (0.0038)	0.0164*** (0.0059)	0.0171*** (0.0055)	0.0214*** (0.0057)	0.0174* (0.0103)	0.0195*** (0.0043)	-0.0241* (0.0141)
家庭负债	0.0222*** (0.0024)	0.0050 (0.0033)	0.0028 (0.0049)	0.0358*** (0.0045)	0.0264*** (0.0047)	0.0514*** (0.0082)	0.0158*** (0.0033)	0.0129 (0.0114)
不健康成员比	0.0466 (0.0767)	-0.1175 (0.1319)	-0.3657** (0.1799)	-0.0786 (0.1425)	-0.1205 (0.1502)	1.6696*** (0.2696)	-0.2558** (0.1106)	-1.2930*** (0.3588)
教育负担	0.4314*** (0.0888)	-0.0606 (0.1351)	0.2900 (0.1843)	-0.1690 (0.1587)	-0.3060* (0.1736)	-0.5520 (0.3533)	-0.2018 (0.1401)	9.1134*** (0.3993)
基础设施	-0.0020 (0.0249)	0.0248 (0.0341)	0.0389 (0.0527)	0.0671 (0.0474)	0.0585 (0.0517)	0.0185 (0.0845)	-0.0396 (0.0365)	0.1755 (0.1172)

续表

变量	(1) 总支出	(2) 食品	(3) 衣着	(4) 居住	(5) 耐用品	(6) 医疗	(7) 交通	(8) 文教
人均GDP	0.1457*** (0.0490)	0.2328*** (0.0648)	0.0886 (0.1081)	0.0118 (0.0937)	0.0335 (0.0943)	0.3273** (0.1660)	0.0890 (0.0701)	1.1975*** (0.2330)
金融发展	-0.0087 (0.0265)	-0.0744** (0.0364)	-0.1737*** (0.0565)	0.1961*** (0.0468)	0.0777 (0.0545)	-0.5554*** (0.0908)	-0.0104 (0.0397)	-1.2405*** (0.1242)
自家重大事件					0.1801*** (0.0644)			
常数项	-0.1262 (0.5816)	-2.4663*** (0.6472)	-2.4736** (1.2204)	0.4617 (1.0014)	0.5662 (1.0668)	-4.2543** (1.9208)	-1.4656* (0.8559)	-12.8907*** (2.6124)
观测值	3 171	3 327	3 276	3 305	3 285	3 258	3 291	3 034
R^2	0.385	0.284	0.254	0.179	0.246	0.147	0.306	0.352

注：*、**和***分别表示在10%、5%和1%的显著水平上显著，括号内数字为标准误。

表C.10　　　　参照组平均住房资产对低地位家庭消费影响的稳健性检验

变量	(1)	(2)	(3)	(4)	(5)	(6)	(7)	(8)
	总支出							
县域平均住房面积	-0.0884*** (0.0271)				-0.0518** (0.0248)			
省域平均住房面积		-0.1505*** (0.0377)				-0.1136*** (0.0359)		
县域平均住房价值			0.0018 (0.0071)				0.0037 (0.0067)	
省域平均住房价值				-0.0468** (0.0187)				-0.0376** (0.0181)
住房面积	0.0412*** (0.0155)	0.0549*** (0.0127)	0.0273* (0.0148)	0.0479*** (0.0126)				
住房价值					0.0049* (0.0026)	0.0045** (0.0020)	0.0045* (0.0026)	0.0045** (0.0020)
县域平均消费水平	0.7082*** (0.0341)		0.6804*** (0.0349)		0.6969*** (0.0333)		0.6764*** (0.0340)	
省域平均消费水平		0.6075*** (0.0684)		0.5500*** (0.0648)		0.6082*** (0.0661)		0.5673*** (0.0632)

续表

变量	(1)	(2)	(3)	(4)	(5)	(6)	(7)	(8)
	总支出							
家庭收入	0.2118*** (0.0177)	0.2425*** (0.0183)	0.2120*** (0.0176)	0.2427*** (0.0183)	0.2110*** (0.0168)	0.2401*** (0.0175)	0.2110*** (0.0167)	0.2402*** (0.0175)
年龄	-0.0101 (0.0061)	-0.0111** (0.0056)	-0.0105* (0.0062)	-0.0109* (0.0056)	-0.0111* (0.0058)	-0.0108** (0.0054)	-0.0115** (0.0058)	-0.0108** (0.0054)
年龄平方	-0.0033 (0.0066)	-0.0029 (0.0062)	-0.0031 (0.0066)	-0.0032 (0.0062)	-0.0021 (0.0063)	-0.0029 (0.0059)	-0.0018 (0.0063)	-0.0030 (0.0059)
性别	-0.0195 (0.0208)	-0.0269 (0.0190)	-0.0191 (0.0209)	-0.0277 (0.0190)	-0.0171 (0.0202)	-0.0262 (0.0184)	-0.0167 (0.0202)	-0.0263 (0.0184)
教育	0.0174*** (0.0026)	0.0204*** (0.0024)	0.0175*** (0.0026)	0.0206*** (0.0024)	0.0187*** (0.0025)	0.0214*** (0.0024)	0.0188*** (0.0025)	0.0216*** (0.0024)
民族	0.0582* (0.0326)	0.0319 (0.0300)	0.0547* (0.0326)	0.0284 (0.0301)	0.0435 (0.0310)	0.0179 (0.0285)	0.0437 (0.0308)	0.0142 (0.0286)
政治面貌	0.0280 (0.0441)	0.0064 (0.0400)	0.0267 (0.0441)	0.0035 (0.0400)	0.0320 (0.0438)	0.0054 (0.0398)	0.0311 (0.0438)	0.0037 (0.0398)
健康	-0.0231 (0.0336)	-0.0530 (0.0332)	-0.0198 (0.0336)	-0.0513 (0.0332)	-0.0217 (0.0325)	-0.0507 (0.0320)	-0.0195 (0.0325)	-0.0494 (0.0320)
婚姻状况	0.1496*** (0.0323)	0.1716*** (0.0285)	0.1539*** (0.0322)	0.1733*** (0.0285)	0.1597*** (0.0310)	0.1828*** (0.0276)	0.1610*** (0.0309)	0.1830*** (0.0276)
就业状态	-0.1222*** (0.0292)	-0.1233*** (0.0275)	-0.1233*** (0.0293)	-0.1212*** (0.0275)	-0.1226*** (0.0280)	-0.1256*** (0.0265)	-0.1233*** (0.0280)	-0.1239*** (0.0265)
医疗保险	-0.0222 (0.0384)	-0.0294 (0.0307)	-0.0239 (0.0383)	-0.0295 (0.0308)	-0.0228 (0.0360)	-0.0297 (0.0292)	-0.0244 (0.0359)	-0.0300 (0.0293)
宗教信仰	0.0561 (0.0374)	0.0484 (0.0357)	0.0590 (0.0374)	0.0487 (0.0357)	0.0600* (0.0362)	0.0485 (0.0346)	0.0629* (0.0361)	0.0485 (0.0346)
家庭规模	0.1227*** (0.0064)	0.1283*** (0.0065)	0.1220*** (0.0064)	0.1274*** (0.0065)	0.1202*** (0.0062)	0.1266*** (0.0062)	0.1194*** (0.0062)	0.1255*** (0.0062)
少儿抚养比	0.0635 (0.0546)	0.0496 (0.0446)	0.0437 (0.0536)	0.0415 (0.0444)	0.0563 (0.0533)	0.0458 (0.0439)	0.0421 (0.0523)	0.0406 (0.0436)
老人扶养比	-0.0801 (0.0644)	-0.0540 (0.0631)	-0.0789 (0.0644)	-0.0535 (0.0632)	-0.0894 (0.0620)	-0.0547 (0.0609)	-0.0896 (0.0620)	-0.0556 (0.0610)

续表

变量	(1)	(2)	(3)	(4)	(5)	(6)	(7)	(8)
	总支出							
金融资产	0.0112***	0.0123***	0.0109***	0.0122***	0.0108***	0.0122***	0.0106***	0.0120***
	(0.0023)	(0.0022)	(0.0023)	(0.0022)	(0.0023)	(0.0021)	(0.0023)	(0.0021)
生产性固定资产	0.0095***	0.0089***	0.0096***	0.0090***	0.0098***	0.0099***	0.0097***	0.0099***
	(0.0023)	(0.0022)	(0.0024)	(0.0022)	(0.0023)	(0.0021)	(0.0023)	(0.0021)
家庭负债	0.0237***	0.0243***	0.0238***	0.0241***	0.0233***	0.0237***	0.0233***	0.0236***
	(0.0019)	(0.0017)	(0.0019)	(0.0017)	(0.0018)	(0.0017)	(0.0018)	(0.0017)
不健康成员比	0.0011	-0.0320	0.0044	-0.0290	-0.0096	-0.0366	-0.0062	-0.0343
	(0.0648)	(0.0618)	(0.0648)	(0.0619)	(0.0625)	(0.0598)	(0.0624)	(0.0598)
教育负担	0.4750***	0.4885***	0.4772***	0.4810***	0.4524***	0.4720***	0.4552***	0.4655***
	(0.0698)	(0.0643)	(0.0698)	(0.0644)	(0.0674)	(0.0620)	(0.0672)	(0.0620)
基础设施	0.0506**	0.0764***	0.0504**	0.0783***	0.0406**	0.0668***	0.0403**	0.0687***
	(0.0204)	(0.0198)	(0.0204)	(0.0198)	(0.0196)	(0.0191)	(0.0196)	(0.0191)
人均GDP	0.0856**	0.0552	0.0891**	0.1313***	0.0619*	0.0362	0.0627*	0.0961**
	(0.0374)	(0.0385)	(0.0370)	(0.0402)	(0.0360)	(0.0372)	(0.0356)	(0.0389)
金融发展	-0.0153	-0.0151	-0.0087	-0.0055	-0.0030	-0.0085	0.0021	-0.0016
	(0.0201)	(0.0210)	(0.0199)	(0.0206)	(0.0195)	(0.0204)	(0.0194)	(0.0201)
常数项	-0.1853	1.1852**	-0.3165	0.8308	0.1631	1.4096**	0.0826	1.0975*
	(0.4521)	(0.5719)	(0.4522)	(0.5852)	(0.4385)	(0.5528)	(0.4369)	(0.5651)
观测值	5 228	6 372	5 241	6 373	5 653	6 835	5 669	6 836
R^2	0.392	0.366	0.391	0.366	0.388	0.363	0.388	0.363

注：*、** 和 *** 分别表示在10%、5%和1%的显著水平上显著，括号内数字为标准误。

表 C.11　高收入农民工村庄平均住房价值对家庭消费影响的估计结果

变量	(1)	(2)	(3)	(4)	(5)	(6)	(7)	(8)
	总支出	食品	衣着	居住	耐用品	医疗	交通	文教
村庄平均住房价值	-0.0192**	-0.0177*	-0.0280*	-0.0102	0.0424**	0.0583	-0.0493***	0.0530
	(0.0090)	(0.0104)	(0.0165)	(0.0159)	(0.0175)	(0.0366)	(0.0128)	(0.0448)
住房价值	0.0108***	0.0048*	0.0099**	0.0130*	0.0113**	0.0015	0.0087**	0.0071
	(0.0025)	(0.0029)	(0.0050)	(0.0067)	(0.0053)	(0.0098)	(0.0039)	(0.0117)
村庄平均消费水平	0.7284***	0.9177***	0.8535***	0.5241***	0.5440***	0.7079***	0.7959***	0.8002***
	(0.0226)	(0.0236)	(0.0332)	(0.0215)	(0.0216)	(0.0402)	(0.0264)	(0.0437)

续表

变量	(1) 总支出	(2) 食品	(3) 衣着	(4) 居住	(5) 耐用品	(6) 医疗	(7) 交通	(8) 文教
家庭收入	0.2507***	0.1523***	0.2106***	0.2550***	0.2927***	-0.0581	0.2248***	0.4956***
	(0.0183)	(0.0207)	(0.0369)	(0.0351)	(0.0366)	(0.0621)	(0.0266)	(0.0797)
年龄	-0.0135***	-0.0102*	0.0157	-0.0020	-0.0244**	-0.0289	0.0030	-0.1158***
	(0.0049)	(0.0057)	(0.0111)	(0.0105)	(0.0107)	(0.0180)	(0.0080)	(0.0243)
年龄平方	0.0000	-0.0000	-0.0004***	-0.0000	0.0000	0.0004**	-0.0002***	0.0008***
	(0.0001)	(0.0001)	(0.0001)	(0.0001)	(0.0001)	(0.0002)	(0.0001)	(0.0002)
性别	0.0098	0.1000***	0.0279	-0.0494	0.0045	-0.2314***	0.0379	-0.1287
	(0.0172)	(0.0210)	(0.0349)	(0.0327)	(0.0360)	(0.0602)	(0.0252)	(0.0807)
教育	0.0171***	0.0176***	0.0270***	0.0177***	0.0211***	0.0259***	0.0225***	0.0912***
	(0.0022)	(0.0027)	(0.0045)	(0.0041)	(0.0045)	(0.0075)	(0.0031)	(0.0102)
民族	-0.0062	-0.0292	-0.0572	0.1579**	-0.0159	0.2755**	-0.0410	0.0291
	(0.0303)	(0.0377)	(0.0544)	(0.0721)	(0.0621)	(0.1265)	(0.0382)	(0.1472)
政治面貌	0.0880***	0.0426	0.2085***	0.1127**	0.1590***	0.0903	0.2024***	0.3127**
	(0.0266)	(0.0304)	(0.0517)	(0.0505)	(0.0558)	(0.1000)	(0.0327)	(0.1337)
健康	-0.0452	0.0097	-0.0614	0.0706	-0.0566	-0.2478**	-0.0155	-0.4141***
	(0.0293)	(0.0370)	(0.0640)	(0.0507)	(0.0618)	(0.0984)	(0.0442)	(0.1449)
婚姻状况	0.1785***	0.1513***	0.2740***	0.2431***	0.2247***	0.4957***	0.2412***	0.0478
	(0.0275)	(0.0334)	(0.0631)	(0.0585)	(0.0582)	(0.1006)	(0.0407)	(0.1257)
就业状态	-0.1829***	-0.2102***	-0.1680***	-0.1149**	-0.0339	-0.3624***	-0.0881**	-0.2905**
	(0.0257)	(0.0271)	(0.0577)	(0.0456)	(0.0559)	(0.0881)	(0.0406)	(0.1211)
医疗保险	0.0112	-0.0120	0.0912	-0.0720	-0.0630	0.3226**	-0.0887**	0.0297
	(0.0341)	(0.0504)	(0.0789)	(0.0619)	(0.0641)	(0.1332)	(0.0450)	(0.1589)
宗教信仰	0.0019	0.0256	0.0451	0.0328	0.1147*	0.0923	0.0050	0.9343***
	(0.0331)	(0.0337)	(0.0575)	(0.0606)	(0.0659)	(0.1038)	(0.0474)	(0.1524)
家庭规模	0.1270***	0.0992***	0.1824***	0.1244***	0.1704***	0.2095***	0.1506***	0.6409***
	(0.0052)	(0.0059)	(0.0100)	(0.0090)	(0.0099)	(0.0166)	(0.0071)	(0.0237)
少儿抚养比	-0.0057	0.1701***	-0.0740	0.0789	-0.0239	0.3443*	-0.1183*	2.8403***
	(0.0519)	(0.0638)	(0.0934)	(0.1362)	(0.1054)	(0.2082)	(0.0706)	(0.2528)
老人扶养比	-0.1009**	-0.0178	-0.5954***	-0.1277	-0.2555**	0.2976*	-0.4301***	-0.3803*
	(0.0484)	(0.0533)	(0.1249)	(0.0875)	(0.1014)	(0.1626)	(0.0818)	(0.2159)

续表

变量	(1) 总支出	(2) 食品	(3) 衣着	(4) 居住	(5) 耐用品	(6) 医疗	(7) 交通	(8) 文教
金融资产	0.0114*** (0.0019)	0.0139*** (0.0022)	0.0348*** (0.0041)	0.0085** (0.0035)	0.0319*** (0.0039)	0.0241*** (0.0069)	0.0183*** (0.0027)	0.0761*** (0.0088)
生产性固定资产	0.0093*** (0.0016)	0.0047** (0.0020)	0.0094*** (0.0031)	0.0196*** (0.0032)	0.0210*** (0.0034)	0.0189*** (0.0063)	0.0168*** (0.0022)	0.0118 (0.0080)
家庭负债	0.0191*** (0.0015)	0.0077*** (0.0017)	0.0064** (0.0029)	0.0265*** (0.0028)	0.0303*** (0.0031)	0.0364*** (0.0054)	0.0206*** (0.0019)	0.0217*** (0.0070)
不健康成员比	0.0083 (0.0537)	-0.1977*** (0.0715)	-0.4513*** (0.1326)	0.1613 (0.1010)	-0.2327** (0.1178)	2.1237*** (0.1878)	-0.2473*** (0.0910)	-1.7003*** (0.2549)
教育负担	0.4765*** (0.0542)	0.1436** (0.0732)	0.3302*** (0.1030)	0.0189 (0.1033)	0.0364 (0.1149)	-0.3645 (0.2221)	0.0260 (0.0752)	9.0620*** (0.2655)
基础设施	-0.0039 (0.0166)	-0.0005 (0.0210)	0.0539 (0.0338)	0.0928*** (0.0319)	0.0111 (0.0348)	-0.0316 (0.0599)	-0.0435* (0.0229)	-0.0772 (0.0786)
人均GDP	0.1501*** (0.0286)	0.1970*** (0.0358)	0.0167 (0.0568)	0.0689 (0.0534)	0.0171 (0.0587)	0.2543** (0.1021)	0.0685* (0.0413)	0.9149*** (0.1386)
金融发展	-0.0305** (0.0154)	-0.0906*** (0.0183)	-0.0951*** (0.0291)	0.0966*** (0.0291)	0.1113*** (0.0320)	-0.4058*** (0.0533)	-0.0149 (0.0226)	-0.9646*** (0.0750)
自家重大事件					0.1618*** (0.0443)			
常数项	-1.3957*** (0.3471)	-2.7690*** (0.3710)	-2.0113*** (0.6721)	-1.0979* (0.6539)	-1.1138 (0.6793)	-2.3800** (1.1896)	-1.5680*** (0.5160)	-14.4501*** (1.5837)
观测值	8 100	8 661	8 560	8 579	8 405	8 523	8 554	8 111
R^2	0.425	0.327	0.273	0.190	0.263	0.133	0.338	0.373

注：*、**和***分别表示在10%、5%和1%的显著水平上显著，括号内数字为标准误。

表 C.12　高收入农民工村庄平均住房面积对家庭消费影响的估计结果

变量	(1) 总支出	(2) 食品	(3) 衣着	(4) 居住	(5) 耐用品	(6) 医疗	(7) 交通	(8) 文教
村庄平均住房面积	-0.1202*** (0.0239)	-0.0765*** (0.0278)	-0.0815* (0.0447)	-0.2265*** (0.0518)	-0.0648 (0.0489)	0.0334 (0.0899)	-0.1362*** (0.0335)	-0.1187 (0.1128)
住房面积	0.0669*** (0.0141)	0.0271 (0.0184)	0.0546** (0.0268)	0.0946*** (0.0348)	0.1262*** (0.0289)	0.0891* (0.0539)	0.0542*** (0.0210)	0.0876 (0.0665)

续表

变量	(1) 总支出	(2) 食品	(3) 衣着	(4) 居住	(5) 耐用品	(6) 医疗	(7) 交通	(8) 文教
村庄平均消费水平	0.7346*** (0.0222)	0.9108*** (0.0227)	0.8594*** (0.0352)	0.5332*** (0.0216)	0.5591*** (0.0227)	0.6874*** (0.0414)	0.7958*** (0.0260)	0.8254*** (0.0448)
家庭收入	0.2474*** (0.0189)	0.1540*** (0.0210)	0.1938*** (0.0383)	0.2672*** (0.0358)	0.2858*** (0.0378)	-0.0493 (0.0631)	0.2222*** (0.0279)	0.4946*** (0.0812)
年龄	-0.0154*** (0.0051)	-0.0136** (0.0059)	0.0132 (0.0116)	-0.0047 (0.0111)	-0.0257** (0.0111)	-0.0321* (0.0187)	0.0038 (0.0085)	-0.1148*** (0.0254)
年龄平方	0.0000 (0.0001)	0.0000 (0.0001)	-0.0004*** (0.0001)	0.0000 (0.0001)	0.0000 (0.0001)	0.0004** (0.0002)	-0.0002*** (0.0001)	0.0008*** (0.0003)
性别	0.0062 (0.0177)	0.0978*** (0.0218)	0.0450 (0.0364)	-0.0478 (0.0335)	-0.0120 (0.0374)	-0.2091*** (0.0624)	0.0558** (0.0261)	-0.1654** (0.0831)
教育	0.0153*** (0.0023)	0.0157*** (0.0028)	0.0216*** (0.0046)	0.0172*** (0.0042)	0.0179*** (0.0047)	0.0276*** (0.0077)	0.0207*** (0.0032)	0.0903*** (0.0105)
民族	0.0132 (0.0319)	-0.0268 (0.0409)	-0.0553 (0.0574)	0.1650** (0.0728)	-0.0075 (0.0664)	0.3070** (0.1345)	-0.0195 (0.0411)	0.0636 (0.1573)
政治面貌	0.0862*** (0.0279)	0.0392 (0.0317)	0.2573*** (0.0511)	0.0972* (0.0524)	0.1681*** (0.0576)	0.0817 (0.1021)	0.2034*** (0.0340)	0.3238** (0.1381)
健康	-0.0540* (0.0304)	0.0255 (0.0380)	-0.0364 (0.0667)	0.0802 (0.0527)	-0.0816 (0.0647)	-0.2656*** (0.1023)	-0.0105 (0.0460)	-0.4315*** (0.1513)
婚姻状况	0.1806*** (0.0284)	0.1544*** (0.0347)	0.2709*** (0.0670)	0.2459*** (0.0610)	0.2397*** (0.0616)	0.5240*** (0.1060)	0.2485*** (0.0442)	0.0422 (0.1319)
就业状态	-0.1780*** (0.0266)	-0.2027*** (0.0285)	-0.1456** (0.0608)	-0.1148** (0.0464)	-0.0421 (0.0575)	-0.3412*** (0.0920)	-0.0857** (0.0423)	-0.2336* (0.1262)
医疗保险	0.0267 (0.0357)	-0.0082 (0.0500)	0.1258 (0.0840)	-0.0681 (0.0647)	-0.0851 (0.0684)	0.2504* (0.1372)	-0.0805* (0.0476)	0.1430 (0.1647)
宗教信仰	0.0107 (0.0337)	0.0315 (0.0346)	0.0430 (0.0596)	0.0454 (0.0627)	0.1145* (0.0687)	0.0899 (0.1078)	0.0141 (0.0463)	0.9162*** (0.1554)
家庭规模	0.1272*** (0.0054)	0.0984*** (0.0061)	0.1811*** (0.0105)	0.1284*** (0.0094)	0.1729*** (0.0105)	0.2038*** (0.0173)	0.1525*** (0.0075)	0.6439*** (0.0247)
少儿抚养比	-0.0152 (0.0526)	0.1891*** (0.0663)	-0.0535 (0.0995)	0.0601 (0.1424)	-0.0309 (0.1053)	0.5048** (0.2194)	-0.1183 (0.0730)	2.9297*** (0.2631)

续表

变量	(1)总支出	(2)食品	(3)衣着	(4)居住	(5)耐用品	(6)医疗	(7)交通	(8)文教
老人扶养比	-0.1147**	-0.0421	-0.6029***	-0.1461	-0.2219**	0.2539	-0.3960***	-0.2782
	(0.0499)	(0.0545)	(0.1310)	(0.0909)	(0.1040)	(0.1679)	(0.0833)	(0.2223)
金融资产	0.0118***	0.0137***	0.0347***	0.0081**	0.0325***	0.0254***	0.0189***	0.0815***
	(0.0019)	(0.0023)	(0.0043)	(0.0035)	(0.0041)	(0.0072)	(0.0028)	(0.0091)
生产性固定资产	0.0090***	0.0046**	0.0100***	0.0190***	0.0201***	0.0186***	0.0160***	0.0070
	(0.0017)	(0.0021)	(0.0032)	(0.0032)	(0.0036)	(0.0065)	(0.0023)	(0.0083)
家庭负债	0.0197***	0.0084***	0.0066**	0.0280***	0.0312***	0.0352***	0.0206***	0.0234***
	(0.0015)	(0.0018)	(0.0030)	(0.0029)	(0.0031)	(0.0056)	(0.0020)	(0.0072)
不健康成员比	-0.0090	-0.1808**	-0.4369***	0.1741*	-0.2829**	2.0770***	-0.2337**	-1.6970***
	(0.0554)	(0.0715)	(0.1393)	(0.1051)	(0.1276)	(0.1947)	(0.0980)	(0.2630)
教育负担	0.4767***	0.1319*	0.2994***	0.0324	-0.0144	-0.2258	0.0553	9.1953***
	(0.0570)	(0.0776)	(0.1094)	(0.1055)	(0.1204)	(0.2276)	(0.0785)	(0.2811)
基础设施	-0.0083	-0.0052	0.0470	0.1000***	0.0170	-0.0270	-0.0613**	-0.0545
	(0.0172)	(0.0218)	(0.0351)	(0.0329)	(0.0364)	(0.0616)	(0.0240)	(0.0814)
人均GDP	0.1368***	0.2042***	0.0007	0.0568	0.0663	0.3131***	0.0229	0.9846***
	(0.0294)	(0.0332)	(0.0586)	(0.0532)	(0.0589)	(0.1003)	(0.0428)	(0.1372)
金融发展	-0.0313**	-0.0909***	-0.0997***	0.0999***	0.1082***	-0.4026***	-0.0149	-0.9747***
	(0.0158)	(0.0189)	(0.0304)	(0.0298)	(0.0332)	(0.0550)	(0.0236)	(0.0773)
自家重大事件					0.1449***			
					(0.0462)			
常数项	-1.0862***	-2.6518***	-1.7603**	-0.4579	-1.1941*	-2.7768**	-1.1747**	-14.7145***
	(0.3623)	(0.3907)	(0.7227)	(0.6918)	(0.7178)	(1.2569)	(0.5518)	(1.6869)
观测值	7 512	8 026	7 935	7 958	7 797	7 908	7 928	7 504
R^2	0.425	0.328	0.269	0.195	0.266	0.131	0.342	0.377

注：*、** 和 *** 分别表示在10%、5%和1%的显著水平上显著，括号内数字为标准误。

表 C.13　　参照组平均住房资产对家庭消费影响的稳健性检验

变量	(1)	(2)	(3)	(4)	(5)	(6)	(7)	(8)
	总支出							
县域平均住房面积	-0.1086***				-0.0635***			
	(0.0188)				(0.0162)			

续表

变量	(1)	(2)	(3)	(4)	(5)	(6)	(7)	(8)
				总支出				
省域平均住房面积		-0.1477*** (0.0297)				-0.1136*** (0.0281)		
县域平均住房价值			-0.0123** (0.0050)				-0.0195*** (0.0052)	
省域平均住房价值				-0.0550*** (0.0189)				-0.0635*** (0.0188)
住房面积	0.0696*** (0.0108)	0.0672*** (0.0095)	0.0443*** (0.0095)	0.0590*** (0.0092)				
住房价值					0.0095*** (0.0016)	0.0090*** (0.0014)	0.0099*** (0.0016)	0.0096*** (0.0015)
县域平均消费水平	0.6771*** (0.0231)		0.6619*** (0.0232)		0.6677*** (0.0224)		0.6692*** (0.0226)	
省域平均消费水平		0.5822*** (0.0454)		0.5408*** (0.0439)		0.5907*** (0.0443)		0.5736*** (0.0431)
家庭收入	0.2939*** (0.0149)	0.3346*** (0.0150)	0.3001*** (0.0148)	0.3375*** (0.0150)	0.2910*** (0.0147)	0.3306*** (0.0147)	0.2947*** (0.0145)	0.3333*** (0.0147)
年龄	-0.0144*** (0.0042)	-0.0165*** (0.0040)	-0.0150*** (0.0041)	-0.0162*** (0.0040)	-0.0131*** (0.0040)	-0.0142*** (0.0039)	-0.0135*** (0.0040)	-0.0143*** (0.0039)
年龄平方	0.0000 (0.0000)	0.0000 (0.0000)	0.0000 (0.0000)	0.0000 (0.0000)	0.0000 (0.0000)	0.0000 (0.0000)	0.0000 (0.0000)	0.0000 (0.0000)
性别	-0.0109 (0.0148)	-0.0192 (0.0143)	-0.0131 (0.0148)	-0.0210 (0.0143)	-0.0059 (0.0145)	-0.0169 (0.0140)	-0.0077 (0.0144)	-0.0178 (0.0140)
教育	0.0186*** (0.0020)	0.0217*** (0.0019)	0.0191*** (0.0020)	0.0217*** (0.0019)	0.0199*** (0.0019)	0.0229*** (0.0019)	0.0205*** (0.0019)	0.0230*** (0.0019)
民族	0.0205 (0.0278)	0.0171 (0.0259)	0.0150 (0.0278)	0.0113 (0.0260)	-0.0028 (0.0269)	-0.0018 (0.0250)	-0.0049 (0.0267)	-0.0068 (0.0250)
政治面貌	0.0684*** (0.0237)	0.0425* (0.0230)	0.0649*** (0.0235)	0.0390* (0.0230)	0.0725*** (0.0229)	0.0445** (0.0224)	0.0678*** (0.0227)	0.0409* (0.0224)
健康	-0.0673** (0.0286)	-0.0590** (0.0289)	-0.0641** (0.0285)	-0.0593** (0.0289)	-0.0638** (0.0276)	-0.0556** (0.0280)	-0.0622** (0.0276)	-0.0560** (0.0280)

续表

变量	(1)	(2)	(3)	(4)	(5)	(6)	(7)	(8)
	总支出							
婚姻状况	0.1989*** (0.0230)	0.2216*** (0.0216)	0.1957*** (0.0229)	0.2219*** (0.0216)	0.2000*** (0.0224)	0.2254*** (0.0211)	0.1968*** (0.0222)	0.2244*** (0.0210)
就业状态	-0.1931*** (0.0228)	-0.2005*** (0.0225)	-0.1921*** (0.0227)	-0.2013*** (0.0226)	-0.1982*** (0.0221)	-0.2083*** (0.0218)	-0.1977*** (0.0219)	-0.2087*** (0.0218)
医疗保险	0.0084 (0.0261)	-0.0121 (0.0247)	0.0056 (0.0260)	-0.0132 (0.0246)	0.0040 (0.0253)	-0.0106 (0.0239)	0.0045 (0.0253)	-0.0122 (0.0239)
宗教信仰	0.0274 (0.0303)	0.0205 (0.0299)	0.0252 (0.0302)	0.0201 (0.0300)	0.0225 (0.0295)	0.0170 (0.0290)	0.0183 (0.0294)	0.0153 (0.0291)
家庭规模	0.1417*** (0.0050)	0.1560*** (0.0050)	0.1405*** (0.0050)	0.1555*** (0.0050)	0.1426*** (0.0048)	0.1576*** (0.0048)	0.1409*** (0.0047)	0.1565*** (0.0048)
少儿抚养比	0.0489 (0.0354)	0.0533 (0.0333)	0.0400 (0.0351)	0.0430 (0.0332)	0.0388 (0.0354)	0.0338 (0.0333)	0.0344 (0.0352)	0.0288 (0.0331)
老人扶养比	-0.0840* (0.0474)	-0.0763 (0.0478)	-0.0918* (0.0473)	-0.0730 (0.0478)	-0.0759 (0.0461)	-0.0613 (0.0465)	-0.0803* (0.0460)	-0.0594 (0.0465)
金融资产	0.0108*** (0.0017)	0.0128*** (0.0018)	0.0105*** (0.0017)	0.0128*** (0.0018)	0.0101*** (0.0017)	0.0122*** (0.0017)	0.0099*** (0.0017)	0.0122*** (0.0017)
生产性固定资产	0.0089*** (0.0015)	0.0076*** (0.0015)	0.0090*** (0.0015)	0.0075*** (0.0015)	0.0096*** (0.0015)	0.0085*** (0.0014)	0.0095*** (0.0014)	0.0083*** (0.0014)
家庭负债	0.0208*** (0.0013)	0.0218*** (0.0013)	0.0207*** (0.0013)	0.0218*** (0.0013)	0.0199*** (0.0013)	0.0208*** (0.0012)	0.0198*** (0.0012)	0.0207*** (0.0012)
不健康成员比	-0.0189 (0.0505)	-0.0204 (0.0502)	-0.0241 (0.0503)	-0.0181 (0.0502)	-0.0216 (0.0491)	-0.0189 (0.0488)	-0.0267 (0.0488)	-0.0167 (0.0488)
教育负担	0.4947*** (0.0480)	0.4752*** (0.0477)	0.4917*** (0.0478)	0.4709*** (0.0478)	0.4982*** (0.0464)	0.4885*** (0.0458)	0.4984*** (0.0460)	0.4850*** (0.0459)
基础设施	0.0204 (0.0158)	0.0490*** (0.0157)	0.0215 (0.0157)	0.0503*** (0.0157)	0.0138 (0.0153)	0.0439*** (0.0152)	0.0174 (0.0152)	0.0460*** (0.0153)
人均GDP	0.0699*** (0.0243)	0.0683** (0.0287)	0.0989*** (0.0239)	0.1596*** (0.0304)	0.0765*** (0.0237)	0.0687** (0.0279)	0.1024*** (0.0232)	0.1558*** (0.0294)
金融发展	-0.0200 (0.0136)	-0.0276* (0.0147)	-0.0198 (0.0136)	-0.0165 (0.0144)	-0.0175 (0.0132)	-0.0276* (0.0143)	-0.0189 (0.0132)	-0.0196 (0.0141)

续表

变量	(1)	(2)	(3)	(4)	(5)	(6)	(7)	(8)
	总支出							
常数项	-0.4252	0.4008	-0.8687***	-0.1930	-0.3758	0.3459	-0.7643**	-0.2138
	(0.3198)	(0.3974)	(0.3126)	(0.3962)	(0.3103)	(0.3874)	(0.3001)	(0.3854)
观测值	10 348	11 675	10 458	11 677	10 999	12 383	11 122	12 386
R^2	0.395	0.346	0.393	0.345	0.394	0.347	0.393	0.347

注：*、**和***分别表示在10%、5%和1%的显著水平上显著，括号内数字为标准误。

表 C.14　参照组村庄平均住房价值对低收入家庭消费影响的估计结果

变量	(1)	(2)	(3)	(4)	(5)	(6)	(7)	(8)
	总支出	食品	衣着	居住	耐用品	医疗	交通	文教
村庄平均住房价值	-0.0208**	-0.0107	-0.0349**	-0.0034	0.0247	-0.0080	-0.0515***	0.0045
	(0.0082)	(0.0108)	(0.0153)	(0.0129)	(0.0157)	(0.0236)	(0.0116)	(0.0358)
住房价值	0.0185***	0.0156***	0.0298***	0.0222***	0.0393***	0.0224**	0.0182***	0.0127
	(0.0030)	(0.0043)	(0.0066)	(0.0062)	(0.0059)	(0.0094)	(0.0043)	(0.0118)
村庄平均消费水平	0.5994***	0.8383***	0.7591***	0.3964***	0.4010***	0.6501***	0.7261***	0.7575***
	(0.0210)	(0.0243)	(0.0353)	(0.0171)	(0.0188)	(0.0350)	(0.0254)	(0.0450)
家庭收入	0.1243***	0.1268***	0.2111***	0.1099***	0.1590***	0.1076***	0.1315***	0.1162**
	(0.0140)	(0.0173)	(0.0260)	(0.0210)	(0.0249)	(0.0361)	(0.0183)	(0.0501)
年龄	-0.0083*	-0.0019	0.0105	-0.0052	-0.0155*	-0.0213*	0.0078	0.0187
	(0.0044)	(0.0053)	(0.0091)	(0.0082)	(0.0084)	(0.0127)	(0.0068)	(0.0208)
年龄平方	-0.0014	-0.0117**	-0.0276***	0.0014	0.0028	0.0276**	-0.0263***	-0.0282
	(0.0044)	(0.0054)	(0.0093)	(0.0080)	(0.0084)	(0.0127)	(0.0071)	(0.0207)
性别	-0.0043	0.0579***	-0.0055	-0.0387	-0.0333	-0.1404***	0.0440**	-0.1108*
	(0.0143)	(0.0192)	(0.0305)	(0.0254)	(0.0300)	(0.0459)	(0.0206)	(0.0661)
教育	0.0136***	0.0139***	0.0122***	0.0170***	0.0152***	0.0199***	0.0123***	0.0649***
	(0.0017)	(0.0023)	(0.0035)	(0.0030)	(0.0036)	(0.0055)	(0.0024)	(0.0082)
民族	0.0377*	0.0187	0.0646	0.2721***	-0.0556	0.2758***	-0.0472	0.0786
	(0.0227)	(0.0298)	(0.0455)	(0.0454)	(0.0431)	(0.0781)	(0.0301)	(0.1030)
政治面貌	0.0321	0.0619**	0.1339***	-0.0239	0.1110**	0.0041	0.2106***	0.0982
	(0.0256)	(0.0301)	(0.0526)	(0.0484)	(0.0509)	(0.0800)	(0.0347)	(0.1253)
健康	-0.0510**	-0.0431	-0.0122	0.0370	-0.0593	-0.3068***	-0.0125	-0.4083***
	(0.0221)	(0.0316)	(0.0502)	(0.0385)	(0.0444)	(0.0607)	(0.0328)	(0.1055)

续表

变量	(1) 总支出	(2) 食品	(3) 衣着	(4) 居住	(5) 耐用品	(6) 医疗	(7) 交通	(8) 文教
婚姻状况	0.1133*** (0.0264)	0.1019*** (0.0347)	0.0059 (0.0565)	0.1658*** (0.0466)	0.0624 (0.0507)	0.3234*** (0.0807)	0.0492 (0.0408)	-0.2670** (0.1153)
就业状态	-0.0946*** (0.0207)	-0.1101*** (0.0263)	0.0238 (0.0482)	-0.0825** (0.0372)	0.0023 (0.0436)	-0.1943*** (0.0664)	-0.0014 (0.0337)	0.1713* (0.0979)
医疗保险	-0.0202 (0.0321)	0.0129 (0.0441)	0.0801 (0.0700)	-0.0681 (0.0557)	-0.0197 (0.0671)	0.4478*** (0.1170)	0.0060 (0.0541)	0.2361* (0.1363)
宗教信仰	0.0052 (0.0237)	-0.0227 (0.0276)	0.0154 (0.0453)	0.0836** (0.0421)	0.1276*** (0.0460)	0.0626 (0.0594)	0.0313 (0.0335)	-0.0152 (0.1053)
家庭规模	0.1135*** (0.0039)	0.1024*** (0.0047)	0.1618*** (0.0081)	0.0714*** (0.0068)	0.1191*** (0.0077)	0.1594*** (0.0127)	0.1248*** (0.0058)	0.5256*** (0.0175)
少儿抚养比	-0.0433 (0.0456)	0.2895*** (0.0553)	0.5003*** (0.0771)	-0.1010 (0.0835)	0.2664*** (0.0895)	0.1812 (0.1480)	-0.2419*** (0.0609)	3.3241*** (0.1943)
老人扶养比	-0.1275*** (0.0379)	-0.0225 (0.0566)	-0.4902*** (0.1004)	-0.1234* (0.0691)	-0.2074*** (0.0795)	0.1868 (0.1236)	-0.4723*** (0.0690)	-1.1389*** (0.1694)
金融资产	0.0101*** (0.0015)	0.0142*** (0.0020)	0.0324*** (0.0032)	0.0109*** (0.0026)	0.0345*** (0.0031)	0.0092* (0.0048)	0.0157*** (0.0021)	0.0307*** (0.0069)
生产性固定资产	0.0078*** (0.0016)	0.0041** (0.0021)	0.0132*** (0.0033)	0.0116*** (0.0029)	0.0255*** (0.0033)	0.0239*** (0.0052)	0.0173*** (0.0023)	0.0030 (0.0075)
家庭负债	0.0210*** (0.0013)	0.0073*** (0.0017)	0.0065** (0.0028)	0.0304*** (0.0024)	0.0245*** (0.0028)	0.0439*** (0.0042)	0.0169*** (0.0018)	0.0134** (0.0062)
不健康成员比	-0.0250 (0.0432)	-0.2490*** (0.0626)	-0.4741*** (0.1068)	-0.0786 (0.0767)	-0.2035** (0.0860)	1.6632*** (0.1330)	-0.2331*** (0.0657)	-1.3722*** (0.1999)
教育负担	0.7112*** (0.0469)	0.1508** (0.0654)	0.5793*** (0.0971)	-0.1319 (0.0832)	0.1032 (0.0984)	-0.6837*** (0.1787)	0.0982 (0.0695)	9.3133*** (0.2181)
基础设施	0.0105 (0.0133)	0.0200 (0.0177)	0.0657** (0.0282)	0.1086*** (0.0235)	0.0031 (0.0278)	0.0001 (0.0424)	-0.0424** (0.0191)	0.0069 (0.0625)
人均GDP	0.1111*** (0.0280)	0.2722*** (0.0380)	-0.0691 (0.0592)	-0.0996** (0.0498)	-0.0898 (0.0564)	-0.0318 (0.0851)	0.0221 (0.0407)	0.8546*** (0.1338)
金融发展	-0.0464*** (0.0152)	-0.1429*** (0.0214)	-0.2532*** (0.0328)	0.1644*** (0.0255)	0.0705** (0.0314)	-0.3715*** (0.0481)	-0.0366 (0.0226)	-1.4595*** (0.0691)

续表

变量	(1) 总支出	(2) 食品	(3) 衣着	(4) 居住	(5) 耐用品	(6) 医疗	(7) 交通	(8) 文教
自家重大事件				0.1617 *** (0.0363)				
常数项	1.4244 *** (0.3487)	-2.9167 *** (0.3874)	-0.3234 (0.7019)	3.1455 *** (0.5627)	2.3199 *** (0.6294)	0.3046 (0.9940)	0.4172 (0.5108)	-10.8507 *** (1.4728)
观测值	10 304	10 830	10 618	10 766	10 665	10 549	10 682	9 660
R^2	0.326	0.268	0.212	0.139	0.183	0.138	0.273	0.355

注：*、** 和 *** 分别表示在 10%、5% 和 1% 的显著水平上显著，括号内数字为标准误。

表 C.15　参照组村庄平均住房面积对低收入家庭消费影响的估计结果

变量	(1) 总支出	(2) 食品	(3) 衣着	(4) 居住	(5) 耐用品	(6) 医疗	(7) 交通	(8) 文教
村庄平均住房面积	-0.0460 *** (0.0171)	-0.0223 (0.0224)	-0.0209 (0.0340)	-0.0812 *** (0.0295)	0.0041 (0.0347)	0.0021 (0.0562)	-0.1031 *** (0.0241)	0.0993 (0.0781)
住房面积	0.0422 *** (0.0126)	-0.0218 (0.0155)	0.0570 ** (0.0254)	0.0631 *** (0.0230)	0.1085 *** (0.0249)	0.0702 * (0.0416)	0.0552 *** (0.0180)	0.0745 (0.0560)
村庄平均消费水平	0.5980 *** (0.0212)	0.8534 *** (0.0241)	0.7601 *** (0.0377)	0.3867 *** (0.0173)	0.4163 *** (0.0198)	0.6191 *** (0.0368)	0.7088 *** (0.0267)	0.7570 *** (0.0475)
家庭收入	0.1334 *** (0.0149)	0.1373 *** (0.0189)	0.2152 *** (0.0275)	0.1162 *** (0.0221)	0.1677 *** (0.0262)	0.1341 *** (0.0381)	0.1283 *** (0.0193)	0.0870 * (0.0521)
年龄	-0.0068 (0.0047)	-0.0017 (0.0056)	0.0148 (0.0095)	-0.0029 (0.0088)	-0.0134 (0.0090)	-0.0166 (0.0137)	0.0118 (0.0072)	0.0311 (0.0221)
年龄平方	-0.0027 (0.0046)	-0.0118 ** (0.0057)	-0.0325 *** (0.0099)	-0.0007 (0.0086)	0.0015 (0.0089)	0.0232 * (0.0137)	-0.0309 *** (0.0076)	-0.0431 ** (0.0218)
性别	-0.0114 (0.0150)	0.0512 ** (0.0203)	-0.0177 (0.0319)	-0.0559 ** (0.0266)	-0.0411 (0.0319)	-0.1328 *** (0.0480)	0.0348 (0.0217)	-0.1112 (0.0696)
教育	0.0142 *** (0.0018)	0.0153 *** (0.0025)	0.0141 *** (0.0037)	0.0182 *** (0.0032)	0.0171 *** (0.0038)	0.0188 *** (0.0058)	0.0126 *** (0.0026)	0.0626 *** (0.0087)
民族	0.0437 * (0.0245)	0.0433 (0.0332)	0.0943 * (0.0507)	0.2398 *** (0.0484)	-0.0718 (0.0470)	0.2676 *** (0.0859)	-0.0428 (0.0331)	0.0031 (0.1111)
政治面貌	0.0162 (0.0266)	0.0295 (0.0314)	0.1112 * (0.0569)	-0.0300 (0.0493)	0.0967 * (0.0544)	0.0076 (0.0838)	0.2110 *** (0.0336)	0.0782 (0.1306)

续表

变量	(1) 总支出	(2) 食品	(3) 衣着	(4) 居住	(5) 耐用品	(6) 医疗	(7) 交通	(8) 文教
健康	-0.0475**	-0.0311	-0.0185	0.0402	-0.0542	-0.2886***	-0.0377	-0.3919***
	(0.0232)	(0.0333)	(0.0525)	(0.0402)	(0.0468)	(0.0641)	(0.0344)	(0.1111)
婚姻状况	0.1372***	0.1222***	0.0020	0.1850***	0.0708	0.3118***	0.0474	-0.1798
	(0.0284)	(0.0370)	(0.0593)	(0.0494)	(0.0539)	(0.0850)	(0.0429)	(0.1235)
就业状态	-0.0876***	-0.0970***	0.0142	-0.0795**	-0.0048	-0.1875***	0.0189	0.1576
	(0.0219)	(0.0275)	(0.0496)	(0.0391)	(0.0459)	(0.0704)	(0.0355)	(0.1027)
医疗保险	-0.0172	0.0474	0.1007	-0.0698	-0.0306	0.3835***	0.0212	0.1918
	(0.0339)	(0.0476)	(0.0746)	(0.0603)	(0.0716)	(0.1221)	(0.0580)	(0.1444)
宗教信仰	0.0116	-0.0159	0.0008	0.0714	0.1362***	0.0562	0.0298	0.0240
	(0.0249)	(0.0291)	(0.0481)	(0.0447)	(0.0488)	(0.0627)	(0.0354)	(0.1112)
家庭规模	0.1148***	0.1077***	0.1641***	0.0704***	0.1200***	0.1617***	0.1263***	0.5275***
	(0.0041)	(0.0051)	(0.0083)	(0.0072)	(0.0081)	(0.0133)	(0.0061)	(0.0184)
少儿抚养比	-0.0455	0.2874***	0.5079***	-0.0640	0.2408**	0.2216	-0.2145***	3.3109***
	(0.0483)	(0.0572)	(0.0809)	(0.0885)	(0.0954)	(0.1540)	(0.0644)	(0.2032)
老人扶养比	-0.1219***	-0.0094	-0.4379***	-0.0970	-0.2441***	0.2182*	-0.4349***	-1.0836***
	(0.0396)	(0.0602)	(0.1032)	(0.0707)	(0.0834)	(0.1294)	(0.0714)	(0.1762)
金融资产	0.0108***	0.0139***	0.0334***	0.0114***	0.0370***	0.0076	0.0167***	0.0350***
	(0.0016)	(0.0020)	(0.0034)	(0.0027)	(0.0033)	(0.0050)	(0.0022)	(0.0073)
生产性固定资产	0.0080***	0.0039*	0.0117***	0.0129***	0.0246***	0.0243***	0.0170***	0.0034
	(0.0017)	(0.0022)	(0.0035)	(0.0031)	(0.0035)	(0.0054)	(0.0024)	(0.0079)
家庭负债	0.0224***	0.0082***	0.0092***	0.0330***	0.0277***	0.0431***	0.0176***	0.0126*
	(0.0014)	(0.0018)	(0.0029)	(0.0025)	(0.0029)	(0.0044)	(0.0019)	(0.0065)
不健康成员比	-0.0147	-0.2441***	-0.4632***	-0.0478	-0.1775**	1.6499***	-0.2429***	-1.3821***
	(0.0456)	(0.0668)	(0.1115)	(0.0798)	(0.0904)	(0.1402)	(0.0683)	(0.2118)
教育负担	0.7168***	0.1376**	0.5952***	-0.1490*	0.1337	-0.6960***	0.0640	9.4529***
	(0.0495)	(0.0695)	(0.1010)	(0.0884)	(0.1034)	(0.1865)	(0.0738)	(0.2284)
基础设施	0.0071	0.0218	0.0715**	0.1117***	0.0081	-0.0030	-0.0396**	0.0022
	(0.0140)	(0.0184)	(0.0296)	(0.0249)	(0.0293)	(0.0442)	(0.0200)	(0.0658)
人均 GDP	0.1181***	0.2701***	-0.0437	-0.0883*	-0.0543	-0.0441	-0.0006	0.9096***
	(0.0289)	(0.0394)	(0.0604)	(0.0517)	(0.0585)	(0.0874)	(0.0416)	(0.1383)

续表

变量	(1) 总支出	(2) 食品	(3) 衣着	(4) 居住	(5) 耐用品	(6) 医疗	(7) 交通	(8) 文教
金融发展	-0.0562*** (0.0160)	-0.1476*** (0.0223)	-0.2725*** (0.0345)	0.1612*** (0.0268)	0.0635* (0.0331)	-0.3700*** (0.0506)	-0.0422* (0.0238)	-1.4409*** (0.0724)
自家重大事件					0.1490*** (0.0383)			
常数项	1.1910*** (0.3658)	-2.9967*** (0.4106)	-1.0142 (0.7268)	3.2955*** (0.5991)	1.8666*** (0.6711)	0.2031 (1.0453)	0.5537 (0.5370)	-12.1155*** (1.5752)
观测值	9 309	9 768	9 591	9 716	9 635	9 511	9 642	8 682
R^2	0.324	0.269	0.213	0.135	0.181	0.134	0.267	0.363

注：*、**和***分别表示在10%、5%和1%的显著水平上显著，括号内数字为标准误。

表 C.16　参照组平均住房资产对低收入家庭消费影响的稳健性检验

变量	(1)	(2)	(3)	(4)	(5)	(6)	(7)	(8)
	总支出							
县域平均住房面积	-0.0859*** (0.0194)				-0.0665*** (0.0175)			
省域平均住房面积		-0.1486*** (0.0320)				-0.1218*** (0.0301)		
县域平均住房价值			-0.0188** (0.0085)				-0.0245*** (0.0085)	
省域平均住房价值				-0.0786*** (0.0215)				-0.0759*** (0.0212)
住房面积	0.0449*** (0.0111)	0.0557*** (0.0107)	0.0308*** (0.0104)	0.0476*** (0.0104)				
住房价值					0.0134*** (0.0023)	0.0133*** (0.0022)	0.0139*** (0.0024)	0.0131*** (0.0022)
县域平均消费水平	0.6316*** (0.0276)		0.6161*** (0.0288)		0.6236*** (0.0265)		0.6185*** (0.0277)	
省域平均消费水平		0.5315*** (0.0564)		0.5042*** (0.0553)		0.5364*** (0.0544)		0.5206*** (0.0535)
家庭收入	0.1205*** (0.0145)	0.1239*** (0.0151)	0.1208*** (0.0146)	0.1247*** (0.0151)	0.1162*** (0.0138)	0.1198*** (0.0142)	0.1160*** (0.0138)	0.1204*** (0.0142)

续表

变量	(1)	(2)	(3)	(4)	(5)	(6)	(7)	(8)
	总支出							
年龄	-0.0143***	-0.0143***	-0.0137***	-0.0143***	-0.0157***	-0.0151***	-0.0151***	-0.0153***
	(0.0042)	(0.0042)	(0.0042)	(0.0042)	(0.0040)	(0.0040)	(0.0040)	(0.0041)
年龄平方	0.0043	0.0039	0.0035	0.0038	0.0058	0.0048	0.0050	0.0049
	(0.0042)	(0.0043)	(0.0042)	(0.0043)	(0.0040)	(0.0041)	(0.0040)	(0.0041)
性别	-0.0267*	-0.0261*	-0.0268*	-0.0272*	-0.0218	-0.0188	-0.0202	-0.0192
	(0.0139)	(0.0141)	(0.0139)	(0.0142)	(0.0134)	(0.0136)	(0.0134)	(0.0136)
教育	0.0149***	0.0167***	0.0150***	0.0166***	0.0151***	0.0167***	0.0150***	0.0166***
	(0.0017)	(0.0017)	(0.0017)	(0.0017)	(0.0016)	(0.0016)	(0.0016)	(0.0016)
民族	0.0429*	0.0148	0.0388*	0.0140	0.0469**	0.0095	0.0346*	0.0082
	(0.0220)	(0.0218)	(0.0219)	(0.0218)	(0.0207)	(0.0204)	(0.0205)	(0.0204)
政治面貌	0.0261	0.0132	0.0269	0.0135	0.0406*	0.0244	0.0394	0.0245
	(0.0250)	(0.0252)	(0.0250)	(0.0252)	(0.0242)	(0.0243)	(0.0241)	(0.0243)
健康	-0.0421*	-0.0520**	-0.0387*	-0.0522**	-0.0452**	-0.0544***	-0.0413**	-0.0547***
	(0.0215)	(0.0218)	(0.0215)	(0.0218)	(0.0208)	(0.0210)	(0.0207)	(0.0210)
婚姻状况	0.1505***	0.1412***	0.1520***	0.1441***	0.1398***	0.1258***	0.1367***	0.1280***
	(0.0251)	(0.0253)	(0.0250)	(0.0253)	(0.0238)	(0.0239)	(0.0237)	(0.0239)
就业状态	-0.0894***	-0.0976***	-0.0927***	-0.0974***	-0.0944***	-0.1054***	-0.0992***	-0.1056***
	(0.0193)	(0.0192)	(0.0192)	(0.0193)	(0.0184)	(0.0184)	(0.0184)	(0.0184)
医疗保险	-0.0087	-0.0244	-0.0132	-0.0286	-0.0176	-0.0288	-0.0212	-0.0321
	(0.0295)	(0.0290)	(0.0294)	(0.0290)	(0.0280)	(0.0275)	(0.0279)	(0.0275)
宗教信仰	0.0093	0.0101	0.0096	0.0087	0.0058	0.0115	0.0078	0.0104
	(0.0231)	(0.0235)	(0.0231)	(0.0235)	(0.0223)	(0.0227)	(0.0223)	(0.0226)
家庭规模	0.1162***	0.1174***	0.1156***	0.1171***	0.1146***	0.1167***	0.1137***	0.1163***
	(0.0037)	(0.0038)	(0.0037)	(0.0038)	(0.0036)	(0.0037)	(0.0036)	(0.0037)
少儿抚养比	-0.0373	-0.0221	-0.0432	-0.0320	-0.0317	-0.0184	-0.0392	-0.0268
	(0.0428)	(0.0436)	(0.0427)	(0.0436)	(0.0414)	(0.0420)	(0.0412)	(0.0421)
老人扶养比	-0.1441***	-0.1275***	-0.1417***	-0.1266***	-0.1600***	-0.1418***	-0.1544***	-0.1413***
	(0.0368)	(0.0376)	(0.0368)	(0.0377)	(0.0353)	(0.0362)	(0.0354)	(0.0362)
金融资产	0.0111***	0.0122***	0.0111***	0.0123***	0.0106***	0.0116***	0.0105***	0.0116***
	(0.0014)	(0.0015)	(0.0014)	(0.0015)	(0.0014)	(0.0014)	(0.0014)	(0.0014)

续表

变量	(1)	(2)	(3)	(4)	(5)	(6)	(7)	(8)
	总支出							
生产性固定资产	0.0080*** (0.0016)	0.0062*** (0.0016)	0.0080*** (0.0016)	0.0060*** (0.0016)	0.0083*** (0.0015)	0.0070*** (0.0015)	0.0083*** (0.0015)	0.0067*** (0.0015)
家庭负债	0.0242*** (0.0013)	0.0249*** (0.0013)	0.0243*** (0.0013)	0.0248*** (0.0013)	0.0233*** (0.0012)	0.0237*** (0.0013)	0.0232*** (0.0012)	0.0237*** (0.0013)
不健康成员比	-0.0219 (0.0418)	-0.0353 (0.0426)	-0.0163 (0.0418)	-0.0304 (0.0426)	-0.0245 (0.0403)	-0.0359 (0.0410)	-0.0164 (0.0402)	-0.0314 (0.0410)
教育负担	0.7092*** (0.0447)	0.6862*** (0.0451)	0.7082*** (0.0447)	0.6847*** (0.0451)	0.6941*** (0.0430)	0.6708*** (0.0431)	0.6945*** (0.0428)	0.6710*** (0.0431)
基础设施	0.0384*** (0.0131)	0.0523*** (0.0134)	0.0343*** (0.0131)	0.0506*** (0.0134)	0.0381*** (0.0126)	0.0534*** (0.0128)	0.0359*** (0.0126)	0.0522*** (0.0128)
人均GDP	0.1242*** (0.0264)	0.0727** (0.0305)	0.1361*** (0.0264)	0.1259*** (0.0292)	0.1064*** (0.0257)	0.0585** (0.0295)	0.1200*** (0.0257)	0.1029*** (0.0282)
金融发展	-0.0653*** (0.0144)	-0.0470*** (0.0173)	-0.0567*** (0.0143)	-0.0130 (0.0171)	-0.0557*** (0.0140)	-0.0399** (0.0167)	-0.0489*** (0.0139)	-0.0094 (0.0166)
常数项	1.2021*** (0.3710)	3.0213*** (0.5204)	1.0910*** (0.3714)	2.9640*** (0.5217)	1.5258*** (0.3597)	3.1811*** (0.5079)	1.4017*** (0.3587)	3.1693*** (0.5087)
观测值	11 761	12 027	11 778	12 027	12 724	13 043	12 772	13 043
R^2	0.294	0.259	0.293	0.259	0.292	0.258	0.291	0.257

注:*、**和***分别表示在10%、5%和1%的显著水平上显著,括号内数字为标准误。